縱橫家智謀

程翔章
王耀輝◎著

「中國智謀叢書」總序

人類文明的發軔，意味著人類智謀的萌生。智謀象徵著文明，也在不斷地推動著文明的進步和發展。在這漸進的過程中，人類智謀有形或無形地生成，也在自覺或不自覺地被運作。

歲月之逝如流，歷史悄然無聲地浸潤著現實，未來無窮的時空還沒有得到探究，人們的身後已經是悠悠的歷史長河。滄海桑田，世事變遷，智謀興廢，都是社會文明前行時造就的永恆現象。古往今來，在中國的土地上，由不同時代的人們代代相續上演的故事，在某種程度上可以說是智謀的生成史、運作史。

英雄創造時勢和時勢創造英雄不可分離，不爭的事實是「江山如此多嬌，引無數英雄競折腰」。而在英雄之前或者英雄之後，智者總為生活而騰躍，無論他們是否為社會所重。

並非智者無敵，常有人的良計不被用，上策不能行。這或者是因為自己無能力付諸實施，又不為他人所識，不以其計為良計，不以其策為上策；或者是不占天時，不處地利，又沒有人和。這樣說不是要否定智謀，而是要說智謀的有用與無用不完全取決於智謀自身。應該看到，人無智謀則無能力，古人所尚的立德、立功、立言的「三不朽」便成虛話，社會也將停滯或者倒退。

一個人難以做到「三不朽」，人們往往只說是其才力所致，其實還應看其有無智謀，何況智謀有深有淺，有大有小，有遠有近。

人的進取和社會的前行是不可逆轉的，主張逆轉的人未嘗不是懷著一種治理社會的智謀，但他們通常背離了社會的運行規律，不合於時而不能用於世；而有智謀的人，誰不想有用於世，用自己的智謀創造一種新的生活呢？不同的是，有人用智謀爲己，有人用智謀爲人。

生活的多彩和不同時代、不同社會環境對人性情的塑造以及人們所面臨的不同機遇，使天下人的智謀各不相同。不過，人的共性和社會的共性導致人們的智謀也有共性。正因爲如此，人們常說「前事不忘，後事之師」，總要化前人、他人的智謀爲自己的智謀，取人之所長，補己之所短。

智謀一旦爲人所用，其能量是巨大的。

南朝梁代的劉勰曾經說戰國時期的策謀之士，縱橫參謀，析長論短，「一人之辯，重於九鼎之寶；三寸之舌，強於百萬之師」。而策謀之士的個人價值往往也賴此得到實現，故有「朝爲布衣，夕爲卿相」之說。

戰國時代是產生策謀的時代，西漢劉向在編訂《戰國策》時，認定《戰國策》是一部「策謀」書。其實，戰國不過是承續了春秋，共同形成一個智謀的時代。這個時代被人們視爲思想的時代，這個時代所出現的思想巨人深深地影響了中華民族的文化和人的品性。這些思想巨人的思想不斷地爲後人闡釋解說，但很少有人能夠超越。這些思想巨人的思想在當時是以智謀的面目出現的。東漢班固通觀這一時代的各種思想流派時，把馳騁於世、彼此不相服的思想流派區分爲十家，即儒、墨、道、法、陰陽、名、縱橫、農、雜、小說家。在他看來，小說家之外的九家興起於王道衰微、諸侯力征之時，他們「各引一端，崇其所善，以此馳說，取合諸侯，其言雖殊，辟猶水火，相滅亦相生也」。他不以兵家入諸子，實際上兵家不可輕忽。同時，各國諸侯雖在名義上不入哪一家，但他們喜好智謀比哪一家都顯得更爲迫切，道理很簡單，因爲諸子從理論入手，欲以理論指導實踐，而諸侯國君則是把理論與實踐融合在一起，既以自我的實踐總結出理論，又引他人的理論指導自我的實踐，以圖富國強兵，雄霸天下。

這不是偶然的現象。

春秋戰國時代，天子式微，諸侯爭強，軍事衝突頻仍。在這很特殊的社會形勢之下，官學下移，「士」作爲一個階層興起。雖說士階層社會極其複雜，俠士刺客都入士之林，但在這個階層中，更多的是智謀之士。兵家、縱橫家不待言說，當時的四大顯學儒、墨、道、法，哪一家不是苦心竭慮於智謀，只不過是所操之術相異罷了。儒家的仁義道德、墨家的兼愛非攻、道家的清靜自然、法家的嚴刑峻法，固然是「其言雖殊，辟猶水火」，但哪一家不是在爲社會的一統與安寧祥和出謀劃策？這個時代，人們思想空前活躍，所謂的「百家爭鳴」正賴各家彼此不能相服而垂名史冊。這使得春秋戰國時期的智謀繽紛多彩，在中國歷史上極具有代表性和深遠的魅力。

並非是爲說智謀就把那一時期的思想家們都歸於智謀之士。客觀地說，被後世奉爲儒學祖師的孔子、孟子，道學祖師的老子、莊子等等，有誰當時就被視爲思想大家？孔孟汲汲游說諸侯，宣傳的是自我的思想主張，不是在做空頭的思想家而是想做切實的政治家；老莊不屑於游說諸侯，在僻處自說，其理論的玄虛高遠究其實質，少有不是政治論的。所以他們首先要做的是實在的政治家，無奈沒有做成才沉靜下來做思想家，難怪孔子五十六歲時還離開魯國，坐牛車奔波於坎坷之途，在諸侯之間游說了十四年才返回故里；難怪孟子有蒼天不欲平治天下的牢騷，說他是發牢騷，是因爲他下一句話是：蒼天如果要平治天下，當今之世，除了我孟子還有誰有平治天下的能耐呢？

在這個智謀時代，每個人都想以自己的才識出謀劃策而能爲人所用，這是可以理解的。由於思想的差異，這個時代的智謀可以被分爲不同的層面：切於實用的智謀和不切實用的智謀，如法家、兵家、縱橫家屬於前者，儒家、墨家、道家屬於後者。「切實用」是一個尺規，關鍵在於合不合時宜，西漢的司馬遷曾經爲孟子立傳，他自己本是個儒家思想很重的人，也禁不住批評孟子「迂遠而闊於事情」。但不能用於當時的智謀不一定不能用於後世，孔孟的儒術後來都成爲重要的治國方略就是明證。漢高祖劉邦本不好儒術，說是在馬上打的天下，要《詩》、《書》幹什麼？儒生陸賈便對他說，如果秦始皇平定天下以後，行仁義，法先聖，哪有您的天下呢？說得劉邦怦然心動，面有慚色。唐太宗李世民奉佛、奉道，始終不忘奉儒，認爲民爲水，君爲舟，水可載舟亦可覆舟，以仁義安民必不可少。道家的智謀也成爲後世清客隱士的修身養性之術。自然也有不用於當世也不用於後世的，智謀會新生也會消亡，不足爲奇。

智謀是人所爲，對社會的奉獻最終歸宿還是人自身。所以思想大家、智謀之士往往從人自身出發謀劃社會生活的各個層面，其中很重要的一部分是對人處世之道的謀劃。他們把自我對人生的深刻體驗總結出來，教人應該怎樣做，不應該怎樣做。即使是老莊，看似要超塵脫俗，其實骨子裏依然保持著世俗精神。有意思的是，做人之道被思想大家、智謀之士們不約而同地上升爲政治之道，齊景公向孔子請教怎樣治理國家，孔子說「君君，臣臣，父父，子子」，齊景公心領神會。爲政治的智謀自然也就是爲人的智謀。這樣說不是把治國的智謀等同於處世的智謀，二者或異途，或同趨，或交融，表現形式也是因時因事而異的。

世事不同，智謀必異，用於古者不一定能用於今，也不必求它一定用於今。作爲文化遺產，棄其糟粕、取其精華仍然是必要的。同時，用於古而不能用於今的智謀也有可能啓發人的靈感慧心，觸動人對現實生活的思考，激發新智謀的產生。舉一可以反三，善讀且善悟，入乎其內而出乎其外，便可化腐朽爲神奇，使今人的智謀勃發，利國利民。

這裏，還應該說的是：

本叢書選擇春秋戰國這個歷史横斷面上的諸多智謀爲對象展現中國智謀，不意味著把這一時期的智謀等同於整個中國智謀，而是因爲這一時期智謀的多樣性及其對中華民族的影響具有典型意義，後世的許多智謀是這一時期智謀的引申和發展。應該看到的是，春秋戰國時期思想流派林立，這裏既有所遵從又不拘泥於闡釋所有流派，我們只是對儒、墨、道、法、兵、縱横、諸侯等七家進行疏理和論述，各自成書，力求盡可能全面、客觀地展現他們的智謀或智謀精神，揭示諸家智謀的文化意蘊及其現實意義，使它們易於爲讀者所接受。

現在這套「中國智謀叢書」終於完成了，工作雖然是艱苦的，但在完成之際，回首以往，艱苦的歲月已經淡化，心中只有工作結束之後的陣陣愉悅。

願這些愉悅能夠透過「中國智謀叢書」的語言形式傳達給讀者，讓讀者在閱讀過程中與我們分享。

阮忠

目　錄

【策略篇】

【計謀篇】

【品性篇】

◎走近縱橫家

眾所周知，戰國時期是我國歷史上的一個諸侯割據、變革紛呈、群雄爭霸、連年戰亂的時期。正是由於這樣一個大動蕩、大變革的年代，使得一大批縱橫家也應運脫穎而出。他們對當時各國的政治形勢瞭如指掌，又善於辭令和權術，遂周遊列國，論辯於朝堂之上，或說服眾弱國聯合起來抵禦強秦，或鼓動某一弱國侍奉秦國以求自保，或輔助某國國君保國安民，或游說諸侯以謀取富貴……這種頻繁的政治、軍事、外交活動，使他們充分地展示了各自的卓越才能和豐富智謀。

什麼是縱橫家

提到縱橫家，我們不能不首先了解什麼是「縱橫」。

所謂「縱橫」，是「合縱連橫」的簡稱。合縱，有連接直行之意，也泛指聯合；連橫，又作「連衡」，有結盟、聯合之意，也有比配、比肩的意思，此外也謂多。戰國時期，「合縱連橫」成爲特指那些游說之士策略的一種專有名詞。

要了解「合縱連橫」的確切涵義，先要明瞭戰國時期諸侯爭雄的複雜形勢。

戰國中後期，由於各國相互兼併，最後只剩下了實力較強的齊、楚、燕、韓、趙、魏、秦等七國，史稱「戰國七雄」。當時，秦國地處中原的西部，其他六國則在東部，且地連南北；於是，便以東西爲橫，以南北爲縱。這七國之間，爲了擴大各自的領土，戰爭仍然很頻繁。

地處西方的秦國，經過商鞅變法，國力日益強盛起來，遂不甘心居於一隅之地，便將擴張的矛頭指向了東方；而地處東部沿海的齊國，在馬陵之戰以後，也取代魏國成爲中原地區的霸主。秦、齊兩大強國都將向中原地區發展和擴張、吞併他國、獨霸天下，作爲自己的主要方向，這使本來就連年混戰的局面顯得更加錯綜複雜。

在東、西兩大強國的夾擊下，趙、魏、韓三國爲了自己的生存和利益，遂聯合起來，並北連燕國，南接楚國，形成了一個東抗強齊，或西抗強秦的聯盟，被稱之爲「合縱」，即「合眾弱以攻一強」，意爲許多弱小國家聯合起來去進攻某一強國，這便是抵禦強國兼併弱國的策略。

倘若某一個或某幾個弱小國家被秦國或齊國所拉攏，聯合起來去進攻其他的弱國，則被稱之爲「連橫」，即「事一強以攻衆弱」，意爲某一個或某幾個弱國跟隨某一強國去進攻其他的弱國，這便是協助強國兼併弱國的策略。

戰國後期，燕將樂毅大敗齊軍，使齊國從此一蹶不振；秦、趙的長平之戰，使趙國國力從此受到嚴重的削弱。因此，秦國便取得了對東方六國的絕對優勢，這又使「合縱連橫」的策略包含了新的涵義，即東方六國聯合起來共同抵抗秦國，稱爲「合縱」；而秦國拉攏或聯合東方某一弱國來共同對付其他弱國，就稱爲「連橫」。

戰國中後期的這種合縱與連橫的運動，構成了各諸侯國政治、軍事、外交活動的基本內容，而專門從事此類政治、軍事、外交活動的士人，亦被稱之爲「縱橫家」，著名的如張儀、蘇秦、公孫衍、惠施、陳軫、蘇厲、蘇代等等。

這裏還需要說明的是，人們通常所說的「縱橫家」，多指張儀、蘇秦、公孫衍、惠施、陳軫、蘇厲、蘇代等著名人物，這自然是對的，無可非議；但其面向似乎還狹窄了一點。我們這裏所指的「縱橫家」，面向稍微要寬泛一些，大凡如杜赫、齊明、周最、召滑、虞卿、樓緩、唐且等一大批從事合縱連橫活動，或參與此類活動的策士說客，都歸在這個範圍之內。

縱橫家的鼻祖——張儀

說縱橫，說縱橫家，人們不能不說張儀——縱橫家的鼻祖。

司馬遷在《史記．張儀列傳》中將張儀和蘇秦說成是同時的人，甚至還說在蘇秦發跡後，張儀是受蘇秦激勵而入秦的，並說張儀死於蘇秦之後。其實，這些均與史實不符。據學者們考證，應該是張儀在前，蘇秦在後；蘇秦是在張儀死後才開始在政壇上顯露頭角的。從年齡上說，在縱橫家中，張儀是蘇秦的前輩毫無問題。與張儀同時的縱橫家主要有公孫衍、惠施、陳軫等人。《史記》中對張儀年代的記載基本上正確，只是把蘇秦的經歷提前了二、三十年。正是由於《史記》的影響，千百年來，使人們對張儀、蘇秦的事跡一直含混不清，包括《戰國策》這部以記載戰國時期策士說客言行爲主的史書都是如此，這裏不得不稍作說明。

張儀（？—西元前三一〇年），魏國人。據說，他曾拜鬼谷子爲師，學習縱橫之術。學成之後，張儀滿懷希望去求見魏惠王，但未被任用；於是，他只好帶上家小去了楚國。楚國的令尹（即宰相）昭陽收留他作了一名門客。

張儀在宰相府沒有多少事做，倒有機會時常陪同昭陽飲酒談天。儘管家裏生活清苦，倒也過得去。有一次散席後，忽然發現客廳裏的玉璧少了一塊，相府的下人認為是張儀偷了。在他們看來，貧窮的人，自然品行不好；品行不好的人，就會偷人家的東西。因此，不由分說，將張儀抓起來痛打了一頓。回到家裏，妻子埋怨他說：「你如果不去讀書，不去游說，哪裏會遭到這樣的侮辱呢？」張儀沒說什麼，只是問妻子：「你看看我的舌頭還在嘴裏嗎？」他的妻子真是哭笑不得，說：「在呀！」張儀對妻子說：「只要我的舌頭還在嘴裏，那就夠了，總會有出頭之日的！」

也許真是時來運轉。西元前三二九年，張儀來到秦國，被秦惠文王拜為客卿，並直接參與國家有關討伐諸侯的大事。此時，公孫衍正在秦國擔任大良造（秦國最高官職，掌軍政大權）。第二年，張儀奉命與公子華率兵攻打魏國，一舉拿下蒲陽城。但張儀乘機推行他的主張，勸說秦王將蒲陽歸還給魏國，並派公子繇到魏國去作人質。隨後，張儀藉護送公子繇入魏為人質的機會，游說魏王，勸他投奔秦國。魏王被張儀說服，將上郡十五縣與河西重鎮少梁獻給了秦國，從此秦魏和好。

張儀推行的連橫政策首戰成功，秦惠文王非常高興，立即提拔他為秦相，代替公孫衍的大良造職位。公孫衍只好離開秦國而投奔魏國。

張儀確實很能幹。他在秦國為相四年，使秦國日益強大，並擁戴惠文王於西元前三二五年稱了王。次年，秦王任命張儀爲將，攻取了魏國的陝地，將魏人趕走，並在上郡築關塞。魏國很恐慌，遂聯合韓、趙、燕、中山五國相互尊重，同時稱王，結成聯盟，以抵禦秦國。

西元前三二二年，張儀爲了使魏國臣服於秦國，辭去秦相之職，來到魏國，被魏王任命爲相國。他利用自己職位的方便，時常尋找機會爲秦國拉攏魏王，勸說魏王侍奉秦國，以使諸侯效法魏國。魏王終於抵擋不住張儀雄辯而又具有誘惑力的勸說，背棄了合縱盟約，同意侍奉秦國。

西元前三一八年，張儀辭去魏相之職，又回到秦國，惠文王仍然任命其爲丞相。在他爲相期間，曾與將軍司馬錯率兵入蜀，相繼攻滅了蜀國、苴國和巴國。而在此時期內，齊、楚兩個大國結成聯盟，成爲秦國向東擴張的心腹大患。爲了離間齊、楚聯盟，張儀於西元前三一三年再次辭去秦相職務，向南去游說楚王。懷王聽了張儀的滔滔宏論，接受了他的主張，同意與秦國友好。

隨後，張儀又前往韓國，游說韓王，使韓王完全接受了他的主張，同意侍奉秦國。

張儀回到秦國後，惠文王念其功勳卓著，遂封他爲「武信君」，並賜封給他五座城邑。此時的張儀，眞是名震諸侯，好不威風！無怪連《孟子．滕文公下》中都說：「公孫衍、張儀豈不誠大丈夫哉！一怒而諸侯懼，安居而天下熄。」可見其在當時所造成的巨大影響。然而，好景不常，不久惠文王死，其子蕩繼立，稱爲「武王」。武王做太子時就不喜歡張儀，而群臣因妒忌亦紛紛在武王面前講他的壞話。張儀是何等聰明的人！他見形勢對己不利，擔心遲早會有大禍降臨，遂用計辭去相位，前往魏國，被魏王任命爲相國。

西元前三一〇年，張儀——這位以辯才使天下國家傾覆危亡的人，終於走完了他的人生旅程，在他的出生地魏國與世長辭。他的一生，以秦國的利益爲出發點，盡心竭力爲秦國的日益擴大和以後的統一中國立下了汗馬功勞。在外交方面，他憑著三寸不爛之舌、縱橫論辯之術，爲後世外交家們在外交辭令和外交技巧等方面創造了一種典範，成爲縱橫家的鼻祖。

據《漢書．藝文志》「縱橫家」載，有《張子》十篇，今佚。

縱橫家的傑出代表——蘇秦

說縱橫家，道張儀，自然也少不了要談那位推行合縱策略的傑出代表人物——蘇秦。

說到推行合縱策略，要知道它並不是從蘇秦才開始的。公孫衍才是合縱策略的首倡者。公孫衍是魏國陰晉（今陝西華陰東）人，早年游說秦王，任大良造。張儀任秦相後，他返回魏國，先任將軍，乘齊、楚幫助秦國攻擊魏國之機，發動「五國相王」，使魏、韓、趙、燕、中山五國相互尊重，同時稱王，結成聯盟，共抗強秦。不久爲魏相，又曾發起魏、韓、趙、燕、楚五國合縱伐秦，身佩五國相印，成為叱吒風雲的著名人物。儘管此次合縱攻秦沒有取得什麼成果，但其倡導合縱之功卻不可埋沒。

蘇秦（？—西元前二八四年），字季子，東周洛陽（今河南洛陽東）人，出身平民。據說，他曾從師鬼谷子，學縱橫之術。在學有所成後，蘇秦便周遊列國，去游說諸侯，宣傳自己的主張。但衣服穿破了，費用花光了，什麼成果也沒有，只好回到家中。見到他的這副狼狽相，妻子埋頭織布不理他，嫂子不給他做飯，父母也都責備他。人到了這種境地，也是夠難堪的了。雖然蘇秦心裏很難受，但他並未洩氣，自認為是學識不精，理論不邃，便又關起門來，翻出所有的藏書苦讀起來。

經過一年多時間「頭懸樑，錐刺股」的苦讀，蘇秦的學識大有長進，謀略思想也已成熟，並將當時各國君王的稟性脾氣、思想感情與好惡研究得很透徹。此時，蘇秦自己也很自負地說：「憑我現在的韜略，取個公卿宰相，不在話下！」

於是，蘇秦帶著自己的理想又上路去游說諸侯了。

據《史記．蘇秦列傳》記載，蘇秦此次出遊，歷時三年，走遍六國，相繼說服燕、趙、韓、魏、齊、楚國國君，簽訂盟約，聯合起來共抗強秦，並成為合縱同盟的負責人，身佩六國相印，被趙王封為「武安君」，地位顯赫，威風凜凜。當六國的盟約送到秦國後，致使秦國十五年不敢出函谷關一步。但據學者們的考證和研究，認為這既與史實不符，也將蘇秦的活動年代提前了二、三十年。

其實，蘇秦的此次出遊，也不算順利。他首先去游說周王，接著去游說秦王，都沒有成功。於是，蘇秦來到趙國。趙國的相國奉陽君趙成是趙王的弟弟，他很不喜歡蘇秦，自然也得不到任用。蘇秦只得前往燕國。

當時，燕國被齊國打得大敗，燕王噲也死於戰亂，燕昭王剛剛即位不久，正在廣納賢士，準備對齊國進行大規模的軍事報復行動，正是用人之際。昭王派蘇秦出使齊國，去交涉、索要被齊國占據的燕國土地。也許是蘇秦的厄運已過，該轉運了。他的一番游說，竟打動了齊宣王，答應將燕國舊地如數歸還。蘇秦因此也受到昭王的重用，拜爲上卿（戰國時諸侯國最高的官職，相當於丞相）。

蘇秦極善於窺測君王的意圖，知道燕王對齊國一直耿耿於懷，時刻都想攻打齊國以報當年的亡國之仇。於是，他向燕王獻計，假裝受到打擊排擠而逃到齊國，設法麻痹和疲困齊國，爲燕國討伐齊國作準備。

在齊國，蘇秦很快受到齊王的重用，齊王還接受他的建議，與趙國聯合結盟，共同抗秦，使秦、齊關係惡化；隨後，蘇秦又勸說齊王出兵伐宋，雖然取得了一些勝利，但齊國的實力也受到削弱。宣王去世，湣王繼位，蘇秦又勸齊湣王大興土木，修建豪華宮室，縱情享樂，對外則大肆攻伐，廣樹仇敵，以達到削弱、疲困齊國的目的。

隨後，蘇秦爲齊國分別游說韓、魏、燕、趙四國國君，並推選趙國宰相奉陽君李兌爲合縱長，聯合攻秦。其實，此次合縱攻秦的實際組織者和指揮者是齊國。但在整個攻秦的過程中，齊國不僅不賣力，而且還先向秦國做出友好的表示，故而引起了其他四國的不滿。於是，蘇秦便乘機暗中聯絡反齊的同盟軍，勸說奉陽君聯合魏國的孟嘗君和燕國一起，向正在攻宋的齊國發起進攻，齊國害怕，只得從宋國撤軍，並與趙、魏、燕國講和。

不久，奉陽君發現了蘇秦在趙國所進行的一些離間活動，便將他拘留在趙國，並限制他的行動。蘇秦趕緊向燕王求救。由於燕王提出了嚴正抗議，趙國才不得不將蘇秦釋放了。但蘇秦再也不能在趙國活動了，只好離趙入齊。

回到齊國後，蘇秦暗中繼續進行著反齊的活動，使齊、趙關係再一次惡化；並再次勸說齊湣王攻宋，將宋滅亡，使齊國廣樹仇敵，疲於奔命，實力大大削弱。但蘇秦頻繁的反間活動終於被齊王和齊國的大臣發覺，遂將其車裂於市，死時五十餘歲。

蘇秦死後不久，燕國便聯合趙、魏、韓、秦四國，以樂毅爲上將，大舉攻齊，奪得城池七十餘座。齊湣王也在出逃時被殺。儘管後來齊國又奪回了國土，但從此卻國力大衰，一蹶不振。自然，這次五國的聯合攻齊，是與蘇秦生前多年的積極活動分不開的。

關於蘇秦的著作，《漢書．藝文志》「縱橫家」著錄有《蘇子》三十一篇，今佚；馬王堆漢墓出土帛書《戰國縱橫家書》中保存有他的書信和游說辭十六章。

縱橫家的主要思想傾向

如果我們也把縱橫家當作一個學派來看的話，它不像儒家有《論語》、《孟子》，道家有《道德經》、《莊子》，法家有《韓非子》，墨家有《墨子》，兵家有《孫子兵法》、《孫臏兵法》，也不像雜家有《呂氏春秋》，人們可以憑著它們比較容易地探究出各個學派的主要思想。而縱橫家則不一樣，沒有多少思想成果遺傳後世，他們從事的主要是一種社會的實踐活動，這就給後人探究他們的思想帶來了較大的難度。

儘管如此，考察縱橫家的社會實踐活動，至少有以下幾個方面的主要思想傾向值得我們注意：

其一，就是縱橫家推行合縱連橫的功利性。在縱橫家的行列中，無論是主張合縱的還是主張連橫的，有一點卻是共同的，那就是絕大多數人的目的就是爲了個人的榮譽和地位，爲了個人的升官發財。例如與張儀同時的陳軫、公孫衍等人，一會兒主張連橫，一會兒主張合縱，周遊各國，游說諸侯，爲的就是博取高官厚祿。據傳說，張儀在做了秦相以後，還耿耿於懷，沒有忘記當年遭受楚相下人毒打的事情，遂寫了一封信給楚相說：「當年我陪你飲酒，並沒有偷你的璧玉，可你卻鞭笞我，請你好好守住你的國門，當心我眞要來偷你的城池！」實在有點小人得志，報仇就在眼前的味道。

當然，在縱橫家裏面，也非人人都是唯利是圖的人。如齊國人魯仲連就是一位高節之士，他游說各國，致力於合縱抗秦的活動，並極力爲各國排憂解難，卻不接受任何報酬，被後世稱爲「濁世中一佳士」。

其二，是縱橫家推行合縱連橫策略的堅定性。儘管不少的縱橫家朝秦暮楚，今天合縱，明天連橫，思想變化很快，但縱橫家的兩位傑出代表人物張儀和蘇秦的思想卻很堅定。張儀自入秦後，便積極推行他的連橫策略，儘管他一會兒秦相，一會兒魏相，但連橫的主張卻自始至終都沒有改變。蘇秦的情況稍微有些不同，他開始主張連橫，曾游說秦王不成，便很快放棄了這一主張，而主張合縱，並一直堅持到被殺，而且他始終是站在燕國的立場上，以爲燕國牟取利益爲出發點，所以孫子曾說：「燕之興也，蘇秦在齊。」這正好說明了蘇秦在燕國由敗轉勝、齊國由強變弱過程中所產生的重要作用。

其三，重視進取而不重品行。有人曾在燕昭王面前說蘇秦是天下最不守信用的人，蘇秦則理直氣壯地爲自己辯解說：「我不守信用正是大王的福分。如果我像尾生那樣守信用，在橋下和女子約會，女子沒有來，水漲了也不離開，抱著橋柱淹死在橋下；如果我像伯夷那樣廉潔，不食周粟，餓死在首陽山上；如果我像曾參那樣孝順，一個晚上也不離開父母，怎麼能來侍奉大王，爲大王奔走四方呢？而那些守信用、重品行的人，都是爲了自己，並不是爲了別人，他們的行爲只不過是自我掩飾，自我保護，不思進取罷了。我之所以離開老母來侍奉大王，拋棄自我掩飾、自我保護以謀求進取，這正好說明我是一個求進取的臣子啊！」蘇秦的這段表白，雖然有些偏激，但它卻是絕大多數縱橫家思想認識的寫照，有其積極意義。

如何認識縱橫家的品行

提起縱橫家，歷來的評價都有不同，有人稱其是，有人道其非；有人贊成，有人反對。說其好的，稱讚他們是「大丈夫」、「智有過人者」；說其不好的，則鄙視他們是唯利是圖的「小人」，是沒有品行的人。對於這個問題，究竟應該怎麼看待呢？我們認爲，不能空洞地輕下判斷，應該結合當時的社會背景、學術思想和縱橫家個人的具體情況來考察，才可能得出較爲公正的判斷。

首先，戰國時期是一個大變革、大動蕩的時期，諸侯爲了兼併土地，擴張勢力，爭奪霸權，相互攻伐，連年爭戰不已，以致在各諸侯國內部犯上作亂者層出不窮，「臣弑其君者有之，子弑其父者有之」（《孟子．滕文公下》）。假如說春秋時期的諸侯爭霸，尚有一點仁義道德，挾天子以令諸侯，是用「尊王」的旗號來當遮羞布的話；那麼，到了戰國，連這塊遮羞布也被拋棄了，仁義道德已蕩然無存。在這樣一種「捐禮讓而貴戰爭，棄仁義而用詐譎」（劉向《戰國策書錄》）、「士無常君，國無定臣」（《文選．卷四五．解嘲》）的毫無仁義道德可言的時代，今天侍奉的國家，明天還不知存不存在；今天侍奉的君主，明天還不知活不活著；士人們都是朝秦暮楚，而單單指責縱橫家是小人，沒有品行，要求他們做一個「正人君子」，就顯得有些偏頗了。

其次，戰國時期又是一個百花齊放、百家爭鳴的時代，儒、道、法、墨、兵、雜等各個學派爭奇鬥豔，各呈異彩。縱橫家作為一個學派，同其他學派之間的關係是平等的、互不干涉的。他們的思想學說、主張觀點都還需要社會的鑑別、實踐的檢驗。當時並沒有哪一個學派的思想、主張被定為社會占統治地位的正統思想——直到西漢時董仲舒才建議「罷黜百家，獨尊儒術」，將儒家思想定為國家的正統思想。儒家講究仁義道德、講究氣節的思想還沒有為整個社會所接受、所認可。既然如此，縱橫家們以自己的實踐去實現他們合縱連橫的主張，又有什麼值得指責的呢？

再次，作為縱橫家個人來說，「出其金玉錦繡，取卿相之尊」（《戰國策．秦策一》）是其行動的目標。而各國的統治者為了自己能在擴張爭霸、兼大併小的鬥爭中立於不敗之地，也特別需要一批有才能的策士說客來為他們運籌帷幄，出謀獻策。策士說客們的出現，正好適應了這種社會的需要。於是，他們來往於列國之間，圍繞著合縱和連橫這兩種不同的外交政策或策略，今日在此國獻策，明日又到彼國去出謀，一旦他們的計謀或建議被君主所採納，就會朝爲布衣，暮爲卿相，成爲翻手爲雲、覆手爲雨的風雲人物，就會導演出一幕幕驚心動魄的歷史來。這在當時是一種很正常的社會現象，爲什麼又要去過分指責他們呢？

正因爲以上的這些原因，所以，我們認爲，對待縱橫家的品行，要歷史地看，要將它與當時的社會背景、學術環境和社會的普遍現象聯繫起來看，而不能孤立地去看，也不能用漢代以後的思想觀點，尤其是不能用現代人的思想觀點去看待它。這樣也許會公允一些。

當然，我們這麼說，並不等於就完全肯定他們的品行；在他們的品行中，的確有一些不好的東西，如說謊話、行騙術、夸夸其談、言過其實等等，都是應當拋棄的。

有關縱橫家的智慧，幸賴《戰國策》——這部以記錄戰國時期策士說客言行爲主的史書，得以保留至今，成爲一筆豐厚的文化遺產。它爲我們展示了縱橫家們豐富多彩的智慧：或講述縱橫家的品質與膽略和處世之法，或介紹縱橫家的外交策略和各種計謀，或記載縱橫家的行騙之術和固寵之術，或描寫縱橫家的游說技巧等等，其中有許多東西值得我們學習和借鑑，繼承和發揚；當然，也有部分東西應當批評或拋棄。

這本小書，對縱橫家的智慧分門別類地進行了疏理，希望它能給讀者帶來一些啓迪和教育，那我們就很高興了。

【策略篇】

治國策略

軍事策略

外交策略

爲士與馭士策略

同是一件事情，採取什麼樣的方式方法去做會對自己更爲有利；同是一個觀點或一種主張，採用什麼樣的方式方法表達出來會更容易爲人們所接受、理解；在國與國的鬥爭中，採用什麼樣的有效措施才能戰勝對方；使用一個人時，怎樣才能讓他發揮更大的作用，這裏面就有一個策略問題。所謂策略，就是人們根據形勢發展而制定或採取的行動方針和鬥爭方式。講究策略，就是要講究鬥爭的藝術，就是要注重方式方法。戰國時期的縱橫家們在政治、軍事、外交、爲士和馭士等方面，就非常重視策略的運用。

一、治國策略

常聽人們感歎：家難當！治理一個小小的家庭尙且不容易，何況要治理一個龐大而複雜的國家呢？

但是，對於一個既精明能幹，又重視和善用策略的人來說，不要說是治理一個小小的家庭，就是治理一個龐大而複雜的國家，也是不難的。戰國時期的縱橫家們，今日秦相，明朝楚相，後天齊相，他們不僅具有卓越的才華，而且懂得治國的策略，將國家治理得井然有序，有條有理，這就是明證。

兩害相遇取其輕

秦昭王九年（西元前二九八年），齊、韓、魏三國聯合攻秦，入函谷關，扼住了秦國東面的門戶。

俗話說，「好漢不敵二手」。秦國彼時雖然強大，也架不住三個並不很弱的國家的聯合進攻。加之三國的軍隊已經進入函谷關，函谷關一失，便可長驅直入秦國腹地，秦國也就成了不設防也無法設防的國家。此時的秦國實際上面臨著生死危機。於是秦昭王想割讓土地與三國講和，以解除這一危機。他對當時在秦國爲相的樓緩說：「三國的軍隊已經深入到秦國來了，我想割讓黃河以東的土地與他們講和，你認爲如何？」

割地求和，秦國要失去河東大片土地；而不割地求和，秦國有面臨亡國的危險。如此重大的事情，樓緩也不敢明確表態。他對秦王說：「割讓河東大片土地，是很大的損失；但如果能夠免於亡國，卻又是大吉大利的事情。就這樣的大事發表意見，是國君父兄的事。大王何不召見公子池，問問他的意見呢？」

於是秦王召見公子池，詢問他的看法。

公子池對昭王說：「在現在的情況下，你講和也會後悔，不講和也會後悔的。」

昭王問：「這又是爲什麼呢？」

公子池回答：「大王割讓河東的土地與三國講和，三國的軍隊雖然撤走了，大王仍然會想：『三國的軍隊算是撤走了，可是我特地用了三座城池才滿足了他們，也實在太可惜了。』這是講和的後悔。大王不講和，三國軍隊攻下函谷關，咸陽必定危險。那時大王也就會說：『可惜了，我爲什麼當初要捨不得那河東的土地，以致要亡國了呢？』這是不講和的後悔。這就是我說『講和也會後悔，不講和也會後悔』的原因。」

公子池的這一番對答，實在是讓人驚歎他說話技巧的高超。在秦國目前的局勢下，秦國無論如何都將遭受損失，事情過後，秦昭王都有後悔的可能。而人在後悔之中，常常將後悔之由算到當初提出某個建議的人身上，而忘記最後的決定權和實際作出的決定都在他自己，這似乎也是一個規律。公子池（樓緩也是如此）不明白表示自己的意見，而是從秦昭王的角度說起，也就消弭了日後得禍的可能。不過，公子池話中的暗示卻是很清楚的。雖然講和不講和都會後悔，但畢竟有大小之分。割地與亡國相比，當然應該取割地之悔而棄亡國之悔了。秦昭王其實也明白這其中的道理，他對公子池說：「衡量一下，我當然情願爲失去河東土地而懊悔，而不要因爲咸陽危險而懊悔。我決心和他們講和了。」

公子池是秦惠王的兒子，秦昭王的哥哥，自然不是一個策士，他的謀略，也自然不能算是縱橫家的謀略。只是，從為國謀政，乃至行於人事的角度看，他這裏提出的兩「悔」之間，取「小悔」而棄「大悔」的說法，的確是很值得記取的。人常說「權，然後知輕重；度，然後知短長」。這裏的權、度，也就是思量、比較。思量比較的目的，自然是取利棄弊，求安避險，而在面臨兩害而至兩難的時候，自然是取小棄大，取輕避重了。只是生活當中，一事當前，常常是孰利孰弊孰安孰險好分清，也好決定；而兩害相遇之時，常常會猶豫不決而很難斷清。比如魚與熊掌，一般人都知道選熊掌而捨魚；而如秦昭王在求和還是不求和問題上就不好決斷，因為求和有失，不求和也有失，所以秦昭王會反覆向樓緩和公子池徵求意見。

說起來，這不好決斷的關鍵原因，還是在於人有時總想魚與熊掌兼得。都想得到都不願失去，兩害相遇時要作出決斷也就難了。人類許多後果出現之後只能圖喚悔之晚矣的悲劇，大都源出於此。

左右逢源

縱橫家們的生存技巧，有時的確是令人驚歎。

惠王死，武王立，張儀在秦國的處境也就十分不妙了。據《史記．張儀列傳》，秦武王做太子時就很討厭張儀。秦惠王死後武王繼位，左右大臣就不斷向武王說張儀的壞話，甚至指責他「無信，左右賣國以取容」。這時，因爲吃過張儀虧的齊國也派人到秦國，指責秦國不該重用張儀，使張儀處於內外夾攻之中。張儀要活出命來，自然先要逃出秦國。他先是利用齊國派出指責秦國的使者到秦國的機會，主動對秦武王說：「爲秦國著想，如果山東六國發生戰爭，秦國就可以利用機會占取大片土地。現在齊王很恨我，我所到的地方他必然會起兵攻打。所以，我請求你讓我這個微賤無用的人到大梁（魏國）去，這樣齊國一定會反過來攻打大梁。齊、魏兩國在大梁城下交戰，必然不可開交，大王你就可以利用這個機會出兵攻打韓國，進入三川之地，出兵函谷關，直指周國。到那時，周國必然要交出祭器。這樣，大王就可以挾天子以令諸侯，手按地圖攻取天下，成就稱帝而治的大業了。」

如此誘人的前景，不能不讓秦武王動心。他不僅同意讓張儀離開秦國，甚至備好三十輛兵車，很是恭敬地將張儀送到了大梁。

不過，張儀雖然順利地離開了秦國，他的危機也仍然沒有徹底解除。因爲如果齊國眞的由於張儀到魏而起兵伐魏，魏國因懼怕齊國的勢力，即使不殺掉張儀，也會驅逐他，那樣，張儀照樣會如喪家之犬而不得安生。然而張儀還有他沒用完的保身之計。

張儀到魏國後，齊國果然計畫起兵伐魏，魏王也果然很是懼怕。張儀這時對魏王說：

「大王不要擔憂，我可以讓齊國罷兵。」他派出自己的心腹馮喜到楚國去，借助楚國將馮喜又派往齊國辦理齊、楚之間的外交事務。馮喜辦完齊、楚間的外交事務之後，隨即按照張儀的授意對齊王說：「大王很恨張儀吧？不過，即便如此，大王受張儀委託去幫助他，也陷得夠深了。」齊王不解，問馮喜說：「我的確很恨張儀，他所在的地方，我一定要起兵攻伐的。你怎麼說我反而受了他的委託而幫助他呢？」馮喜回答說：「這正是大王在幫張儀啊。當初張儀離開秦國時就與秦武王有過約定，他告訴秦武王，齊王很恨我，我所在的地方齊王一定會派兵去攻打。到那時，武王就可以利用他們之間的爭鬥去攻打韓國，逼近周國，讓周國交出祭器，這樣就可以挾天子以令諸侯，成就帝業。於是秦武王將張儀送到了大梁。如今大王果然要起兵攻打大梁，這使大王對內因攻打盟國而使自己疲困，對外又增多鄰近的敵人而使自己孤立，最終使張儀取信於秦武王，這難道不是受張儀之託在幫他的忙嗎？」

就這一番話，齊王馬上中止了攻伐大梁的計畫，張儀得以在魏國安身且被拜爲相。

張儀的左右逢源，說起來其實也沒有太多的技巧，不過是利用了這些諸侯國國君之間潛在的矛盾，以及他們都想得到別人的好處又怕自己吃虧的心理，挑起他們的欲望又逗起他們的戒心，自己從中得以求安。只是張儀運作起來，是如此嫻熟而又滴水不漏，不能不讓人驚歎。

國亡者，非無賢人，不能用也

西元前二二二年，趙亡。

其實，趙國在六年前，也就是西元前二二八年，秦攻破邯鄲俘虜趙悼襄王遷時，就已經名存實亡了。西元前二二八年趙王遷被俘後，是趙公子嘉自立代王，名存實亡地苟延了六年。所以趙國的滅亡，實際上應該以西元前二二八年趙王被俘爲標誌。

西元前二二八年秦攻破邯鄲前，策士司空馬就已經預言了趙國的滅亡。

這一年，呂不韋被罷去秦相趕出咸陽。隨著呂不韋的罷相，以秦尙書事呂不韋的司空馬也在秦國待不下去了，便跑到了趙國。其時，秦已出兵攻趙。司空馬乘機游說趙悼襄王，讓他以趙國一半土地割讓秦國以換來和平，也爭取時間，然後由他去游說其他各國，形成合縱之勢以共同抵禦強秦。這樣，趙國名義上失去了一半土地，而實際上得到山東諸國聯合抗秦的力量，秦國也就不足以亡趙了。趙悼襄王沒有接受他的計策，他便離開了趙國。

司空馬離開趙國在平原郡渡河時，管理平原渡口的官員款待他，並問到他趙國的事態。司空馬說到自己向趙王獻計而不被採納，趙國必定要滅亡。官員又問：「依你的預料，趙國將亡在什麼時候呢？」司空馬說：「趙國以武安君李牧爲將，則可維持一年；如果殺了李牧，不過半年必亡。趙國有個臣子叫韓倉，慣於阿諛奉承，迎合趙王，趙王與他很親密。而韓倉這個人嫉賢妒能，現在趙國面臨危亡，趙王必會聽他的讒言害死李牧。不出半年，趙國必亡。」

果然，趙王聽從韓倉讒言，剝奪了武安君李牧的兵權，並從秦、趙交兵的前線將他召回邯鄲。李牧回到邯鄲後，趙王又派韓倉去責備李牧在自己面前行禮時手護匕首，有謀刺之嫌。韓倉卻矯詔逼李牧自殺了。其實這是欲加之罪。李牧本來有手臂不能伸直的殘疾，加之身材高大，行禮時手搆不到地面，怕趙王怪罪，專門請工匠做了兩個短木纏在手上將手臂接長。但韓倉根本就不聽他的辯解。李牧自殺時，因爲手臂短，刺不到頸上，只好將劍銜在口中向宮門柱子上頂去。李牧死，五個月後，趙亡。

趙亡後，平原郡官員每遇長者，都必定談起司空馬，說：「司空馬被秦國驅逐，不是他不聰明；離開趙國，不是他不中用。趙國沒有用司空馬便亡了國。國家敗亡，不是沒有賢人，而是不能任用賢人啊！」

平原郡官員認爲趙國的滅亡，是因爲沒有任用司空馬，史家大都不贊成。的確，從司空馬爲趙王策劃的以土地換和平的方略看，在當時能不能產生什麼作用，實在難說。西元前二二八年秦攻打趙國之前，實際上已經有過一次攻趙，那一次趙國就割去河間十二縣給秦國，但不久秦國還是又對趙國發動了戰爭。但平原郡官員的議論中所謂「國亡者，非無賢人，不能用也」，卻實實在在道出了古往今來家國敗亡的一條規律。證之歷史，任何一個國家或朝代的敗亡時期，的確都不是沒有賢能之人可用，而是賢能之人不被用。奸佞當道，忠賢被讒，以致國家敗亡，留給後人不盡的歎息。即就趙國當時的情況而言，假如趙王接受司空馬的建議，或者不聽信韓倉讒言誅殺李牧，雖然仍可能頹勢不挽，但延緩趙國的滅亡，則是一定的。

歷史無法假設，我們今天也只能是如此歎惋而已。

市義

歷史記載，孟嘗君在齊國為相，數十年「無纖介之禍」。這應該歸功於他的門客，策士馮諼為他所營「三窟」產生的庇護作用。

馮諼為孟嘗君所營「三窟」之中，第一「窟」就是為之「市義」。

馮諼剛成為孟嘗君的門客時，受到了孟嘗君手下人的冷遇，後來孟嘗君滿足了他所有的要求之後，他便主動為孟嘗君分憂效力了。孟嘗君的封地在薛，薛地有許多老百姓欠孟嘗君的債。一天，孟嘗君拿出帳簿，問門下食客誰會算帳，他要派一會算帳的人到薛地幫他收帳。孟嘗君沒有料到的是，自己門下還只有曾被人瞧不起的馮諼一個人能夠擔當此任。知道馮諼會算帳之後，孟嘗君馬上召見了他，並很眞誠地就自己以前的行爲向他表示了歉意，然後爲他準備了車馬行裝，交給他債券契約，送他前往薛地。臨行前，馮諼問孟嘗君收回債款後需要買些什麼東西回來，孟嘗君回答說：「你看我家裏缺少什麼就給我買什麼吧。」

馮諼驅車來到薛地，讓地方官吏將應該還債的百姓招來，先核對債券。債券核對無誤後，他站起來對這些欠債的人說：「我來之前，孟嘗君委託我將這些債券都賜給你們，現在我當著你們的面將這些債券燒掉，你們欠孟嘗君的債他也不要你們還了。」說完，就一把火將這些債券全部燒掉了。薛地百姓感激非常，甚至高呼孟嘗君「萬歲」。

這一切做完之後，馮諼就驅車回到了齊國，當天早上就求見孟嘗君。孟嘗君對於馮諼如此迅速地回來很是不解，於是也馬上出來接見了他。一見到馮諼，孟嘗君就問道：「債收完了嗎？怎麼這麼快呀？」馮諼回答說：「債都收完了。」孟嘗君又問：「那麼你用債款給我買了一些什麼回來了？」馮諼回答說：「臨走時你讓我看你家裏缺什麼就買些什麼回來，我私下裏考慮了一下，你屋裏堆積著珍寶，馬棚裏栓滿了名馬，階下充塞著美女。這些你都不缺了，只是還缺少『義』。我私自作主，爲你買了義回來了。」孟嘗君不解地問：「買義是怎麼回事？」馮諼說：「現在你有個小小的薛地，你卻不能愛撫那裏的百姓，像商人一樣向他們牟利。我私自假託你的名義把那些債劵都賜給了那裏的百姓，那裏的百姓一個勁兒地稱頌你，這就是爲你買義呵。」

馮諼此舉把孟嘗君弄得哭笑不得，不過心裏雖不高興，他也還是無可奈何地就這樣算了。

一年以後，齊王聽信秦、楚對孟嘗君的誹謗，疑他擅權，罷去了他的齊相之職且將他逐出國都。孟嘗君自然只能回到他自己的封地去。孟嘗君回薛地，在離薛地還有百里之遙的地方，就有百姓扶老攜幼在途中迎接他。這時孟嘗君才看到了馮諼爲之「市義」的效力，他對馮諼感歎說：「先生所爲文（孟嘗君名文）市義者，乃今日見之！」

馮諼爲孟嘗君所營「三窟」，另兩「窟」分別是爲之「遊梁」和「立宗廟於薛」，都是使齊王不能不重視孟嘗君的有力措施。但比較而言，「三窟」之中，還是「市義」一「窟」最爲重要。孟子嘗言「得民心者得天下」，強調那些國君們要行仁政以獲得百姓的擁戴。其實，一般爲官做宦者，不是一樣也要能得百姓擁戴麼？即如孟嘗君之爲齊王所重，「遊梁」及「立宗廟於薛」固然也是很有效的手段，但馮諼爲之「市義」而使他得百姓擁戴仍然是基礎，沒有百姓的擁戴作爲基礎，其他兩「窟」的效力絕不會長久，而孟嘗君能不能居相位數十年而「無纖介之禍」，其實也很難說了。

生活中常能看到一些爲官者，只看上面的臉色行事而不顧百姓的好惡，似乎只爲比自己官大的人作官而不是爲百姓作官，其實這種人眞的是還不懂怎麼作官。

容人相爭，利歸於己

說起來，戰國時期的那些縱橫家們周遊於列國之間之所以能如魚得水，讓那些不可一世的國君們也不敢小覷，一方面是因爲他們滔滔不絕高論於廟堂之上的辯才，更重要的，恐怕還是他們對於天下大勢了然於心而能順勢利用以求事功的計巧與權謀。

容人相爭，利歸於己，就是這些縱橫家們常用的一種權謀之術。這種權謀之術之所以爲這些縱橫家們經常用到，一個重要原因，就在於戰國時期本就是一個紛爭不斷的時期，各國之間「逐相吞滅，併大兼小」，爲各自的生死存亡各顯神通。紛爭之中，自然既有爭之得利，也能隔山觀鬥而得食漁利。無論如何，處於爭鬥中的雙方或多方，大體都會有某種程度耗損，把握好時機，容人相爭，自己得利，就是一種很好的方法。

蘇秦勸齊王不要和秦國一起稱帝，立足點就在這容人相爭上。

蘇秦從燕國來到齊國。他一到齊國，齊王就把秦昭王派魏冉送來帝號、要求齊國與秦國一起稱帝的事情告訴了他，並徵求他的意見。據史料記載，當時齊國已經接受秦國的連橫，成為秦國的同盟國。秦國要求齊國在東部稱帝，號為「東帝」，而秦國則在西部稱帝，號為「西帝」。秦國當時為戰國七雄中最為強大的一個，自然早有稱帝而治之念，但一國稱帝必將成為眾矢之的，因此，他要求齊國同時稱帝，實際上也有讓齊國分擔壓力的用意。

蘇秦剛到齊國，雖然所有情況都不是很清楚，但對於如何處理此事卻沒有任何的猶疑。他對齊王說：「大王問我問得太突然，稱帝一事可能引來的禍患，我一時也看得不很清楚。在現在這種情況下，如果不遵從秦國稱帝的要求，秦國一定會怨恨齊國；但是，如果遵從秦國的要求和秦國一起稱帝，齊國也將被其他諸侯國怨恨。我想，不如一方面聽從秦國，促使秦國儘快稱帝，但另一方面，我們齊國卻不要急著稱帝，這樣，對於天下諸侯就容易應付了。如果秦國稱帝而天下諸侯都聽從他，大王也就可以稱帝，這也只是先後的事情，於帝號無損。而如果秦國稱帝而天下諸侯不聽從他，大王就不必稱帝，藉此取得天下諸侯之心。那時就獲得了天大的資本啊。」

而且，蘇秦事實上更主張齊王放棄稱帝，他的理由很簡單，秦國稱帝之後，一定會遭到諸侯國的反抗，這樣也就會形成「天下愛齊而憎秦」的局面。在其他諸侯國與秦國紛爭的情況下，齊國正好既不與秦國爭重，又可以脫離秦國的連橫，乘機攻取宋國。攻取宋國，占據淮河以北、濟水以西的大片地區，則燕、楚、趙、魏等國也就不得不依勢歸附了。

蘇秦將他的這一謀略稱為「以卑易尊」，即先假意敬重秦國以促之稱帝，讓秦國具一虛名而得天下憎恨，自己則由此而一舉聞名於諸侯國。用我們今天的眼光看，這其實不僅僅是容人相爭，利歸於己，甚至更進了一步，是逗人相爭，自己取利。縱橫家之善權謀，由此可見一斑。只是據《史記．田敬仲完世家》，齊王並沒有聽從蘇秦的建議，在秦國稱帝的同時，自己也稱了帝——能稱帝而治，對於那些諸侯來說，實在是太誘人了。

無往不利

有些人無論做什麼事，都不順利；而有些人無論做什麼事，都很順利。這其中的原因，有時是難以說清楚的。

《戰國策．韓策三》中記載有這樣一個故事：

當時，秦、魏交惡，關係很緊張。於是，有人來游說韓相公仲說：「雙胞胎長得相似，只有他們的母親知道誰是老大，誰是老二；利和害相似，只有智慧的人可以識別。現在您的國家，那利和害相似的情況，正好像雙胞胎相似一樣啊！治理得法，那麼主上就尊貴而您自身也安全；治理不得法，那麼主上就地位低下而您自身也危險。現在秦國、魏國正在談判，不如你和安成君趕去，促成秦、魏兩國的和解。到那時，成功固然是福，就是不成功也是福。

「如果秦國、魏國的和談成功，是您前去使他們締約的。這樣，韓國就成了秦、魏兩國來往的門戶，自然就顯得重要而主上也尊貴了。只要安成君東邊受到魏國的重視，西邊受到秦國的重視，操持著契約替您去向秦國、魏國的君主索取報答，分封土地，成爲諸侯，也就是您應該有的事啊！至於安定韓國、魏國而終身爲相，使您的下級服從您，這就會使主上尊貴而您自身也安全了。

「假如韓國跟著魏國去親善秦國，這就成了魏國的隨從，那麼韓國就受輕視了。而主上也就地位低下了。再說，秦國已經和韓國親善，必定想要安排他所喜愛、信任的人，讓他在韓國掌權，以成全秦國的事，這樣的話，您就危險了！

「如果秦國、魏國不能相互諒解而和好，秦國惱怒得不到魏國，一定會親善韓國以防禦魏國；魏國不聽從秦國，一定會力求親善韓國以防禦秦國。這樣的話，您就像買布一樣，想選擇哪一匹就剪割哪一匹啊！秦國和魏國和好，那麼兩國都會感激您；不和好，那麼兩國都會爭著侍奉您。這就是所謂成功了是福，不成功也是福啊！希望您當機立斷，不要生疑。」

這篇說辭眞是想得周全、細緻。如果按此策略實行起來，肯定會左右逢源，無往而不利。從中我們亦可見說客的聰明、機智。

這則小故事亦告訴人們這樣一個道理：老天爺對任何人都是一樣的、平等的，只是看誰首先洞察了事物的事理和人們之間可利用的關係，並順從這個事理，利用其間的關係，就會無往而不利。如果抱殘守缺，裹足不前，或猶豫不決，左顧右盼，錯失良機，只能是一事無成；尤其是在那種弱肉強食的社會裏，只會帶來禍患。

歷史爲後人留下了許多教訓：項羽在鴻門宴上，不聽范增的話，優柔寡斷，致使劉邦逃脫劫難，隨後便奪取了項羽的天下；唐太宗由於憐惜武才人，下不了手殺她，結果武則天奪了大唐的江山……

總之，我們應該善於發現、捕捉時機，一旦瞄準了時機，就要緊緊抓住，毫不放鬆，只有這樣，才會發展自己，才會無往而不利，否則，將遺恨終身。

趙武靈王胡服騎射

戰國時，趙國的相國肥義是一個很有頭腦的人，他見趙武靈王剛剛即位不久，尚有一股進取精神，因此便試探地對趙武靈王說：「難道大王不考慮世事的變化，權衡部隊的效用，追念簡主（趙簡子）、襄主（趙襄子）的功蹟，從胡、狄族（北方的兩個少數民族）那裏得到什麼利益嗎？」

趙武靈王見肥義相問，便與他談了自己關於明君和賢臣治國的標準的一些看法，並表示自己也想繼承趙襄子的事業，用改穿胡人服裝、學習騎馬射箭去教導百姓，開闢胡、狄地區。但他擔心受到世俗的阻撓和非議。肥義見武靈王的想法正好與自己的想法相吻合，只是猶豫未決，便極力鼓勵他說：「我聽說辦事不果斷就沒有功效，行動猶豫就不能成名。現在大王如果已經決定承擔遭受世俗遺棄的憂慮，就大可不必顧慮天下人的非議了。談論最高道德的人，就不會與世俗調和；成就大功的人，就不會同民眾商量。過去舜帝跳有苗族的舞，夏禹赤身裸體進入裸國，不是爲了縱養情欲，娛樂心志，而是爲了講論道德，求得功勞啊。愚蠢的人在事情辦成了的時候還糊裏糊塗，聰明的人在事情還沒有發生的時候就能預見到它的結果，大王還是趕快付諸行動吧！」

在肥義的大力支持下，趙武靈王終於下定了決心，發憤圖強，帶頭穿胡服，提倡騎馬射箭，並教導百姓遵行；還積極進行軍事改革。不過，他的這些行動，遭到了公子成、趙文、趙造、周紹、趙燕、牛贊等絕大多數文武大臣和王族成員的反對。但趙武靈王並沒有改變主意，一一前往親自做說服工作，使那幫文臣武將和王族成員逐漸轉變了思想和認識，也自動穿上胡服，騎馬射箭。

於是，趙國在較短的時間內便國富兵強，趙武靈王帶著經過改革的軍隊進入匈奴境內，勇猛異常，銳不可擋，拓地千餘里。

從「趙武靈王胡服騎射」的故事裏，我們可以得出兩點啓示：

其一，做任何事情都要有預見性。一般情況下，如果預見到某件事情執行起來並不一定有成效，儘管大多數人支援，也不一定要去做；如果預見到某件事情實行起來必定會帶來巨大的利益和成效，儘管大多數人反對，也要堅持主張，努力推行。肥義和趙武靈王不愧是兩個聰慧而又賢能的人，他們兩人的配合可謂相得益彰：有了肥義的支援，趙武靈王才敢下決心改革；有了趙武靈王的支援，肥義才有可能將改革進行下去。他們兩人不僅有很強的預見性，而且有很大的魄力，在大多數文臣武將反對的情況下，仍堅持推行，並在推行的過程中逐一說服，終於使趙國獲得了很大的實惠。

其二，改革難，改革成功更難。從古至今，無數史實皆證明了這一點。例如，戰國時的楚國曾起用吳起實行變法，因楚悼王的病逝和舊貴族的反對，加之時間較短，很快就失敗了。唐代的王叔文、王伾、柳宗元、劉禹錫等人倡導的政治改革，僅維持了八個月便夭折了。北宋的王安石在擔任宰相後，力主「變風俗，立法度」，實行變法，並堅持執行了七、八年，後因神宗皇帝病逝、守舊派重新執掌大權，新法盡廢。明代大臣張居正以內閣首輔（宰相）的身分，執掌朝政十餘年，在任期間，整飭吏治，加強邊備，改革漕運，丈量土地，行「一條鞭法」，加強內閣和六部的事權，裁省冗官等，朝政爲之一新。儘管如此，他實行的改革在大官僚、大地主的反對下，仍然失敗了。

以上列舉了這麼多改革失敗的例子，並不是說就沒有改革成功的例證。歷史上改革成功的例子也是有的：如戰國時楚文侯任用政治家李悝實行政治改革和秦孝公任用政治家商鞅進行的政治改革，就都獲得了極大的成功。

說到底，趙武靈王胡服騎射是在相國肥義的大力支持下採取的一項富國強兵的策略；而趙武靈王胡服騎射的獲得成功，正說明了趙武靈王和肥義商定的這一策略的正確性。

敵國廢置

一般說來，在中國歷史上各歷史時期相鄰的幾個國家，尤其是敵對的國家，相互之間都非常關注別國各個方面的情況，甚至會派出大批的「特工」人員專門去刺探、獲取別的國家的各種情報：諸如誰主持國家的事務、誰率軍駐邊、他們的農業生產情形、經濟發展狀況、百姓的生活水準、國家的思想文化政策、朝中官員們的派系等等，因爲它們會直接對相鄰的其他國家，尤其是敵對國家產生影響。

誰掌權對自己有利，誰掌權對自己不利，如何設法將掌權對自己不利的人轟下台，又如何設法將掌權對自己有利的人扶上台，相鄰的國家，尤其是敵對國家都有不少人整天在那裏仔細觀察、分析、研究，然後採取相應的措施。在群雄爭霸、戰亂頻繁、動蕩不安的戰國時代，更是如此。古籍中將這種歷史現象和這種策略，稱之為「敵國廢置」。

戰國時秦國的大臣甘茂，因才華出衆，相繼受到秦惠王、武王、昭王的重用，官至左丞相。後因遭到政敵、秦昭王的寵臣向壽的讒言，出逃到齊國。齊國很看重甘茂，任命他為上卿，並派他出使楚國。

此時，秦昭王已經後悔了，知道錯怪了甘茂，便派人到楚國，要求楚懷王將甘茂送回秦國，準備重新重用甘茂。懷王不知道是送回好，還是不送回好，左右為難，拿不定主意。於是，他便去徵求大臣范蜎的意見。

懷王問范蜎：「我想替秦國設置丞相，你認為誰能勝任？」

范蜎想了想，回答說：「我沒有足夠的能力知道這樣的人。」

楚懷王又問：「那我讓甘茂重新去做秦國的丞相，你看行嗎？」

范蜎果斷地回答說：「不行！」

楚懷王感到很奇怪，便問道：「為什麼不能讓甘茂當秦國的丞相呢？」

范蜎便仔細地為懷王分析說：「史舉這個人，是上蔡的守門人，從大的方面說，他不懂得如何侍奉好君主；從小的方面說，他不會處理家庭中的事務，因此以苛刻、嚴格聞名於世。而甘茂卻將他侍奉得順順當當，服服貼貼。秦惠王非常聰明，秦武王也很賢能，張儀喜歡說別人的壞話，也是很有名的，而甘茂侍奉他們，卻能取得十種官職而沒有罪過。

「甘茂確實是一個賢能聰明的人。但是，不能讓他去做秦國的丞相。原因很簡單，因爲秦國有一個賢能聰慧的人做丞相，就對楚國極爲不利。

「再說，大王曾經派召滑到越國去，又將句章併入楚國，雖然唐昧被殺，但越國卻發生了內亂，所以楚國才能向南統治瀨湖，而將江東當作楚國自己的郊野。

「細細思量起來，大王的功業之所以能夠如此，就是因爲越國混亂，楚國才太平啊！現在，大王已經將這套計謀向越國成功地使用了，卻忘記了去向秦國使用，我以爲大王您也未免忘記得太快了！大王不是想給秦國設置丞相嗎？像向壽那樣的人就可以。向壽與秦王是親屬關係，從小一起長大，年輕時跟秦王同穿一件衣服，長大後與秦王同乘一輛車子，常披著秦王的衣服辦理公務，正是大王所要設置的丞相啊！向壽是個平庸的人，大王讓他做秦國的丞相，那可就是楚國的大好事了！」

從這則故事中，讓我們明白了一個道理，那就是：凡是敵對之國，它總是要將對方的賢良之臣排擠下台，而讓那些平庸之輩上台，這樣才對己有利。如果將這一道理再擴大之，不是值得我們的在位者、當權者以及每一個人深思嗎？

正名可以立國

古人說：「名不正則言不順。」（見《論語．子路》）確實說得很有道理。因爲名不正，就無以號召、組織人；名不正，說起話來腰桿也不直。只有名正，才具有號召力和組織力；只有名正，說起話來才理直氣壯，辦起事來雷厲風行。正因爲如此，歷代正統文人無論做什麼事情，都很重視「正名」的問題。

《戰國策．韓策二》中就記載有這樣一個故事：

韓國派大臣史疾出使楚國。楚王在接見史疾時問道：「請問你所遵循的是哪一種方術？」

史疾回答說：「我研究的是列子圄寇的學說。」

楚王緊接著問：「它重視的是什麼？」

「它重視的是正名。」史疾回答。

「正名也可以治國嗎？」楚王進一步問道。

史疾肯定地回答：「可以。」

楚王若有所思，稍稍停頓一下，接著問道：「楚國多盜賊，正名可以防禦盜賊嗎？」

「當然可以！」史疾毫不含糊地回答。

楚王又問道：「用正名防禦盜賊，怎麼防法呢？」

正在這時，一隻喜鵲停留在房樑上。史疾便指著喜鵲問楚王：「請問大王，楚國人叫這種鳥為什麼鳥？」

「叫做喜鵲。」楚王不知史疾提此問的用意何在，如實回答。

史疾接著問道：「叫做烏鴉行嗎？」

「不行。」楚王還是不明白史疾的用意。

於是，史疾對楚王說：「現在大王的國家設有柱國（最高武官）、令尹（相當於其他諸侯國的相國）、司馬（主管軍政和軍賦的官）、典令（主管禮儀的官）等官職，他們任命官員、設置官吏時，必定要說你們要廉潔，要能勝任。而現在盜賊公行，卻不能禁止，這就是因為烏鴉不成為烏鴉，喜鵲不成為喜鵲啊！」

為什麼會出現「烏鴉不成為烏鴉，喜鵲不成為喜鵲」的狀況呢？史疾的話確實值得人們深思。

設立一種官職，給予一個人一定的名分，這是很重要的。但更為重要的是這種官職的名分是否「正」，也就是說是否給予與這個官職相對應的實際權利。只有有名有實，有職有權，有權有責，說起話來、做起事來才能有權威，才會有號召力；否則有名無實，有職無權，說起話來沒人聽，做起事來指揮不動人，也無法行使自己的職責，即使這種「名」給得再多，也形同虛設，沒有半點用處。既然如此，在位者只好做一天和尚撞一天鐘，得過且過，這怎麼能不「烏鴉不成為烏鴉，喜鵲不成為喜鵲」呢?!

名正，做起事來的效果是完全不一樣的。例如，明末萬曆年間，明朝與後金的矛盾日益激化。後金不斷發動大規模進攻明朝的戰爭。神宗長期不理朝政，卻一意搜刮揮霍民脂民膏，而守遼將士要錢無錢，要糧無糧，指揮官有職無權，致使軍心渙散，幾十萬軍隊在薩爾滸戰役中一敗塗地，一蹶不振。

至天啓年間，面對遼東的危急局勢，朝廷取用年輕有為的將領袁崇煥負責遼東軍事，要錢給錢，要糧有糧，要人有人，有職有權，有權有責。結果，僅幾年時間，便徹底改變了遼東的局勢，不僅將大片淪陷的疆域收復了，而且使遼東成為一道銅牆鐵壁，使後金軍無法逾越，再也不敢小視了。

由此看來，正名確實可以立國，名不正則有損國家利益。正名也成為統治階級治國、用人的一條重要方法或策略。那些縱橫家們正是基於這一點，主張做任何事情都必須首先「正名」，只有名正才言順、事順；只有名正才會有人自覺出來管理事情；也只有名正，國家的各個方面才會正常運轉，各司其職，各盡其責，井然有序。

二、軍事策略

戰國時期，社會正處在大變革、大動蕩的時期，諸侯國之間相互爭鬥，併大兼小，戰爭頻繁。要想使自己在這種頻繁而複雜的軍事鬥爭中克敵致勝，立於不敗之地，不僅需要培養訓練出一支勇敢善戰的軍隊，而且更需要指揮者具有運籌帷幄、講究鬥爭策略的能力。縱橫家們的軍事鬥爭實踐說明，誰講究並掌握了軍事鬥爭的藝術，誰就掌握了戰爭和鬥爭的主動權，誰就能獲得戰爭和鬥爭的勝利。

後發制人

蘇秦勸說齊閔王，作爲一個大國的君主，一定要知道後發制人，不要輕易發動戰爭去攻擊別的國家。他對齊閔王說：「弱小的國家遭受災禍，常常是因爲他們總想去暗害別人，而大國遭受災禍，則常常是由於他們總想做帝王。所以，大國的君主不如後發制人，而且不要輕易進攻不義的國家。後發制人可以憑藉的盟國就多，兵力自然強勁，用衆多和強勁去對抗疲困和孤寡，威名必定能夠建立起來了。如果能夠這樣做，那麼，不去爭取名號，名號也會自己到來，不去稱王稱霸，也會成爲天下霸主。這就是所謂仁者爲王，義者稱霸，用兵不遺餘力者必亡。」

小國遭受災禍，是否如蘇秦所言常常是因爲這些小國總想去暗害別人，似乎很值得討論。事實上，春秋以至戰國，如陳、蔡、鄒、宋等小國相繼滅亡，其實都並不是他們想去暗害別的國家，至少不完全是因爲他們暗害了別的國家。在一個強者爲王、兼小併大的時代，國力貧弱到朝不保夕，滅亡也就是必然的命運了。但蘇秦所言大國要知道後發制人，不能一心指望窮兵黷武來稱王稱霸，卻是很有幾分道理的。縱觀春秋以至戰國中期，無論一個國家多麼強大，最先出擊者大體都會遭受滅頂之災，這似乎成了一個規律。吳王夫差的滅亡，就是一個很好的例子。吳王夫差的父親闔閭，與春秋時期先後稱霸的齊桓公、晉文公、楚莊王等，並稱春秋「五霸」。到夫差繼位時，吳國在各諸侯國中應該說是非常強大的。而且他繼位之初，又在夫椒大敗越軍，並乘勝攻破越都，俘虜越王勾踐，迫使越國臣服，威勢可謂上升到頂點。也正是因爲如此強大，他也生出了恃強入主中原的野心。他首先出擊，開鑿邗溝，以圖向北擴展，並在艾陵大敗齊軍。吳王夫差十四年（西元前四八二年）參加黃池（今河南封丘西南）諸侯會盟，又出頭與晉爭霸，遭到諸侯群起攻之。被吳王夫差限制棲息在會稽山上臥薪嘗膽的越王勾踐，乘虛攻破吳都，一舉滅吳，繼吳王闔閭之後一躍而為春秋五霸之一，吳王夫差則在無限的追悔之中自殺身亡。

就戰守之道而言，具體到一時一事，究竟應該先發制人，還是應該後發制人，大約仍然必須依據具體情勢而定，是不能死守教條的。比如在需要打亂敵方部署使其措手不及以求爭取主動時，自然應該先發制人。這個時候如果仍然取後發制人的策略，必然難以奏效而只能落得被動挨打。但就戰國時期的情況而言，在那種群雄四起，且都想稱霸於諸侯的情況下，則必須採用後發制人的策略。對於那些諸侯來說，想爭霸是自然的，為了自身的生存，必須有強盛的國力和自立於諸侯之間的意識，也是必須的。但因為自己的強盛而耀武揚威於諸侯之間，進而窮兵黷武主動出擊於別國，本身就對其他諸侯國造成一種威脅到他們生存的壓力，這種壓力引來的必然是反彈，也就是促使這些諸侯為維持自己的生存而聯合起來。這個時候，無論這些諸侯國之間有多少矛盾和紛爭，他們都會結成一個牢不可破的同盟。自己成為眾矢之的，窮兵黷武之間又必將造成國力的空虛，在天下一片喊打聲中，不遭敗亡也似乎不可能。

群雄相爭之際，採取後發制人的策略，以靜制動，儘量為自己爭取同盟，當力量積蓄到一定的時候，一舉發力而致敵於死地，的確是一個有效的制勝之道。秦代末年，楚、漢相爭之時，漢高祖劉邦接受「高築牆，不稱王」的建議，使諸侯兵都集於他的旗下，與項羽抗衡。相反，項羽在秦亡後立即自立爲西楚霸王並大封諸侯，同時主動出擊，以爲自己先發制人也就能制人，別人就不能與他爭王了，他沒有料到他的這一「先發」，正是導致他在楚漢戰爭中遭到漢軍及諸侯兵的共同圍剿，以致反而受制於人的重要原因。一代梟雄，最終只落了個烏江自刎的悲劇結局。《史記．項羽本紀》記項羽在垓下之圍時，自度不得脫，發出了「此天之亡我，非戰之罪也！」項羽其實到死也沒有明白他最終失敗的眞正原因。

唇亡齒寒

秦昭王四十七年（西元前二六〇年），秦將白起帶兵與取代廉頗爲趙將的趙括——也就是那個慣會紙上談兵而無一點實際本領的趙括——在趙國長平交戰，大敗趙軍，「坑趙軍四十五萬」。這就是歷史上著名的秦、趙長平之戰。

其實，在秦、趙長平之戰爆發之後，如果當時作爲趙國同盟國的齊國和燕國能夠眞心相救，趙國也許可以避免這一次的慘敗，秦國的力量也不至於因這一次的勝利而陡然大增。因爲秦國當時已有動議：齊、燕救趙，如果他們關係密切，是眞心去救，便從長平撤軍，否則，就加緊進攻，一舉克敵。

但齊國的確不是眞心救趙。當時趙國被圍，糧草供應不上，軍中已經斷糧，派人到齊國去借，齊國甚至都不肯出借。據說此時蘇秦正在齊國，他就此向齊王剖析形勢，說了一番脣亡齒寒的道理，希望齊國能幫助趙國。蘇秦對齊王說：「我以爲，大王不如將糧食借給趙國，以使秦國知道齊國眞心救趙，而從長平撤軍。不借，正好中了秦國的算計，他們就不會從長平撤軍，而齊國、燕國也就犯錯誤了。對於齊國、燕國來說，趙國有如一道屏障。因此，趙國和齊國、燕國的關係，就像嘴脣和牙齒的關係一樣，損失了嘴脣，牙齒必然要受凍，這就是所謂脣亡齒寒啊！今天趙國滅亡，明天就該輪到齊國和燕國了。因此，現在給予趙國援助，就像捧著漏水的陶器去澆被燒焦了的鍋一樣緊急。再說，救援趙國，是高尚的行爲，而因爲這一行爲，齊國使秦國從趙國撤軍，也是顯揚齊國自己的聲威的良機。堅持正義，救援將要滅亡的盟國，顯揚自己的聲威，使秦國退兵，不努力去做這樣的事，卻去愛惜那一點點失去還可以再有的糧食，這是齊國那些出謀獻策的人的不智。」

可惜齊國並沒有採納蘇秦的建議。

說齊國可惜，是因爲蘇秦此處的分析，確實符合實際情況。趙國當時的領地，就在秦國與齊國、燕國之間，對於齊國和燕國來說，的確有如一道屏障。如果秦國滅亡了趙國，則向南可以無任何阻攔地進攻燕國，向東則可以長驅進入齊國。因此，齊國、燕國與趙國，的確如脣齒相依，哪有脣無而齒不受其害的道理！不談所謂救趙的正義性和的確可以因逼退秦軍而就此揚名的好處，齊國幫助趙國，實際就是在幫他自己。齊王在處理他與秦、趙之間關係時，不明白他與趙國之間這種脣齒相依、脣亡齒寒的相互依存的關係，實在可惜！

其實，這裏的道理，用在觀察和處理生活中人與人之間的關係上，也有它的適用性。人是社會的動物，沒有人能夠離開他人而生存。生活中，我們總是與他人發生著各種各樣的聯繫，這其中自然有矛盾甚至相互之間的失和、爭執。但從根本上看，人與人之間仍然是相互依存的關係，因而人與人之間也絕不能少了相互的維護和幫襯。俗話有「花花轎兒人抬人」，人們也常說到「人人為我，我為人人」，這些話語，其實正是人生於這人世之間而相互依存的關係的極通俗的表述。

有生之樂，無死之心，必不勝

行兵之道，除為將者的運籌帷幄、決勝千里的智謀之外，能否激勵士氣，使士卒能勇往直前，拚力死戰，也是一個不可忽視的大問題。道理很簡單，也人人都懂：將帥的決策和構想最終要靠士卒去實現，士卒能不能戰，仍然是能否決勝的關鍵之一。

田單將領兵進攻狄城。在出發之前，他去見魯仲連，魯仲連卻斷言他將會久攻不下，而且還有可能敗績而歸。田單很不服氣，說：「我曾經僅僅憑藉小小的五里之城、七里之郭，率領吃了敗仗的殘餘之卒，戰勝了擁有萬輛戰車的燕國，收復了齊都。現在進攻一個小小的狄城，卻會攻不下來，哪有這樣的道理！」於是氣得連告別的話都懶得說，便上車而去。

田單這裏所說的也是實情。當年燕國攻破齊國，齊國已經到了滅亡的邊緣，是田單挽狂瀾於既倒，憑藉小小的即墨城，最後大敗燕軍，收復了齊都臨淄，最終復興了齊國。但此一時，彼一時，田單此次進攻狄城卻眞的不幸爲魯仲連所言中。他在狄城大受其挫，歷三個月不見尺寸之功，士卒卻死傷慘重。齊國國內甚至開始傳唱起一首兒歌，歌中唱道：

大帽子像簸箕，
長劍把幫子抵。
進攻狄城攻不下，
堆起的枯骨不比土山低。

到這個時候，田單才害怕起來，於是又去請教魯仲連。

魯仲連爲田單分析了狄城久攻不下的原因，告訴他，之所以如此，既不是兵力不夠，也不是將帥無謀，關鍵的原因是從將帥到士卒，都沒有拚死一戰的士氣。魯仲連對田單說：「當初將軍在即墨時，與士卒同甘共苦，坐下來就親手編織裝土築工事的草筐，站著時手扶的是挖土壘城的鐵鍬，而且鼓勵士卒：『沒有地方可以去了！宗廟已經滅亡！魂魄已經失喪！我們還能歸於何鄉！』那個時候，將軍有死之心，士卒無求生之念，聽了你的話，無不熱淚揮灑，手臂高舉，渴望決一死戰。這就是你那時爲什麼能夠大敗燕國的原因！而現在呢？將軍爲齊相，在齊國的東邊有夜邑的封地，西邊有淄水之上暢遊的歡樂，繫著黃金腰帶在淄水、澠水之間馳騁田獵，有生之樂，而無死之心，這就是你爲什麼不能取勝的原因。」

魯仲連一番話使田單恍然大悟。他對魯仲連說：「我田單現在有必死的決心了。先生就看我的吧！」

第二天，田單鼓勵士氣，身先士卒，前出到圍城之下巡視軍情，而且站在城裏放出的箭和石頭都可能擊中他的射程之內，親自擂鼓助威。

狄城最終一鼓而下。

戰之求勝，必須有士卒的勇往直前；而要士卒能勇往直前，爲將帥者必先具有死之心。假若爲將帥而有生之樂，無死之心，則戰必不勝。

鷸蚌相爭

「鷸蚌相爭」這個典故出自《戰國策．燕策二》，據其中記載：趙國將要進攻燕國，蘇代爲了燕國而對趙惠文王說：「今天我來這裏的時候，經過易水，河蚌正出來曬太陽，而鷸鳥卻去啄食牠的肉，河蚌便合起來夾住鷸鳥的嘴。鷸鳥說：『今天不下雨，明天不下雨，就會有只死蚌。』河蚌也對鷸鳥說：『今天不出，明天不出，就會有隻死鷸。』雙方相互都不肯放過對方，而漁夫得到這個機會，就一起將牠們都抓住了。現在趙國將要進攻燕國，燕國和趙國如果長期相持下去，致使雙方都疲困，我擔心強大的秦國就要成爲漁夫了。所以，我希望大王仔細考慮進攻燕國的這件事情。」

「說得很有道理。」趙惠文王聽了蘇代的話，覺得很有道理，便下令停止進攻燕國了。

蘇代用這個寓言故事來比喻雙方相持不下，結果兩敗俱傷，讓第三者得利，從而說服趙惠文王放棄攻打燕國的打算，以免強秦從中漁利。這其中蘊涵著豐富的哲理和智謀。正因爲如此，所以人們常常以「螳螂捕蟬，黃雀在後」的話來規勸人，做任何事情，不能目光太短淺，一心只想圖謀侵害別人，卻不知道還有人正在一邊算計自己呢！

但由於利益的驅動，仍然有人將此策略運用於政治鬥爭、外交鬥爭，尤其是軍事鬥爭中。例如《戰國策．魏策一》中就記載有這樣的故事：

楚威王七年（西元前三三三年），楚國與齊國將在徐州展開決戰。大戰前，魏相公孫衍對魏王說：「齊、楚就要展開決戰了，我們何必不採取明裏幫助齊國，而暗中則和楚國結盟的策略呢？它們兩國有了大王作靠山，肯定會打起來。到時候，如果齊國能戰勝楚國，您就和齊國乘機打敗楚國，一定可以奪取方域（楚國在北邊所修築的長城）以外的土地；如果楚國能戰勝齊國，您就和楚國乘機打敗齊國，這樣，太子的仇也就報了。」

原來，在西元前三四一年，齊國在馬陵大敗魏國，俘虜了魏太子申，殺死了魏將龐涓。魏王接受了公孫衍的建議，決定暗中兩邊討好，以促成齊國與楚國作戰，魏國則乘機從中漁利。

再如《戰國策．燕策二》中也記載：

燕昭王採用蘇代「嫁禍於人」的計謀，派蘇代去勸說齊王，鼓動齊王去進攻中原的宋國，以削弱齊國的力量。結果，齊王果真聽了蘇代的話，出兵進攻宋國，並將宋國滅掉。但連年的戰爭，耗費了齊國大量的人力、物力和財力，致使國庫空虛，軍隊疲乏。而燕國卻利用這段寶貴的時光，養精蓄銳，國富民殷，並乘齊國剛剛結束對宋國的戰爭之機，聯合韓、趙、魏、秦等國家，一起進攻齊國，將齊國打敗。

此外，《戰國策．宋衛策》也記載：

齊國進攻宋國時，宋國派臧子去向楚國求救。楚王很高興，滿口答應，並極力鼓勵宋國抗齊。臧子憂心忡忡地返回。他的車夫問道：「求救得到了楚國的同意，您臉上卻露出憂愁，是什麼原故呢？」

臧子說：「宋國小而齊國大，救援小的宋國而得罪大的齊國，這是做君主的人所憂愁的事；楚王卻很高興，必定是用這種辦法來堅定我們宋國抵抗齊國的決心。我們宋國抗齊的行動堅決，齊國就要疲憊，這樣兩敗俱傷，楚國就可坐收漁人之利啊！」

臧子回到宋國，齊國已攻下了宋國的五座城池，而楚王卻還沒有派救兵來。

由此看來，人們之所以要紛紛將這種策略運用於政治鬥爭、外交鬥爭和軍事鬥爭中，確實是因爲它的利益太富有誘惑力了！自己不需要付出什麼價值——即使付出，代價也不大，而且能獲得豐厚的利益，誰不願做呢?!

先下手為強

人們常常說：「先下手爲強。」它指的是在對方還沒有準備好之前，首先動手，這樣就可以爭取主動，占據優勢地位。考之歷史，此話確實很有道理。

事實上，「先下手爲強」作爲一種策略，古人很早就將它用於外交、戰爭之中了。《戰國策．韓策三》中就記載有這樣的故事。

有一個游說之士，他來找韓相公仲說：「現在有個一舉可以忠於君主，便於國家，利於自己的行動，不知您願不願意去履行？」

世界上哪裏會有這麼好的事情？公仲不相信。游說之士便剖析給他聽：「現在天下諸侯分散地去侍奉秦國，那麼韓國就最受輕視了；如果天下諸侯聯合起來背離秦國，那麼韓國就最弱小了；不斷地聯合背離下去，那麼韓國就最先遭受危險了。這是主宰國家、統治百姓的大患啊！現在你如果用韓國先去與秦國聯合，天下諸侯就會跟著去同秦國聯合，這就等於是韓國用天下諸侯去侍奉秦國，秦國就會深深地感激韓國了。雖然韓國是和天下諸侯一起去朝拜秦國，卻能獨自取得秦國的厚愛。您實行這一策略，對君主是最忠誠的了。

「要是諸侯不同秦國聯合，不聽秦國的命令，秦國必定會起兵去討伐那些不服從的國家。秦國長久與天下諸侯結怨交戰，不能決定勝負，韓國就可以休整軍隊以待可乘之機。您實行這一策略，這對於國家，是大利啊！

「從前，周佼用西周去親善秦國，受封在梗陽；周啓用東周去親善秦國，受封在平原。現在，您用韓國去親善秦國，韓國的重要性比起東周、西周來，可說無法計量。而秦國爭取這個時機要超過東、西周親善時的一萬倍。現在您用韓國給天下諸侯帶個頭和秦國聯合，秦國必定用您做諸侯，以昭示天下。您實行這一策略，對於您自身也是大利啊！希望您加緊努力，不要錯過時機！」

如果韓相公仲果眞能採用游說之士的建議，率先聯秦，那確實是一件於君、於國、於己都有好處的事情。

這雖然只是游說者（實際上是縱橫家）的一篇說辭，但其中卻蘊涵著哲理，給人們以深刻的啓迪：對於一個國家也好，對於某一個人也好，歷史提供的機遇都是一樣的，這就要看誰先抓住了機遇，捷足先登，誰就會取得主動權，就會獲得成功。否則，老是跟在別人的屁股後面跑，就只會被動。

社會歷史就是這麼無情地展現在每一個人的面前：衆所周知，秦末漢初，項羽與劉邦爲了爭奪帝位，進行了將近四年（西元前二〇六年－西元前二〇二年）的戰爭，歷史上稱之爲「楚漢之爭」。當時，項羽實力雄厚，擁兵四十餘萬；而劉邦只有十萬人。但劉邦攻於心計，他一面假惺惺地向項羽謝罪，與項羽議和；另一方面則先下手爲強，使用反間計，離間項羽君臣的關係，先是使鍾離昧、龍且、周殷等忠臣、幹將失去項羽信任，後又使范增離項羽而去，致使項羽身單將寡，最後，乘項羽尙無準備，向項羽發動全面攻擊，致使項羽由強轉弱、由勝轉敗，只落得一個自刎烏江的下場。

又如唐朝初年，秦王李世民任尚書令，領兵消滅了各地割據勢力，成爲統一戰爭中的主要統帥，功績和威信卓著。但太子李建成害怕李世民的功勞大，將來危及自己的帝位，於是便與四弟齊王李元吉密謀，準備殺害李世民。哪知秦王已探知消息，並先下手爲強，發動了「玄武門之變」，殺死太子李建成和齊王李元吉，迫使唐高祖李淵傳讓皇位。

倘若劉邦、李世民不先下手掌握主動權，那麼失敗者不一定是項羽和李建成，而可能是他們自己。由此看來，無論做什麼事情，都必須抓住時機，牢牢掌握主動權，才會立於不敗之地。

僞舉網而得麋

所謂「僞舉網而得麋」，是指先假裝舉著網驅趕麋鹿前進，最後抓獲麋鹿。它出自《戰國策・楚策三》，是陳軫在勸告楚懷王放棄一項即將採取的策略時所說。當時，秦國正出兵進攻宜陽。楚懷王告訴陳軫說：「我聽說韓侈是一個聰明機智的人，又熟悉諸侯國的事情，大概能夠自免於難，守住宜陽。所以我想示意先依靠他，給予加倍的恩德，你看如何？」

陳軫回答說：「大王，請您拋棄原來的方案，不要依靠他！憑著韓侈有限的智慧，這次他必定會陷入困境的。現在山林草澤裏的野獸，沒有比麋鹿更狡黠的。麋鹿知道獵人在前面設有羅網才來驅趕自己，於是便回頭跑而衝撞獵人，這樣達數次之多。獵人知道麋鹿的狡詐，便舉著網僞裝驅趕牠前進，而在相反的方向設下羅網，因此捕得麋鹿。眼下諸侯明知韓侈多詐，因而舉著網僞裝驅趕他前進的人一定很多。所以請大王拋棄原來的方案，不要依靠韓侈。韓侈的智慧有限，這次肯定要陷入困境。」

楚懷王接受了陳軫的意見，宜陽果然被攻下來了。從這裏可以看出陳軫看問題確實具有預見性。

「僞舉網而得麋」的策略也經常用於軍事鬥爭，並在其中顯示了其巨大威力，最著名的例子莫過於歷史上的「淝水之戰」了。

東晉太元八年（西元三八三年），前秦君主苻堅命其弟苻融率領三十萬大軍爲前鋒，駐紮在淝水的西岸，與駐紮在淝水東岸由謝玄率領的東晉水陸主力隔水對峙。當時謝玄的部隊不過八萬人。儘管東晉軍訓練有素，兵強馬壯，鬥志高昂，但時間一長，等苻堅率領的六十萬後續部隊逐步聚齊以後，那必將對東晉軍造成極大的威脅。謝玄在認眞分析了眼前的形勢後，精心籌劃了一計：他派人前往前秦軍營說，與其兩軍長期隔水對峙，不如請前秦軍稍稍後撤，讓東晉軍渡過淝水，兩軍決一勝負。苻堅一聽，立即表示同意，並親臨前線指揮。因爲他另有打算：即等東晉軍渡淝水將近一半時，便率軍突然掩殺過去，可一舉將東晉軍打敗。

於是，苻堅指揮前秦軍開始後撤。這時，正如謝玄所預料的那樣：前秦軍人數雖然很多，但各懷鬼胎，互不買帳，毫無鬥志；尤其是那些暫時投降苻堅的少數民族首領和從四處強迫拉夫徵調前來參戰的少數民族百姓，根本就不願意打仗。他們一聽到撤退的命令，便一哄而散。頓時軍心動搖，隊伍失去控制，一退而不可止。而謝玄等人則率領八千精騎，迅速渡過淝水，向前秦軍發起猛烈的攻擊和追殺。

終於，在東晉軍的猛烈打擊下，前秦軍全線崩潰，驚恐萬狀，亂成一團，各奔東西。前秦的軍隊在混亂中被殺者十之八九，就連苻堅也在混亂中中箭受傷，單騎慌忙北逃。他的弟弟苻融則在混亂之中做了無頭鬼。

在「淝水之戰」中，弱小的東晉軍戰勝了強大的前秦軍，取得了巨大勝利，它成為中國歷史上以弱勝強、以少勝多的著名範例，也是「僞舉網而得麋」策略在軍事鬥爭中的奇妙運用。可見此策略運用得恰當，可以收到很好的效果。

激將法

生活中常常會出現這種情況：一件事情，本來應該去做，或者某人、某單位去做最合適，但有時你就是磨破了嘴皮，也說服不了對方，決策者或某個人就是轉不過彎來，不願意去做。而有時，同是一件事情，你採用激將法，僅幾句話就解決了問題。只要稍稍翻一下歷史，你就會發現，這類事情是很多的，如《戰國策．魏策四》中就記載有這樣的故事。

西元前二六六年，齊國和楚國相約去進攻魏國。當時，魏國已與秦國結成為盟國。見齊、楚來進攻，魏國立即派人去向秦國求救，路上的使者不斷，而秦國就是不發救兵。

魏國有位叫唐且的老臣，雖然已九十多歲了，見國家有難，便對魏王說：「老臣請求前往西方去說服秦國，讓秦國在我回來之前就出兵，行嗎？」

魏王見唐且很自信，便答應了，並為他備好車，派他出使秦國。唐且去拜見秦王，秦王挖苦他說：「老人家糊裏糊塗地竟然從遠方來到了這裏，很辛苦了。魏國多次來求救了，我知道魏國著急了。」

唐且接著秦王的話說：「大王已經知道魏國著急了而救兵不到，這是替大王出謀劃策的臣子無能啊！魏國是個能出一萬輛兵車的國家，自稱是秦國東邊的藩國，接受秦國賜給的冠帶，春秋兩季給秦國提供祭品，那是認爲秦國強大足以成爲魏國的盟國啊。現在齊國、楚國的軍隊已經在魏國的郊外了，大王的救兵還不到，魏國著急就將割地與齊國、楚國結盟。到了那時，大王即使想救它，又哪裏來得及呢？這是丟了一個能出一萬輛兵車的魏國，而增強了仇敵齊國、楚國的力量啊！我私下認爲，這都是爲大王出謀劃策的臣子無能啊。」

唐且短短的幾句話，就使秦王醒悟過來，並感到後悔，馬上發兵，日夜兼程趕往魏國。齊國、楚國見秦國的救兵將至，便退兵而去。於是，魏國又恢復了安全。

秦國出兵，齊、楚退軍，魏國重新恢復寧靜，這一結果應歸於老臣唐且。魏國的使者絡繹於道，秦國卻遲遲不出兵；而唐且只說了幾句話，秦王何以立即下令發兵呢？關鍵在唐且採用了激將法——如果秦國不出救兵，魏國就只好割地與齊、楚講和；而這樣做的後果，對秦國是極其不利的。唐且又將責任推給那些出謀劃策的臣子們，給秦王下了台階，促使他醒悟並採取果斷措施，實在是聰明。

再讀《戰國策．韓策一》，其中也記載有這樣的故事。

周國的顏率去見韓相公仲明，公仲明不願見他。顏率便對公仲明的傳達官員說：「公仲一定認爲我虛僞，所以不見我。公仲喜歡女色，我卻說他喜歡男子；公仲對錢財吝嗇，我卻說他佈施恩惠；公仲品行不好，我卻說他急公好義。從今以後，我顏率將要說直話了。」

公仲明的傳達官員將顏率的這些話都轉告了公仲明。公仲明一聽這些話，就立即出來接見顏率。

顏率真是個聰明人，他想見公仲明，卻不卑躬，也不討好；當公仲不見他時，他便用話故意去激公仲明，暗示要說直話揭他的老底，迫使公仲明不得不見他。

激將法不僅用於國家決策中，也用於個人交往中，還有用於戰鬥中的。據《金史．烏延蒲盧渾傳》記載：金初，金國勇將、太祖的弟弟闍母率領金軍在兔耳山（今北京順義境內）與宋軍張覺交戰，被打敗。隨後，張覺又率軍前來攻打烏延蒲盧渾軍。將領們都很膽怯，不敢迎戰。烏延蒲盧渾也是金國的一位勇將，他見此情形，便故意裝出若無其事的樣子，率眾將領登上兔耳山瞭望宋營，並矇哄眾將領說：「敵軍人數比我們少得多，迅速出擊就可以將他們消滅。如果讓他們進到城裏，我們就沒有辦法制服他們了！」於是，他身先士卒，率領眾將合力出擊，奮力拚殺，終於打敗了張覺軍。

烏延蒲盧渾以謊言來激發眾將領的膽量，以消除他們的畏敵情緒，並在戰鬥中發揮了作用，可說是激將法在戰爭中的妙用了。

從前面的幾則小故事可以看出，無論是進行國家重大事件的決策，還是在處理人際關係方面，或者在具體戰鬥中，只要適時、適當地使用激將法，就會收到事半功倍的效果。

三、外交策略

戰國時期今日「合縱」、明天「連横」的複雜的政治形勢，使得國與國之間的外交活動和外交鬥爭也異常活躍起來。在對外交往活動中，如何維護本國利益，如何削弱敵國實力，如何說服別國與自己聯合起來去共同對付自己的敵人，如何利用別國之間的矛盾使他們相互爭鬥而保存自己的實力，又如何借助外力而抬高本國的地位等等，縱橫家們所採取或制定出來的行動方針和鬥爭方式，簡直讓人驚歎不已！

投骨令爭

山東六國的士人都到了趙國，聚集在趙國的國都邯鄲，商議山東六國聯盟合縱，共同對付秦國。

戰國時期的齊、楚、燕、趙、韓、魏、秦，雖號稱「七雄」，但究其實，還是以秦國最爲強大。不過，由於秦國地處西北，向東僅有函谷關一條進擊山東六國的通道，如果山東六國聯合抗秦，秦國的力量必然會被大大限制和削弱。秦惠王時期蘇秦被趙國重用，佩六國相印而成合縱之勢，曾致使秦國十五年不敢闖函谷關東進。山東六國的士人聚集趙國商議合縱，自然不能不引起秦國的憂慮和不安。

這一次的六國士人聚謀合縱，是在秦昭王時期，此時正是范睢在秦國為相。范睢對於如何瓦解六國合縱，心內早有打算，因此也沒有把它太當回事。他對秦昭王說：「大王不必憂慮，請讓我馬上制止這六國士人的合謀。秦國對於天下的士人並沒有積怨，他們聚在一起謀劃合縱抗秦，不過是因為他們想以此取得六國國君的任用而得到富貴罷了。大王看見你的那些狗了嗎？它們在庭院裏睡的睡，起的起，走的走，停的停，相安無事。可是如果你向牠們投去一塊骨頭，很輕易地就能讓牠們相鬥相咬。這是為什麼呢？就是因為這一塊骨頭可以引起牠們的爭鬥啊。」

范睢瓦解六國士人的辦法，也就是「投骨令爭」。他讓唐睢擔當此事。唐睢是魏國人，曾為魏國出使秦國，使秦、魏聯盟，侍奉秦昭王時已年近九十了。范睢派出唐睢，帶上載有樂隊和五千金的車隊到了趙國離邯鄲不遠的武安。唐睢在武安舉行了盛大的宴會，和賓客一起飲酒作樂，且放出風聲：聚在邯鄲的士人，都可以到武安來領取賞金。於是，那些參加聚謀合縱抗秦的士人，除了絕不可能給予賞金者外，可能給予賞金的，都給了他們數量不等的賞金，這些士人一下子就和秦國靠在了一起。

唐睢回到秦國，范雎還意猶未盡，他對唐睢說：「你是為秦國謀取事功的人，不必過問賞金都到哪裏去了，也不必吝惜。現在再派人載五千金跟你去，能將這五千金散光了，你的功勞就大了。」於是唐睢再次出發到武安。這一次帶去的五千金，還沒有發散到三千，六國的士人就為能更多地得到秦國的賞金相互大鬥起來了。

范雎「投骨令爭」這一招的確是厲害。這一招的厲害之處，在於它抓住和利用了這些聚謀合縱的士人們的弱點。其實，這些士人也就是那些游說於列國之間的策士。這些策士們本來就是以利為取捨而非以義為取捨的。以利為取捨，必然是「見利而爭先」，各求其利，雖兄弟親戚亦不能相護，哪裏會有牢不可破的聯盟？因此，以區區不到萬金之數，就能使六國士人大鬥起來，也就沒有什麼奇怪的了。

從這裏說開去，為利欲所惑而常常會見利忘害，其實是人類一個普遍性的弱點。因此即使殷鑑在前，生活中也常常能看到一幕幕被人投骨而自己同類相爭相殘的鬧劇，實在是令人悲哀。

勞天下而自逸，亂天下而自安

蘇秦游說齊閔王，有一大段闡述自己的軍事、政治、外交策略的說辭。在這篇說辭中，有這樣一段：「我聽說，攻占之道，不在於使用軍隊。即使百萬之師，亦可敗之於廟堂之上；縱有如闔閭、吳起那樣善戰的大將，也能擒之於門戶之內。千丈城邑，可以在酒肉宴席之間攻下它；百尺戰車，可以在座席之上損毀它。鐘鼓竽瑟之音不絕，土地就得到擴展；倡優侏儒之笑不止，諸侯便同日來朝。所以，聲名與天地比美，不一定就是尊貴；功業能制服海內，也不一定算是豐厚。眞正能成就帝業的人，在於能勞天下而自逸，亂天下而自安，讓天下動亂而自己獨享太平，這才是成就帝業的途徑啊。」

接下來，蘇秦還談到秦國當年如何利用外交手段，使自己避免遭受山東六國攻擊的史實。蘇秦的這段話以及用到的史實，都是意在強調一個希望成就帝業的國君，要善於透過政治謀略和外交手段來達到自己的目的，而不必強調軍事的重要。很顯然，要運用政治謀略和外交手段，就少不了任用那些有翻雲覆雨之能、具縱橫雄辯之才的策士。蘇秦的這一番強調的背後，應該也有希望齊閔王接受自己的游說而重用自己的用心。

不過，蘇秦所說的「勞天下而自逸，亂天下而自安」，倒也眞的不失爲一條求逸得安的良策。

當年秦國就曾使用這一計策，化解了一場涉及自身存亡的危機。

西元前三五四年，魏國攻克趙國國都邯鄲。其時，魏國擁有國土千里，軍隊三十六萬。自恃自己國力強盛，攻克邯鄲之後，又向西圍攻秦國的定陽。參加逢澤諸侯會盟時，魏國國君魏惠王儼然盟主，自命中原之王，率領十二國諸侯朝見周天子，並策劃向西圖謀秦國。

魏國的國力以及對秦國的威脅，使當時的秦國國君秦孝公食不甘味，夜不成眠。他命令境內加強防禦，邊境上修築工事，招募勇士，設置將軍，甚至號召全民拿起武器，等待魏國的進攻。這時，商鞅對秦孝公說：「魏國現在已經強大到號令通行於天下，他的盟國一定很多了。如果用一個秦國和如此強大的魏國對抗，恐怕很難取勝。大王不如讓我去見魏惠王，我一定能打敗魏國。」秦孝公同意了商鞅的要求。

於是商鞅東行至魏，求見魏惠王。他對魏惠王說：「大王你的功業夠偉大的了，號令通行於天下。不過，現在跟隨大王的十二諸侯中，不是衛國、宋國那樣的小國，就是陳國、蔡國、魯國、鄒國這樣的小國，這些國家本來就是大王可以用馬鞭驅使的國家，哪裏足以使大王稱王於天下呢？大王不如北面聯合燕國，東面進攻齊國，那趙國也就必然服從你了；西面聯合秦國，南面進攻楚國，那韓國也必然會服從你。大王有了進攻齊國、楚國而使天下歸附的志向，那帝王之業也就可以實現了。大王不如先穿上帝王的衣服，然後圖謀進攻齊國、楚國。」

魏惠王被商鞅一番話說得心花怒放，眞的就親自主持擴大宮室，製作紅色的王服，還在宮中豎起下面垂掛九條旒飾的旗幟，配上七星隼鳥的旗幟。這些都是天子的儀仗。魏惠王如此狂謬，自然激起當時同樣也很強大的齊國和楚國的憤怒，不等魏惠王籌劃進攻他們，他們倒率先起兵伐魏了。齊、楚一動，其他諸侯也紛紛回應。魏惠王三十年（西元前三四一年）齊國以田嬰、田忌、孫臏救趙擊魏，大敗魏軍於馬陵，斬、獲十萬，殺死魏將龐涓，俘虜魏太子申並隨即處死，最終以魏惠王布衣至齊稱臣了結了這場紛爭。

在這場由商鞅挑起的魏與齊、楚的紛爭中，秦國也得到了實際的好處。這場紛爭不僅化解了秦國面臨的危機，更讓秦國垂衣拱手，不煩一兵一卒，不費吹灰之力，就得到了魏國黃河以西的大片土地。說起來，與齊、楚相比，秦國得到的好處實際上最大，的確可以說是在門戶之內、廟堂之上大敗了強大的魏國。其實，豈止是大敗了魏國，天下諸侯，包括齊、楚，不是都上了秦國的當嗎？

靡不有初，鮮克有終

秦武王四年（西元前三〇六年），秦左丞相甘茂帶兵攻克韓國宜陽。所謂積薄成厚、積少成多，到這個時候秦國已經成爲了事實上的七國霸主，秦武王於是也很有些驕矜自滿起來，甚至不顧當時齊國、楚國的力量，計畫以已經得到的原屬韓國的三川之地爲根基，繼續向齊、楚擴張。他輕視齊國，傲視楚國，只對被自己大敗的韓國、趙國和魏國表示一點友好。於是有策士勸諫秦武王不能如此。

策士勸諫秦武王放棄他的做法，一方面是從驕者必敗的角度著眼；另一方面，也是因爲秦武王此時錯誤估計了各國力量的對比，而放棄了他原來所採取的聯合齊、楚的正確方略。在秦國大敗韓、趙、魏之前，四國軍事力量大體處於均勢。當時秦國採取與齊、楚和好以使他們不加入紛爭的策略，保證了宜陽之戰等幾次戰役的勝利。不過，此時的韓、魏雖有幾次敗績，但並沒有徹底損傷元氣，而齊、楚與秦國相比，雖然齊國的力量弱於秦國，但楚國卻仍有可能在一段時間內與秦國相持。特別是當時齊國、宋國雖弱，但實際上仍然是一部分不可忽視的政治力量，所以，秦、楚之間，誰能爭取到齊國和宋國，誰就有可能立於不敗。秦國得到齊國、宋國，就可以一舉滅韓，而使楚國陷入孤立；楚國得到齊國、宋國就可以一舉滅魏，陷秦國於孤立。而現在秦國改變原來的策略，傲視齊、楚，反而對韓、魏施惠，必將虎頭蛇尾，斷送已經取得的成就。在這位策士看來，現在秦國攻下宜陽，奪取了三川之地，擴展了東西疆界，使得天下士人不敢吭聲，韓國與楚國的軍隊也不敢西進，這是好的策略而得到的好的開端。但是，如果秦王改變策略，發展下去一定不會有一個好的結果。

「靡不有初，鮮克有終」，這是《詩經．大雅．蕩》中的兩句，意思是說，沒有好的開頭，很少有好的結果。這的確是不錯的。任何一件事情，沒有一個好的開始，換句話說，一開始就埋下了不順利的，甚至是導致失敗的根由，當然不會有一個好的結果，也無法指望有一個好的結果。從另一個角度看，其實，有許多事情，即使有好的開始，也不一定就必然會有好的結果。有史為證。春秋時期晉國六卿之一的智伯，開始聯合韓康子、魏桓子、趙襄子，滅掉了范氏、中行氏，甚至後來也將趙襄子逼在封地，但他得意忘形，疏於防範，後來反而被韓康子、魏桓子聯合趙襄子滅掉了。吳王夫差在夫椒大敗勾踐，使越國稱臣，但他不聽伍子胥的勸告，與勾踐議和，勾踐棲息於會稽山上，臥薪嘗膽，發奮圖強，後來打敗了夫差，夫差這時才後悔沒有聽伍子胥的諫勸。但這時的追悔已經於事無補，最終落得自殺了事。無論是智伯，還是吳王夫差，他們並不是沒有力量，就他們自己的事業而言，也不是沒有一個好的開始，但或由於得意忘形，恣意驕矜，或由於自大滿足，麻痹輕敵，總之是不能愼業始終，最終都使自己已經成就的功業付諸東流，落得身死國滅。

俗語有「行百里者半九十」，這句話實在具體地道出了成就一番事業之難。凡能成大事者，必然都是愼始愼終的人，這也是一個不變的規律。

人抬人高

在今天的社會，經常出現這樣的事情：某人在本單位不受重視或工作不順心，實在沒有辦法堅持下去，便只好聯繫調到另一個單位去工作。當另一個單位同意接收的函件來到後，原來的單位領導這才如夢初醒，馬上盡力滿足他的要求，解決他存在的各種困難，而不放他走。當然，有些單位則是見你要調走，堅決不讓走，也不解決你的問題和困難。在這些請調的人當中，有些是眞正的懷才不遇，迫不得已才這麼做；有些則是眞的無才無學，不過要借助外力來抬高自己的身價罷了。但不管是眞的懷才不遇而不得已這麼做，還是眞無才學而故意這麼做，客觀上，它都是一種推銷自己、抬高自己身價的策略。

其實，作爲一種策略，古人早已運用得很多了。比如，《戰國策·魏策四》中就記載有這樣的故事。

魏臣周肖想在魏國掌握實權，便去對剛剛出使來到魏國的周臣宮他說：「請你替我去告訴齊王說：『周肖願意做他的國外的臣子。』讓齊國幫助我在魏國掌權。」

宮他想一想說：「不行，你這麼做，是在向齊國顯示魏國輕視你。齊國絕不會任用一個在魏國無權的人而去傷害一個在魏國有權的人。所以，你不如向齊國顯示你在魏國有權。你應對齊王這麼說：『大王對魏國的所有要求，請允許我讓魏國聽從您的吩咐。』這樣，齊國就必定會幫助你了。這樣做，你便憑藉著魏國而得到了齊國的幫助，又憑藉著齊國的幫助而在魏國掌了實權啊！」

周肖按照宮他教他的方法去行事，果然如願以償。

本來，周肖只是想透過朋友宮他替他去請求齊王幫助他在魏國掌握實權，沒想到宮他竟向他傳授了一套空借外力以求實權的權術，比去求人出面來爲自己說話要容易得多。就像今天社會上有些投機商人買空賣空的手法一樣，爲了達到自己的目的，眞可謂不擇手段。

以上是借助某一方面的力量來抬高自己以掌實權的事例，也有雙方相互借重，相互抬高的事情。據《戰國策．韓策二》中記載：

趙國的相國大成午，專程從趙國來到韓國，找到韓相國申不害說：「你用韓國來提高我在趙國的地位，我也用趙國來提高你在韓國的地位；這樣，你就有了兩個韓國，而我就有了兩個趙國。」

有這樣的名利雙收的事情，又不需要花費什麼，申不害自然願意。

由此看來，古人巧妙地借用外權、外力來達到自己的個人目的，提高自己的身價和地位，確實是一種行之有效的策略。難怪俗話常說：「人抬人高」，眞是一點不假。也難怪今天有些人爲了達到自己的目的，藉外單位要引進他這個「人才」而向本單位要價了！

抱薪救火

說起「抱薪救火」這個成語，一般人都懂得其意思，它是指抱著柴禾去救火，比喻用錯誤的方法去消滅災害，反而使災害擴大。因此，我們做什麼事情，思考什麼問題，不僅不能「抱薪救火」，而且要知道爲什麼不能這麼做的原因。

古人就很懂得這個道理。據《戰國策．魏策三》中記載：

西元前二七三年，魏國與秦國在華陽進行決戰，結果被秦國打得大敗。第二年，魏王準備派段幹崇割讓土地去向秦國講和。

孫臣聽說這件事後，晉見魏王說：「魏國不在戰敗的時候割讓土地，可說是善於利用戰敗了；而秦國不在戰勝的時候索取土地，可說是不善於利用戰勝了。現在過了一年了，竟想到割讓土地，這是群臣在謀私而大王卻不知道啊！想得到封賞印璽的人是段幹崇，大王因而想讓他去割讓土地；想得到土地的是秦國，而大王因此想讓它授給段幹崇印璽。想得到印璽的人控制土地，想得到土地的人控制印璽，那形勢就必定對魏國不利了。再說那班奸臣本來都想用土地去侍奉秦國。用土地去侍奉秦國，就像抱著柴禾去救火一樣啊！柴沒有燒完，那火就不會停止。現在大王的土地有窮盡的時候，而秦國的欲望卻沒有窮盡的時候，這就是我所說的抱著柴禾去救火啊！」

聽到這裏，魏王連連點頭：「你說得很對！雖然是這樣，但我已經答應過秦國，不好再改變呀。」

孫臣進一步勸解魏王說：「大王難道沒有見過那些玩博戲的人所使用的梟（一種兇猛的鳥）形棋子嗎？想吃對方就吃，想握在手中就握在手中。現在您被群臣所迫而答應了秦國的要求，因此說不好改變。怎麼用起智謀來還比不上博戲的人使用梟形棋子呢？」

「說得好！」魏王終於明白了其中的道理，並撤除了段幹崇去秦國獻土地講和的成命。

魏王還算明智，終於明白了其中的道理，接受了孫臣的勸告，採取果斷措施，不再向秦國割地講和了。事實上，一個國家也好，一個人也好，其貪欲是沒有止境的：今天得到了你的東西，明天還想得到你的東西，後天則想得到你更多的東西；今天生活過得好一點，明天就希望再好一點，後天則希望能更好一點。

當然，這個道理也不是每一個人，包括那些決定國家命運前途的君主和權臣都明白的。例如，一八四〇年的鴉片戰爭，英國以其堅船利炮轟開了閉關自守的中國的大門。而腐朽的清朝政府，不顧民族、國家的利益，不顧人民堅決反抗外來侵略的要求和呼聲，崇洋媚外，屈膝投降，竟與英國簽訂了中國近代史上第一個喪權辱國的不平等條約——「南京條約」。清政府以為，讓英國得到了很多好處，它們就會停止侵略中國的行動。哪知，過了十幾年，英國又聯合法國在俄、美等國的支援下，發動了侵華戰爭（即第二次鴉片戰爭）。從此以後，其他帝國主義國家也紛紛效仿，不斷地向中國發動侵略戰爭，一起瓜分中國，使封建、閉關的中國逐漸淪為半殖民、半封建的國家。所以，近代著名的政治活動家、外交家、傑出的詩人黃遵憲在《書憤》一詩中寫道：

一自珠崖棄，紛紛各效尤。
瓜分惟客聽，薪盡向予求。
秦楚縱橫日，幽燕十六州。
未聞南北海，處處扼咽喉。

詩的意思是說：自從第二次鴉片戰爭失敗簽訂「天津條約」，瓊州被帝國主義列強據為通商口岸後，帝國主義國家紛紛向清政府要求割地，進行種種勒索；而奉行賣國投降政策的清政府總是有求必應，儘量滿足帝國主義的欲望。帝國主義列強相互爭奪、相互勾結，在中國劃分勢力範圍，就是秦楚相爭、石敬塘割地時，也不像今天這樣被扼住中國南北海的要塞、通道。

倘若清政府當時不賣國投降，不抱薪救火，而是順應人民的意願，採取果斷措施，嚴懲投降派，重用抗戰派，積極組織和利用民衆的熱情和愛國力量，堅持抵抗帝國主義的侵略，也許中國的歷史進程會順利得多，中華民族和中國人民就不會遭受那麼多的苦難。

就是在今天，「抱薪救火」作爲一種智謀策略，人們是否眞正地領會其中的道理，對我們所從事工作的效果也是有直接影響的。它裏面蘊涵的哲理和它給人們提供的經驗教訓，值得借鑑。

無中生有

一般說來，一個人有缺點、錯誤，不怕別人實事求是地批評，哪怕是很重的批評，甚至是處分也接受得了；而最怕的就是別人無中生有，憑空捏造，有意中傷，任憑你長了十張嘴也辯白不清。但在中國古代，「無中生有」作爲一種外交策略，在國與國的交往中卻用得比較頻繁，而且頗見功效。

西元前三一〇年，張儀從秦國來到魏國，得到魏王的寵信，被任命爲相國。齊國和楚國因爲惱怒張儀而想進攻魏國。魏臣雍沮對張儀說：「魏國之所以任命您爲相國，是認爲您做了相國以後，國家就可以平安無事，百姓可以沒有禍患。現在，您做了相國，而魏國卻遭受戰爭，這就說明魏國的決策有錯誤。只要齊國和楚國聯合進攻魏國，您的處境就肯定危險了。」

儘管張儀機警善變，此時亦不免有些緊張。他請教雍沮道：「照這樣看來，我應該怎樣做才好呢？」

雍沮胸有成竹地說：「那就請允許我去讓齊國和楚國停止進攻魏國。」

於是，雍沮便去對齊國和楚國的君主說：「大王曾聽說過張儀與秦王立過密約的事嗎？他和秦王立約說：『大王如果讓我去魏國做相，齊國和楚國討厭我，必定會進攻魏國。魏國要是戰勝了，這就等於齊國和楚國的軍隊打了敗仗，張儀一定可以得到魏國了；假如魏國沒有戰勝，魏王必定侍奉秦國來保存他的國家，必定割讓土地來討好大王。如果齊國和楚國再次進攻魏國，戰爭給它們所造成的疲困也使它們沒有能力來對付秦國。』這就是張儀和秦王暗中勾結的內容。現在，張儀剛做了魏相，你們就去進攻魏國，這正是使張儀的計謀在秦國得以兌現，而不是使張儀陷入困境的辦法啊！」

齊國和楚國的君王聽了雍沮的話，仔細一想：這不是要中張儀的圈套嗎？不！絕不能中他的圈套！於是，便下令馬上停止對魏國發動進攻。

雍沮可說是一位聰明機智的人，他見張儀以強大的秦國爲依靠，來魏國做相國後，引起齊國和楚國的惱怒並要聯合進攻魏國。於是，他自告奮勇去游說齊國和楚國的君主，並無中生有，謊稱張儀曾與秦王立有密約，迫使齊國和楚國停止進攻魏國。應該注意的是，儘管雍沮出使齊、楚時，是無中生有，謊稱張儀與秦王訂有密約；但從他所談「密約」的內容本身來說，也是極有道理的，因此齊國和楚國不得不停止進攻魏國的行動。

再說，雍沮的此次行動，可謂「滿載而歸」：既使魏國免遭齊、楚兩國的進攻，不受兵災之禍；又讓張儀從困境中解脫出來，鞏固了在魏國的地位；還使自己得到了實惠——出使成功，魏王少不了要獎賞或提拔他；更爲重要的是，他以此結交了風雲人物張儀，從此會受到張儀的信任和重用。這也許是雍沮機智聰慧所得到的回報吧！

先予後取

說起「予」和「取」，這可是社會生活中普遍存在的一對矛盾。先有所「予」，後必有所

「取」；要想有所「取」，就必須先有所「予」；光想「取」而不想「予」，是很難達其目的的。

《逸周書》上就這樣說過：「將欲敗之，必姑輔之；將欲取之，必姑與之。」用我們現在的話說，就是將要打敗他，必定要暫時幫助他；將要奪取他的東西，必定要暫時給他東西。古人不僅是這麼說的，在具體實踐中、在具體鬥爭中也是這麼做的。

據《戰國策．魏策一》記載，晉卿智伯曾向晉卿魏桓子索取土地，魏桓子不願意給他。魏桓子的謀士任章（後任魏相）聽說這件事後，便去問魏桓子：「您爲什麼不願意給智伯土地呢？」

魏桓子非常氣憤地說：「無緣無故地索取我的土地，所以不願意給他！」

任章便開導桓子說：「智伯無緣無故地索取別人的土地，鄰國必然恐慌；貪得無厭，天下必然害怕。您給他土地，智伯必定驕傲。驕傲自然就會輕敵。鄰國由於害怕他，便會互相親善。用互相親善的軍隊，去對付輕敵的國家，我看智伯的命是不會長久了！您不如給他土地，以便讓智伯驕傲起來。您爲什麼要放棄用天下諸侯的力量去消滅智伯的機會，而偏偏要把我國當作智伯的箭靶子呢？」

「說得好！」魏桓子聽了任章的一番話，覺得很有道理。於是，他便給了智伯一個有一萬戶人家的都邑。

智伯很順利地得到了都邑，非常高興，因此如法炮製，又向趙國索取蘭地和皋狼，趙國不肯給他。於是，智伯便脅迫韓國和魏國一起去圍攻趙國的晉陽。

趙國則利用韓國和魏國與智伯的矛盾，派人與韓、魏兩國聯絡好，共同攻擊智伯。一天，韓國和魏國在城外突然向智伯發動進攻，趙國則從城中衝殺出來，三面圍擊智伯。果然如任章所說，智伯很快就被消滅了。

另據《戰國策．宋衛策》記載：智伯想進攻衛國，便先送給衛君野馬四百匹，白璧一個。衛君非常高興，群臣也都來慶賀，只有南文子卻表現出憂愁的樣子。衛君說：「大國交歡，增進友誼，而你爲什麼要表現出憂愁的樣子呢？」

南文子回答說：「沒有功勳卻得到獎賞，沒有勞績卻得到禮物，是不能不仔細考慮的。野馬四百匹，白璧一個，這是小國送給大國的禮品，卻由大國送給小國，您還是考慮考慮吧！」

衛君將南文子的話轉告給邊境的官吏。智伯果然起兵偷襲衛國。智伯到了衛國邊境，見衛國已經有了準備，感歎說：「衛國有賢能的人，事先已知道了我的計謀！」於是，只好下令軍隊往回撤。

在今天，「先予後取」的策略仍有其現實意義，只是內容稍有不同。比如一個人生活在一個集體中，你要想從這個集體裏獲得一些什麼，首先要想一想，我爲這個集體做過一些什麼？如果大家首先都想的是要從這個集體中獲取些什麼，而不是想的要爲這個集體做些什麼，那麼，這個集體肯定就會逐漸瓦解，甚至消亡；如果大家首先都想的是要爲這個集體做些什麼，然後再從這個集體中獲取一份自己應得的酬勞，那麼，這個集體就會逐漸壯大，並興旺發達起來。但願我們每一個人時時刻刻都想到要先給集體、給國家作奉獻，然後得到回報，那也是很自然的事了。

借刀殺人

所謂「借刀殺人」，是指爲了保存自己的實力而巧妙地利用各種矛盾的一種策略。說得更具體一點，就是借助別人的力量來攻擊自己敵人的策略。這樣做，既可以避免損失，保存實力，又達到了自己的目的。難怪古人說：聰明的人將戰爭送到別國去打，愚蠢的人將戰爭引到本國來打。如果我們將戰國時齊國在處理接受魏國俯首稱臣事件上的做法仔細分析、研究一下，就知道此話說得確實很有道理。

西元前三四一年，齊國和魏國在馬陵展開了一場激戰，結果齊國大勝魏國，消滅了魏國的十萬軍隊，並殺死了魏太子申。魏惠王召見相國惠施，告訴他說：「齊國是我的仇敵，我恨它恨到死也不會忘記。我國雖小，兵力有限，但我總想找個機會，出動全國的軍隊去進攻它，以報馬陵之仇，你認爲如何？」

惠施回答魏王說：「不行。我聽說稱王的人懂得法度，稱霸的人知道計謀，現在大王所告訴我的，既不合乎法度，又不合乎計謀。大王本來先結怨於趙國，然後才和齊國作戰。現在沒有打勝仗，國家又沒有防守和作戰的準備，而大王卻想出動全部軍隊去進攻齊國，這就不是我所說的懂得法度和知道計謀了。假如大王想進攻齊國的話，還不如改變服裝，屈己下人去朝拜齊國，向齊國稱臣。這樣，楚王就一定會發怒。於是，大王可以派人去游說，讓他們發生爭鬥，那麼楚國就必然會進攻齊國。用休養好了的楚國去進攻疲憊不堪的齊國，那齊王就必然會被楚國所擒了。這就是大王用楚國去毀滅齊國的計謀啊！」

魏王經惠施的一番開導和剖析，改變了主意，同意了他的建議，並派人帶著豐厚的禮物去向齊國報告，願意稱臣，像牛馬一樣去朝拜齊王。齊國的相國田嬰答應了魏王的請求。

齊國的大臣張丑聽說了這件事，找到田嬰說：「齊國不能接受魏國的稱臣。如果是沒有戰勝魏國，而能得到朝禮，並與魏國講和一同去打敗楚國，這可說是一個大勝利。現在戰勝了魏國，消滅了它的十萬軍隊，俘虜了魏太子申，使得能出一萬輛兵車的魏國稱臣，卑視秦國、楚國，這樣一來，就會使齊王因勝利而變得兇暴了。再說楚王的爲人，喜好用兵，拚命追求出名，因此，最終成爲齊國禍患的，必定是楚國，相國不可不明察。」

田嬰不聽張丑的勸告，仍然接納了魏王的請求，並且同他一起再三去朝拜齊宣王。趙國因而很討厭他。楚威王也為此而發怒，並且親自率領軍隊去進攻齊國，又得到趙國的積極回應，與齊國的軍隊在徐州展開決戰，並大敗齊軍。

本來，魏國被齊國打得大敗，魏王對齊國恨之入骨，時時刻刻都在想報此深仇大恨。但經過惠施的一番勸說，魏王不僅改變主意不去進攻齊國，而且還卑躬屈膝地去向齊王俯首稱臣。結果，巧妙地轉移矛盾，借刀殺人，不動一兵一卒而達到了自己的目的，眞可說是明智之舉。

俗話說：「智者千慮，必有一失。」此話一點不假。田嬰本來是戰國時著名的有識之士，只是因爲剛打了勝仗，又貪圖眼前的實惠和利益——儘管張丑已經提醒過他，考慮問題不周，顧此失彼，中了魏國的借刀殺人之計，致使齊國在與楚國的戰爭中吃了大敗仗。

歷史上使用「借刀殺人」之計的例子很多，如春秋末期，齊簡公派國書爲大將，興兵伐魯。子貢（孔子的學生）認眞分析形勢，認爲只有吳國可與齊國抗衡，於是游說吳王夫差，先下手爲強，進攻齊國，將齊軍打敗，使魯國未遭受損失並從危難中解脫出來。

又如三國時，吳蜀聯合在赤壁大敗曹兵，使曹操狼狽北逃；而蜀將關羽又圍困魏地楚城、襄陽，給曹操造成極大的威脅，一度考慮遷都。後曹操採用司馬懿和蔣濟的計謀，派人勸說孫權出兵攻擊關羽的後方，答應所攻占的地方都歸東吳。結果，關羽痛失荊州，敗走麥城，連性命都丟了。

再如明朝末年，後金可汗皇太極在戰場上鬥不過袁崇煥，在面對面的拚殺中也打不過袁崇煥，便採用借刀殺人之計，散布謠言，中傷袁崇煥，說他與後金有勾結，要脅迫崇禎皇帝與後金講和，致使崇禎將袁崇煥逮捕下獄，隨即殺害。

總之，「借刀殺人」這種策略主要體現在巧妙地利用第三者的力量，或者巧妙地製造、利用對方內部的矛盾，從而達到克敵制勝的目的。只要善於識別，並及時採用有效的措施，就可以避免吃虧上當。

政不厭詐

人們常說：「兵不厭詐」，主要是指在敵我對壘的戰場上，爲了取得勝利，應該儘可能地採用多種策略，包括欺騙的方法，以迷惑敵人，使敵人作出錯誤的判斷，從而遭到挫折或失敗。

「兵不厭詐」是古今中外軍事鬥爭中經常採取的一種方法。只要稍稍瀏覽一下中國古代戰爭史，就會發現，這種方法使用很頻繁。比如《韓非子．難一》中就記載有這樣一個故事。

晉文公將要與楚國打仗（即春秋時的城濮之戰），戰前召見舅犯（即狐偃）問道：「我即將同楚國人打仗，但敵衆我寡，你看怎麼辦才好呢？」

舅犯回答說：「臣下曾聽人說過：那些嚴守各種禮節的人，一味地講求忠信；而在行軍、打仗、布勢當中，則可以採用欺騙、僞裝的方法。既然是敵衆我寡，大王不妨採用這個方法，可以取勝。」

晉文公送走舅犯後，仍不放心，又召見雍季問道：「我即將同楚國人打仗，但敵衆我寡，你看怎麼辦才好呢？」

雍季回答說：「焚燒樹林進行圍獵，可以暫時獲得許多野獸，但以後就沒有野獸了；以欺詐的手段對待百姓，可以暫時獲得利益，但以後就不能覆行。」

於是，晉文公採用舅犯的計謀，同楚人作戰，果然將楚國打敗。

其實，在中國古代，「兵不厭詐」並不僅僅用在軍事上，也常常用於政治、外交方面，可稱之爲「政不厭詐」。比如《戰國策．魏策一》中就記載有這樣的故事。

當時，秦國派謀士陳軫出使齊國。陳軫在經過魏國時，要求拜見犀首（官職名）。擔任魏國犀首之職的公孫衍謝絕了陳軫的要求。陳軫便讓人給公孫衍帶話說：「我陳軫之所以到這裏來，是有事啊。你不見我，我將走了，不能等到以後了。」

公孫衍聞言，便立即接見了陳軫。見面後，陳軫問道：「你討厭做事嗎？爲什麼老是飲酒吃飯而沒有事做呢？」

犀首說：「我公孫衍沒有能耐，找不到事做，哪裏敢討厭做事呢！」

陳軫說：「既然這樣，那我便將天下的事交給你去做。」

「這是怎麼一回事呢？」公孫衍不解地問。

於是，陳軫便對他說：「魏王派李從用一百輛車出使楚國，你可以在其間製造猜疑。你可以去告訴魏王說：『我和燕國、趙國是舊交了，他們多次派人來找我，讓我沒有事做就一定要到他們那裏去。現在，我在魏國沒有什麼事，請讓我稟告大王以後就前往他們那裏去。我在那裏待的時間不會長久，大約十天或五天的期限。』魏王必定沒有什麼話來阻止你。你能夠成行，於是自己就去對朝廷的主管官員說：『我有急事出使燕國、趙國，趕快給我套車和準備行裝。』」

公孫衍認眞想了想，覺得此方法可行，就滿口答應了。隨後，他便去稟告魏王，魏王也同意他前往燕、趙。於是，公孫衍便公開宣布他要出使燕國、趙國了。

諸侯在魏國的客人（實際上是「密探」）聽說了這件事，立即派人回去告訴他們的君王說：「李從用一百輛車出使楚國，犀首又用三十輛車子出使燕國和趙國。」

齊王聽說了這件事，擔心自己在天下諸侯之後才獲得魏國的好感，便將國事委託給了犀首。犀首接受了齊國的國事，魏王卻阻止他出去。燕國和趙國聽說了這件事，也將國事委託給了犀首。

楚王聽說了這件事，對大臣們說：「李從來和我結盟，現在齊國、燕國和趙國都先後將國事委託給了犀首，犀首一定想我也將國事委託給他，我也正想這麼做。」於是，楚國背棄與李從的盟約，將國事委託給了犀首。

事情已經到了這種地步，魏王只好說：「我之所以不讓犀首出去，是因爲我認爲這件事情不可能辦成。現在，四國都將國事委託給了他，我沒有什麼話說，也將國事委託給他。」隨即恢復了公孫衍的相位。

就這樣，公孫衍遵從陳軫的計謀，略施小計，便飛黃騰達，身佩五國相印，主持天下大事了。從中不難看出，陳軫確實是一個聰明能幹、攻於心計、富有智慧的人，當事情還沒有開始運作，他便能預計到其結果。

由以上的兩則故事也可以看出，「兵不厭詐」（亦可稱爲「政不厭詐」）的計謀，無論是用於軍事鬥爭，還是用於政治、外交鬥爭，都會收到很好的效果。

四、為士與馭士策略

一個人生活在世上，有時可能只能成爲供人役使的士人；有時可能吉星高照，飛黃騰達，出將入相，成爲役使士人的人。

但是，無論是供人役使的士人，還是役使士人的人，最終的目的還是爲了生存。而要生存，要想生存得很好，就必須講究生存的策略。戰國時期縱橫家們的爲士、馭士實踐，可說爲後世的爲士之人和馭士之人的生存策略提供了豐富而又生動的借鑑。

不要強出頭

秦王政在前幾代君王奠定的基礎上，經過進一步的經營，國力已經大大超過了六國，因而準備發起進攻，以實現其吞併六國，稱帝而治的雄心。這時有策士來到秦國，替六國游說秦王政，希望他放棄進攻六國的打算。從動機上看，這位策士自然是站在六國的立場上的，但他勸說秦王政不要進攻六國所提出的根據，卻是很有幾分道理的。

他主要提出了三個由盛而衰的實例作為根據。

第一個實例是趙國。趙國當年也曾經輝煌過一陣。他向東打敗齊國，向北打敗魏國。打敗這兩個有能力出動萬輛戰車的國家，就像打敗只能出動千輛戰車的國家一樣，近乎不費吹灰之力。趙國侵占剛平，在那裏築城壘牆，衛國也就失去了東面的原野，放牧和砍柴的人都不敢再向東門看，其勢危若壘卵。當時趙國的威風甚至使天下的士人都想拋棄自己原來的主子而投向邯鄲。可是這樣一種強大卻換來了天下諸侯的共同對抗，只要有聲稱要進攻邯鄲的，晚上發出召喚，第二天早上就應聲雲集。趙國沒有多少年也就衰落了。

第二個例子是魏國。魏國領頭進攻邯鄲得勝，一舉強盛起來。參加在逢澤舉行的諸侯會盟時，魏惠王乘著中原之地的車子，自稱是中原之王，要朝拜天子，天下諸侯似乎都跟從他。齊太公威王聽說這事以後，便出兵攻打魏國，天下諸侯最終也加入了進攻魏國的行列。魏國的土地就此被兩次分割，直到魏惠王自己親自帶上稱臣的禮物和玉璧去見齊威王，請求作齊國的臣子，天下諸侯才停止了進攻。

第三個實例是齊國。魏國向齊國稱臣之後，楚威王聽說了，便因為齊國的強大坐立不安，於是率領天下諸侯向齊國進攻，和齊將申縛戰於泗水之上，大敗申縛。當時，趙國將軍隊開到枝桑，燕國將軍隊開到格道，使齊國平陸交通斷絕，格道道路不通，策劃別的對策又不可能，只好派陳毛放下武器，忘記南面之尊謙卑示弱。不僅向楚國請罪，還派人去向趙國、燕國作出解釋，天下諸侯才停止了進攻。

事情其實並沒有就此完結。積薄成厚，積少成多，大敗趙國之後，楚國也以強大的姿態出現在諸侯面前。於是天下諸侯聚集一起，不僅說齊威王的壞話，也合謀進攻楚國，最終楚國也衰落下去了。

這位策士舉的這些例子，都指向一個意思，那就是群雄紛爭時節，就一個國家而言，不能過分以強大的姿態展現在其他諸侯面前，你顯得過於強大，就會招來諸侯的群起攻擊。一句話，他這裏提供的也就是一種韜晦的策略：為自己的安全考慮，不要強出頭。

何以不能強出頭？何以強出頭者會挨打？一個根本的原因，大約不外乎是因為以過分強大的姿態顯現於世人面前，本身就會對別人造成威脅。就事論事，這位策士所舉的例子中，趙、魏、齊、楚之所以分別連環套似的遭到天下諸侯的圍攻，原因也就在這裏。你強大了，要稱霸了，你就威脅了別人的生存。你威脅到別人的生存，你自然也就成為眾矢之的。這還不說人類本身愛嫉妒的那一種劣根性的作用。

此一時，彼一時。相對於秦國當時的情況來說，是否仍要行這韜晦之計，似乎有不同的看法。歷史證明，秦王政最終還是以秦國的強大吞併六國，建立了大一統的封建帝國。如果他真像這位策士所勸說的，不進攻六國，這大一統的帝國也就不可能有了。從這裏說開去，對於一個民族、一個國家而言，貧弱了必然就會被人看不起，就會挨打。在這個世界上，一個不求自己的強盛，不求「出頭」於世界民族之林的國家，一定是無法生存下去的。就個人而言，一般來說，眞正能說得上是出人頭地者，大體應該有他超出於一般人的智慧和貢獻，這「出頭」其實也應該是社會對於他的努力和貢獻的一種肯定。說到底，強大和因爲強大的出頭總還是要的，只是這強大，必須是眞的強大，這出頭也必須是在眞正強大起來之後獲得的一個自然的結果。否則，不是眞正的強大而要強出頭，挨打大概是逃不了的，而且一定也不堪一擊。不過，有一點要特別注意——特別是就個人而言——你可以強大，你能夠出頭也可以盡你的可能去出頭，但不要稱霸，更不要自己強大了，出頭了，卻見不得別人強大，見不得別人也出頭。至於一心想著要自己出頭，而不准別人也出一點頭以至於總想踩住別人，那就更是等而下之了。

聰明反被聰明誤

戰國時期的那些謀臣策士，之所以能夠得到那些諸侯國國君的重用，想來一方面是因爲他們對於天下大勢瞭如指掌，因而應時因勢所獻的韜略招術都能即時奏效，另一方面他們還能以滔滔論辯打動那些當國爲政的君主，讓他們看到自己的能耐而任用自己。不過，除了這兩個方面之外，要得到那些國君的重用，還不能缺少一個很重要的前提條件，那就是必須取得他們的信任。

這裏所說的信任，不是指一般意義上的相信這些策士人品的誠實好壞之類的信任。策士們的朝秦暮楚翻雲覆雨，這些國君們未必不明白，但事實上他們不會在乎。在那個時代，在那樣的歷史條件下，這些國君們求的是事功，而不是當不得事功的仁義，因此，管你人品好壞，只要你能幫他求得事功，不義之人他也照樣用。因而這裏所說的信任，是針對這些國君本人而言的。簡單地說，也就是要能讓這些國君相信，你對他是眞的，你要「出其金玉錦繡，取卿相之尊」是眞的，你對他不說假話也是眞的。假如這位國君發現你對他虛與委蛇，說了假話，他也就不會信任你了。范雎之失去秦昭王的信任，就是因了這個緣故。

韓國奪取了范雎在汝水之南的封地。一次秦昭王與范雎閒聊，問到他：「先生失掉了封地，心裏一定很難過吧？」范雎回答說：「我在魏國時，大梁東門外有個姓吳的人，兒子死了卻一點也不難過。別人問他：『像你那樣喜歡兒子的，天下幾乎找不出第二個。如今你的兒子死了，你怎麼一點都不難過呢？』這個人回答說：『我曾經是沒有兒子的人。沒有兒子的時候我不難過，現在兒子死了，也就和沒有兒子時一樣，我有什麼要難過的呢？』我也像這個人一樣，過去也沒有封地。沒有封地時我沒有難過，現在丟失了汝水之南的封地，不也是回到過去一樣嗎？因此我也沒什麼要難過的。」

一個喜歡兒子的人，兒子死了卻說自己一點都不難過，這本身就讓人難以置信。同樣的，一個本就爲求富貴而從一國到另一國謀求高位的人，封地失去了還說自己沒什麼要難過的，一樣也讓人不相信。秦昭王就很有些懷疑。他將自己的懷疑告訴了從齊國來的蒙敖。他對蒙敖說：「寡人即使一個城池被圍，也會吃不好飯，睡不好覺，而范睢丟失了封地卻說不難過，這實在讓人不能相信。」蒙敖於是對他說：「那就讓我去探探實情吧。」

蒙敖打探眞情的辦法也很「技巧」。他不是直接去問范睢丟失封地是否難過，而是對他說：「我想去死。」范睢不解地問：「你這是什麼意思呀？」蒙敖說：「秦昭王把你當老師，天下沒有人不知道，何況在秦國。現在我在秦國做將軍，是帶兵打仗的人。在我看來，韓國不過是一個小國。如此小國竟敢叛逆，以致奪走了你的封地，這都是我蒙敖無能，我蒙敖還有什麼面目活在世上呢？不如去死。」范睢這時總算說出了眞話：「其實我也願意將奪回汝水之南封地的事拜託給你啊。」蒙敖將范睢的話告訴了秦王，自此以後，范睢每每談起韓國的事，秦王都不聽他的，認爲他是爲了汝水之南的封地。翻檢《戰國策》可以發現，自此以後，范睢實際上已經失去了秦昭王的信任。

范睢之所以當著秦昭王的面說自己不爲失去封地難過，想來大約不外乎是要向秦昭王顯示自己不求封地而忠心爲主，目的是更得昭王的信任。自己本來就很在乎那一塊封地，卻要裝出一副大度的樣子，最終還是露出了馬腳。而這一「露」不打緊，不僅沒有得到更大的信任，反而將已經得到的信任都失去了，實可謂「聰明反被聰明誤」。其實，用局外人的眼光看，如果他索性承認自己的難過，且請求秦昭王派兵替他收回封地，也許不僅能夠繼續受到秦昭王的信任，甚至還眞能給他收回封地。一個人最糟糕的缺點就是說假話，做假事。而人最容忍不了的，也就是被人欺騙，且是被人當作傻瓜來欺騙。由此看來，范睢之失去秦昭王的信任，也就是必然的了。

量才而用

蘇秦在秦國以連横之策勸說秦惠王「書十上而說不行」，卻以合縱之策在趙國被封爲武安君，繼而周遊齊、楚、燕、韓、魏，游說六國聯合抗秦，得佩六國相印。六國的合縱，自然大大遏止了秦國的勢力，所謂「蘇秦相於趙而關不通」——秦國在相當長的一段時間裏，甚至都不敢東出函谷關向其他六國炫耀自己的武力了。蘇秦因此也很是輝煌了一陣。《戰國策》評他：「當此之時，天下之大，萬民之衆，王侯之威，謀臣之權，皆欲決於蘇秦之策。」

秦惠王當初不用蘇秦，實在是一個失策。

事已至此，秦惠王當然很是憤怒，同時也要採取對策。他對本國處士寒泉子說：「蘇秦欺負我，想用一個人的智慧，讓山東六國改變主意疏遠我，以親善合縱來對付我們秦國。趙國仗恃它地廣人多，重用蘇秦，派他用財物籠絡諸侯，相約結盟。其實，那些個諸侯是不可能聯合在一起的，這就像綁在一起的雞沒法一起飛到雞窩上一樣清楚明白。但是我心裏仍然很氣，這股火窩在心裏已經很久了。我想派武安君白起前往山東六國，去向那些諸侯說明我的想法。」

應該說，秦惠王對於山東六國合縱不能長久的分析的確是對的。當時六國諸侯之所以能夠接受蘇秦的游說而結盟合縱，自然是因爲感到以自己一己的實力，實在還不足以與秦國抗衡。但事實上，沒有一個諸侯在他們內心裏不是想自己稱霸，沒有一個不想著自己得到好處，如此聯合，所謂以同利而暫相盟以合縱，必定逃不出或「見利而爭先」、或「利盡而交疏」的結局，要不然也就沒有秦國瓦解六國合縱最終稱帝而治的故事了。

不過，對於秦惠王要派武安君白起出使六國的想法，寒泉子卻毫不猶豫地給否定了。

寒泉子對秦惠王說：「不可。夫攻城墮邑，請使武安君；善我國家使諸侯，請使客卿張儀。」寒泉子的話，翻譯成現代語體文，也就是：「你不能這樣做。假如是動用武力，攻城掠地，請你派武安君白起去；而出使諸侯，向別國宣傳我們國家的好處，則請你派客卿張儀去。」

寒泉子給秦惠王的建議所涉，顯然是一個因事任人、量才使用的問題。秦惠王所謂要派人向諸侯說明自己的想法，自然不是他的「綁在一起的雞不能飛上雞窩」的想法，而是要針對六國合縱籠絡諸侯，施以離間，以瓦解六國的聯盟。白起是秦國名將，以善於用兵使諸侯畏懼，後來事秦昭王，曾敗韓破魏，潰趙攻梁，下七十餘城，拜爲武安君。但善於用兵卻不見得同時也善於去做勸說諸侯、籠絡人心的事情。而且，以一因善於用兵而爲人懼怕的武將出使，本來就容易讓人生出以武力相脅的疑心，事實上還有可能激起反感。這種勸人服理的事情，自然是讓才思敏捷、口舌爽利的客卿張儀來擔當才最爲合適。

因事任人，量才使用，其中的道理，不管是春秋戰國時期，抑或是我們今天，似乎都沒有什麼深奧之處，幾乎人人會說，也人人都知道應該如此。但人人會說，卻並不一定人人都會做，更不意味著人人都做得好。因爲這其間既有一個如何準確判斷人才能力的「量才」的問題，也有一個如何收服各種人才使其樂爲所用的手段問題，更有一個憑自己的眼光爲這不同的人才找到合適的位置，並最大限度地激發出他們的能量的問題。說到底，這裏涉及到識人的眼光、量才的尺度、服人的手腕、用人的魄力，也即一個用人者的見識、胸懷、度量等諸方面的很複雜的問題。其實，歷史上的秦惠王的確應該算是一個很有識見的國君，他在位期間，任用張儀爲相，瓦解六國合縱，攻取三川之地，西併巴蜀，北收上郡，南取漢中，爲秦統一六國打下了堅實的基礎。以秦惠王的見識，在派人出使六國的問題上，最初仍然出了問題，可見所謂量才用人，的確不太容易做到、做好，因而也的確應該謹之慎之。

禮賢下士，終必有報

說個孟嘗君的故事。

孟嘗君即田文，號孟嘗君，是戰國時的齊國貴族。他承襲其父田嬰的爵號，封於薛，人亦稱薛公。齊湣王時，孟嘗君爲齊相，據說門下食客數千，是一個出了名的禮賢下士的人。翻看《戰國策》，我們可以知道這的確不假。比如他之待策士馮諼，就能讓我們對他待人的風度和胸懷略見一斑。

馮諼也是齊國人，早年家貧，連自己都養活不了，慕孟嘗君之名，便托人致意，願意寄食於他的門下。馮諼去見孟嘗君時，孟嘗君問他：「你有什麼愛好嗎？」他回答說：「我沒有什麼愛好。」孟嘗君又問：「那你有什麼能耐呢？」他又回答說：「我也沒有什麼能耐。」孟嘗君笑著「哦」了一聲，雖然有些看不起他，但仍然答應了他寄食於自己門下的要求。

孟嘗君身邊的人因爲孟嘗君瞧不起馮諼，因而對他很是冷淡，不僅以草具給他進食，而且日常所給，也僅能充饑而已。

馮諼自然不甘心接受如此待遇。過了不久，他倚著柱子叩劍而歌，歌中唱道：「長劍啊，回去吧，因爲吃飯沒有魚！」孟嘗君的左右將這話告訴了孟嘗君。孟嘗君說：「爲什麼不給他吃魚呢？給他與吃魚的食客同等待遇。」過了不久，馮諼又倚柱叩劍而歌：「長劍啊，回去吧，因爲出門沒有車！」其他食客都笑他，把這話又告訴了孟嘗君。孟嘗君又吩咐給他車子，與門下有出門乘車資格的人同等待遇。於是馮諼常乘著車、舉著劍出門去看他的朋友，並對他的朋友說：「孟嘗君以禮待我。」可是，過了不久，他又倚柱叩劍而歌，這一次唱的是：「長劍啊，回去吧，因爲無法養家！」這時，其他的門客都開始討厭他了，以爲他太不知饜足。孟嘗君知道後卻召見了他，問他說：「馮先生家裏還有親人嗎？」馮諼告訴他家中有老母靠他供養。孟嘗君二話沒說，就派人給馮諼家中送去食物、用品，從此不讓馮諼的老母有半點貧乏。

受到如此禮遇和厚待，馮諼自然會竭盡忠誠以報這知遇厚待之恩。事實是，正是馮諼以自己的才智爲孟嘗君營「狡兔」之「三窟」，鞏固了孟嘗君在齊國的政治地位。據《史記．孟嘗君列傳》，孟嘗君在任齊相期間，也曾因「齊王惑於秦、楚之毀（誹謗），以爲孟嘗君名高其主而擅齊國之權，遂廢孟嘗君。」說明孟嘗君當時在齊國的地位也並不是十分穩定的。但由於有馮諼爲之所營「三窟」，即「市義」，爲孟嘗君贏得百姓的擁戴；「遊梁」，使孟嘗君在齊國大重；「立宗廟於薛」，使齊王不能隨意對待孟嘗君，其後孟嘗君在齊國爲相數十年，

「無纖介之禍」。

不用說，如果沒有孟嘗君的禮賢下士，就不會有馮諼的全心為主，也就沒有使孟嘗君得以自安的「三窟」。孟嘗君禮賢下士所得的報賞，實在是太大了。據說孟嘗君數千門客中，有不少其實屬雞鳴狗盜之徒。極而言之，這數千門客中即使百分之九十都是雞鳴狗盜之徒，有一個馮諼，不也可謂大幸了嗎？

受利誘者，必惑而不察其詐

西元前三一三年，楚懷王上了張儀一次大當。

當時，楚國和齊國是盟國，兩國曾經聯合攻秦，奪取秦國的曲沃。到西元前三一三年，秦國謀劃攻齊，要報這一箭之仇了。但這時齊、楚仍然聯盟，要取得攻齊的勝利，就必須讓齊、楚反目，楚不援齊。張儀承擔了游說楚懷王與齊國絕交的使命。他來到楚國，許以楚懷王「三利」，即「北弱齊」、「西德秦」、「私商於之地」，也就是說，如果楚懷王答應與齊國絕交而任秦國攻齊不救，就可以在西邊與秦國和好，在北邊又削弱了齊國，而他則還會說動秦王將六百里商於之地割讓給楚國。

如此大利，特別是那只是懸在那裏，能不能兌現還很難說的六百里商於之地，對楚懷王的誘惑力實在太大了，他甚至很是得意地對左右群臣說：「我未煩一兵，不傷一人，輕輕鬆鬆就可以得到六百里商於之地了。」他的左右群臣也紛紛道賀。這時策士陳軫卻唱了反調。陳軫認爲，秦國之所以重視楚國，根本原因就在於楚國與齊國是盟國。如果爲這六百里商於之地與齊國絕交，楚國勢必孤立。秦國怎麼會重視一個孤立的國家呢？那時秦國絕不會遵守諾言交出六百里商於。這樣，楚國也就上當受騙了。楚國上當受騙，又勢必怨恨秦國，對秦宣戰。但那時楚國西面與秦國宣戰，而北面又已經與齊國絕交，齊、秦兩國必然聯合攻楚，這樣，楚國又如何能夠保全呢？一句話，楚國不能和齊國絕交。

陳軫的分析的確合乎情理，只是楚懷王不聽諫勸，甚至兩次派出使者出使齊國，向齊國宣示絕交。

不出陳軫所料，楚、齊絕交之後，秦國並沒有履約將六百里商於交給楚國。楚懷王第一次派人到秦國接受商於時，張儀根本不出來接見來使。楚懷王知道後，以爲張儀是懷疑楚國還沒有與齊國絕交，於是派人到齊國城下大罵齊王，以示與齊絕交是實。這時張儀才出來接見了楚國的使者。但他告訴楚國使者，秦國給楚國的土地從某處到某處僅只六里。楚國使者問他：「不是有六百里嗎？沒聽說是六里呀。」張儀說：「我張儀不過是一個微賤的人，哪裏會有六百里土地呢？」

楚國使者回來將這情況告訴楚懷王，果然不出陳軫所料，楚懷王大怒，決定對秦興兵。這時陳軫又勸說楚懷王不要對秦興兵。他對楚懷王說：「攻打秦國不是上策，大王不如乾脆再給秦國一座城池，約秦國一起去攻打齊國，這樣楚國在秦國那裏遭受的損失，也就可以在秦國的幫助下從齊國得到補償。大王現在已經與齊國絕交，又去責備秦國欺騙了你，這是在促使齊、秦結盟，楚國必將受到大的傷害。」

楚懷王仍然不聽，終於對秦宣戰。又不出陳軫所料，在秦、楚交戰中，齊、秦聯合攻楚，甚至韓國也加入了攻楚的行列。最後楚軍在杜陵大敗，損失慘重。

楚懷王的杜陵之敗，無疑也就敗在他的一錯再錯：聽信張儀之話與齊國絕交，這是一錯。既然想得到秦地而與齊絕交，爲穩妥起見，起碼應該先讓秦國交出允諾的土地再行與齊絕交。懷王沒有這樣做，這是再錯。既然已經與齊絕交，無盟國之助，戰必難勝，即使不接受陳軫建議聯秦攻齊，也不妨先忍氣吞聲以求再圖。而楚懷王卻偏要立馬就出了這口惡氣，這是三錯。如此一錯再錯，不吃敗仗，似乎也沒有道理了。《戰國策》的作者議論說，楚懷王之所以犯如此錯誤，在於他沒有聽從陳軫的勸告，而聽信了張儀的謊話，這自然不錯。其實往深裏探究，楚懷王之所以拒絕陳軫的建議而接受張儀的謊話，關鍵還是他自己經不起那六百里商於之地的誘惑。唯利是圖，爲利所誘，自然也就聽不進良言。如此一來，要能不上當，那才是怪事了。

功成身退

張孟談是戰國時趙國的相國（晉卿智伯被消滅後，趙、韓、魏三卿遂分割晉室，各自單獨建國，晉國亦從此不復存在）。他在輔助趙襄子聯合韓康子和魏宣子共同消滅智伯氏族的整個過程中，起了關鍵作用，並且為趙國的創立和趙氏政權的鞏固，立下了汗馬功勞。在當時的趙國，乃至各諸侯國中，一提起張孟談這個名字，都知道他是趙國名聲顯赫、身價尊貴、權力重大的大臣，尤其是在趙國，可以稱得上是無人不知、無人不曉了。

可就在此功成名就之際，張孟談找到趙襄子表示，自己願意捐棄功名，放棄政事，交出過去封贈給他的土地，離開衆人，歸隱山林。趙襄子對此怎麼也不理解——他也實在離不開張孟談，便再三挽留，希望張孟談能夠再辛苦幾年，輔助他富國強兵，爭霸諸侯。但是，張孟談態度堅決，終於拋棄了顯赫的權勢和尊貴的地位，躬耕於負山之上。

張孟談功高而不居，功成而身退，不光趙襄子不理解，恐怕一般人都不太理解。不是嗎？一個人十年寒窗，發憤苦讀，流血流汗，頑強拚搏，圖的是什麼？不就是要大展宏圖，實現自己的願望，做一番轟轟烈烈的大事業，以光宗耀祖、留名後世嗎？功成名就，不正該心安理得地接受榮華富貴、享受清福了嗎？

可張孟談偏偏不遵循常規，硬是要我行我素，獨行其是！這是否就是智人與一般人的不同之處呢？

張孟談爲什麼要功成身退？

或許，他是參透了「天機」。《老子》第九章中不是說「功遂身退天之道」嗎？既然功績和名聲都取得後就應該引退是「天之道」，那麼，聰慧的人自然就應該順應，自然就應該遵從。

或許，他已從前人的言行中體認到了「兔死狗烹」的道理。春秋末年，越國的大夫范蠡不是在扶助越王忍辱負重，臥薪嘗膽，奮發圖強，終於一舉滅吳之後，就悄然離去了嗎？他爲什麼要離去？因爲他明白：「飛鳥盡，良弓藏；狡兔死，走狗烹。」（意思是：天上的飛鳥射盡了，用以射鳥的弓箭就要放進倉庫收藏起來；地上的狡兔死盡了，用以捕兔的獵狗就要被殺了煮來吃。）眞可謂「前事不忘，後事之師」也！難怪張孟談也認爲：天下兩美相妒，臣子和君主的權勢均等而能夠美好的，是不曾有過的！

也許，這才是張孟談功成身退的眞正原因。不信？只要翻開歷史，稍稍瀏覽一下，你就會發現，絕大多數的帝王、君主，只能與臣子共患難，不能與臣子共歡樂。漢高祖劉邦在剛剛登上皇帝寶座的第二年（即漢高祖六年，西元前二〇一年），就舉起屠刀殺向了爲他打下江山的功臣——楚王韓信、梁王彭越、陽夏侯陳豨等人。宋代開國皇帝宋太祖趙匡胤，在依靠那班龍臣虎將們出生入死、南征北戰打下江山後，就「杯酒釋兵權」了。明太祖朱元璋在洪武初年，尚能聽取賢內助馬后的多次規勸，未對那幫功臣下手；但隨著明王朝統治的日益鞏固，便兇相畢露，開始大殺功臣：洪武十三年（西元一三八〇年），他以宰相胡惟庸陰謀政變為藉口，一次就捕殺了一萬五千多人等等，眞是不勝枚舉。這不都是有力的證明嗎？

事實確實如此，那些爲封建統治階級拚死效力的人，大多數都沒有好的結果，不是功成見棄，就是功成後爲主子找個藉口所殺。此所謂「功高震主」之故也，歷代如此！像李世民那樣開明的帝王，歷史上能找出幾個？

由此可見，范蠡、張孟談等人的識見確實高人一籌！功成而不居，退隱山林，遁跡湖海，不再過問朝中之事，怎麼能找到藉口殺他呢！倘若功成而不退，貪戀富貴和權力，那不遲早要做刀下鬼嗎？

范蠡、張孟談等人是非常明智的，他們的言語和行動，正好體現出了人生的哲理和智慧，值得人們深思。

蘇代獻謀

作為一位君主，當臣子之間發生了矛盾，是打擊一方，扶持一方；還是雙方各打五十大板，根本就不分清紅皀白，都不重用；或是採取其他方法，讓雙方各自發揮作用，並相互監督，相互制約，確實很費心機。此事處理得好與不好，不僅可以反映出君主是否明智，而且直接影響著國家的發展和前途。戰國時魏昭王的做法就値得人們深思。

《戰國策．魏策二》上記載著這樣的一個故事。

當時，魏國任用公孫衍為將軍，統領軍隊；任命田需為相國，處理國政。田需是輔佐大臣，魏王很信任他。公孫衍是著名的智慧之士，魏王亦很信任他。但田需與公孫衍之間的關係不好，他常在魏王面前中傷公孫衍。公孫衍便對魏王說：「我盡心竭力地為大王擴大疆土，提高聲望，可田需老是從中破壞，而大王又很聽他的話，這就使得我始終不能成功。如果大王要我侍奉您，田需就必須離去；如果大王要田需侍奉您，我便請求離去。」

魏王便對公孫衍說：「田需是我的輔佐大臣，為了你的不便，我就殺掉他或趕跑他，天下人會怎麼想？我要是不把他當成心腹，群臣又會怎麼想？不如這樣，為了你，我不再親近他，讓他也不干涉你的事。如果他還要干涉你的事，我就爲你殺掉他或趕跑他，你看怎麼樣？」

公孫衍聽了魏王的話，表示同意，並到齊國去將孟嘗君（即田文）接到魏國來擔任相國，他自己則到韓國去做相國。

蘇代（蘇秦的弟弟）見此局面，便出面爲田需說話。他問魏王：「請問大王，孟嘗君爲魏國比他爲齊國怎麼樣？」

魏王回答說：「當然不如他爲齊國賣力啊！」

「那麼，公孫衍爲魏國比他爲韓國怎麼樣？」蘇代接著問。

「當然不如他爲韓國賣力啊。」魏王答道。

於是，蘇代便向魏王進言道：「公孫衍必將重視韓國的利益而輕視魏國的利益，田文必將重視齊國的利益而輕視魏國的利益。這兩個人利用大王的國家在世上辦事，不可能辦得不偏不倚，而大王又無從知悉。這樣下去，大王的國家將逐漸衰弱，卻還樂於順從他們兩人，能行嗎？大王不如還將田需安置在自己身旁，讓他去考察這兩個人的所作所爲。這兩個人心裏必然會想：『田需不是我們的人，我們辦事對魏國不利，田需一定會在魏王面前中傷我們。』因此，這兩個人辦事就不敢有外心了。這兩個人的所作所爲，對魏國有利還是不利，大王將田需安置在身旁去考察他們，我認爲不僅有利於大王自身，也有利於國事。」

「說得好！」經蘇代一番剖析，魏王認爲很有道理。於是，又取用田需，將他安置在自己身邊，果然對國事很有好處。

蘇代勸魏王所採用的這項策略，正好是利用臣子之間存在的矛盾相互進行制衡，既發揮了臣子們各自的才幹而爲己所用，又使他們相互監督、制約，使國家少受或不受損失。當然，這樣做需要君主有那種制衡的能力，善於從中調節、平衡，否則，對國家也是沒有好處的。

田需爲相，公孫衍爲將，這是國家的兩個重臣。但兩人又有矛盾。當公孫衍提出：要麼用田需，我就走；要麼用我，田需就必須走。對於這件事，魏王沒有作簡單的處理，而是繼續重用公孫衍，也仍然任用田需，只是讓田需不再干涉公孫衍辦事了。從中不僅可以看出魏王的重視人才，愛惜人才，而且反映出他的精明能幹，善於處理臣子之間的關係。

笑裏藏刀

現實生活中經常會出現這樣的情況：從表面看，某人對某人特別好，經常恭維他，說他的好話，相處非常「融洽」；而在背後卻對他恨之入骨，並不擇手段地中傷他、貶低他。如果我們將這種社會現象用一句成語歸納起來的話，可叫做「笑裏藏刀」或「口蜜腹劍」。

歷史上「笑裏藏刀」的故事很多，比如《舊唐書．李義府傳》裏就說：李義府同人說話時，滿臉笑容，可是他的內心卻非常陰險，故時人言其笑中有刀。

「笑裏藏刀」作爲一種策略，有表現一個人的品行的，如李義府那樣；也有用於軍事上的，如三國時，東吳將領陸遜接替呂蒙的職位，駐守陸口。陸遜上任後，假意與關羽和好，暗中則積極備戰，並致書關羽，極盡讚頌之辭，對己則極其卑謙，以致使關羽麻痹大意，不把陸遜放在眼裏。不久，陸遜乘關羽率兵圍困魏地樊城、襄陽，後方空虛之機，率兵一舉襲取了荊州。這一策略，還有用於女人爭寵的，最著名的莫過於《戰國策．楚策四》中所記載的鄭袖計除爭寵對手魏美人的故事。

鄭袖是楚懷王的夫人，既長得漂亮，又聰明伶俐，受到懷王的特別寵愛。

當魏國在跟韓國的爭鬥中處於劣勢後，便想巴結楚國，找個大國作依靠，從而制服韓國。於是，魏王給楚王贈送了一位既年輕又俊俏的美人，一下子就將楚王迷住了。

鄭袖見突然半路跑出一個人來爭寵，自己有被打入冷宮的危險，非常傷心。但鄭袖是一個極有心計的女人，儘管內心很憂傷，表面上卻裝出若無其事的樣子。她見楚王很喜歡魏美人，自己對魏美人也表現得特別親熱。衣服、玩物，選擇魏美人所喜歡的給她準備好；宮室、臥具，選擇魏美人認爲好的給她準備好。鄭袖喜愛、照顧魏美人簡直超過了楚王。連魏美人也感動得流淚，尊奉鄭袖爲「姐姐」。

楚王見這一對如花似玉的美人相處如此融洽，心裏十分高興，說：「女人多憑姿色去博得丈夫的歡心，而妒忌則是女人的本性。現在鄭袖知道我喜歡魏美人，她竟比我更喜歡她，簡直比孝子侍奉父母、忠臣侍奉君主還要好！」

鄭袖知道楚王再也不會懷疑她會妒忌，內心暗暗高興。一次，她對魏美人說：「大王常在我面前誇獎妳美麗溫柔，聰明可愛。只是大王嫌妳的鼻子略尖了一點。妳以後見到大王時，一定要將鼻子輕輕捂住。」

魏美人不知是計，很聽鄭袖的話，以後每次見到楚王時就將鼻子捂住。楚王覺得奇怪，便問鄭袖：「魏美人每次見到我時就捂住她的鼻子，妳知道是什麼原因嗎？」

鄭袖裝出面有難色地說：「我知道原因，但我不敢說。」

楚王趕緊說：「即使再難聽，妳也一定要說出來。」

鄭袖這才低聲地說：「魏美人說她討厭聞到大王身上的臭味。」

楚王一聽，火冒三丈，氣憤地說：「眞是一個潑悍無禮的東西！」並立即下令，讓人將魏美人的鼻子割掉了。魏美人的容貌被毀了，鄭袖終於打倒了自己的對手，重新受到楚王的寵愛。

很顯然，在這場兩美爭寵的鬥爭中，鄭袖是勝利者，魏美人是失敗者。鄭袖之所以取得勝利，就因爲她善於僞裝，表面一套，背後一套，表裏不一，獲得了楚王的信任，相信她不會害人，不會做出對不起人的事。鄭袖正是利用了楚王的這種心理，略施小計，便達到了自己的目的。同時，也可看出她的心狠手辣。

而魏美人的失敗，她的悲劇，就在於她過分信任鄭袖，被她巧妙的僞裝所蒙蔽，沒有半點的警惕性和防人之心。在她的思想中，根本不存在什麼「害人之心不可有，防人之心不可無」的概念，因而很輕易地就上了當，受了騙。魏美人的失敗，說到底是魏國美人計的失敗。

「笑裏藏刀」作爲一種策略，如果被小人採用，就會變成一種旁門左道的害人之術，如李義府的爲人，鄭袖的害魏美人；如果是用於國家或軍事，就會成爲克「敵」制勝的重要手段，如陸遜的對待關羽及奪取荊州。它作爲一種策略，直到今天仍然爲人們所使用。

儘管「笑裏藏刀」從字面上看起來帶有貶義，但將它應用於實際，卻是一種極其有效的策略和手段，因此，我們對它也不能不刮目相看了。

【計謀篇】

反間
借重
戰爭
人際交往

所謂「計謀」，指的是爲對付某人或某種情勢而預先安排的方法或謀略。

人們常說：要學打，看《水滸》；要學謀，看《三國》。這是說，《水滸傳》中寫打鬥的場景很多，且寫得很精彩；《三國演義》中寫用計謀而獲勝的地方很多，且計謀都用得很巧妙。其實，《戰國策》在記載縱橫家們進行合縱連橫鬥爭的活動中，亦運用了許多精彩巧妙的計謀，只是因爲它不像小說那樣通俗易懂，讀的人多，它是史書，是用文言文寫成的，看的人不多，流傳不廣，沒有引起人們的廣泛重視罷了。

一、反間

所謂「反間」，原本指利用敵人的間諜使敵人獲得虛假的情報，後來則專指用計使敵人內部不團結，以便從中獲利。

戰國時，諸侯爭雄，各國相互爭鬥。爲了能在爭鬥中掌握主動權，克敵制勝，立於不敗之地，反間計便成爲國與國之間經常採用的一種智慧技巧。在那些縱橫家們看來，這種間諜術無疑是一種極爲有效的克敵制勝的措施和手段，因此，他們不僅經常使用它，而且使用得極爲巧妙，就是今天看來，亦不能不令人大發感慨。

張儀之逐樗里疾

樗里疾是秦惠王的異母兄弟，秦惠王時初爲庶長，後因戰功被封爲嚴君。此人滑稽多智，秦人稱爲「智囊」。張儀在秦國爲相之後，這樣一個本爲秦國貴族又號稱「智囊」的人必然會是他的一個強勁的對手，他也自然要將他趕出秦國而後快。

要趕走樗里疾，首先要離間秦惠王與樗里疾異母兄弟的關係。一般的做法大約不外是在秦惠王面前說說樗里疾的壞話，或者在外散布一些流言，讓樗里疾失去秦惠王的信任。張儀沒有採用這一般的做法。他做得更「絕」。

張儀爲從秦國趕走樗里疾安排了一個三部曲：第一步，他故意提高樗里疾在秦國的地位，讓秦惠王派他出使楚國。第二步，他又派人到楚國去面見楚王，請楚王出面替樗里疾向秦惠王請求，讓秦惠王任命樗里疾爲相。有了這兩步的鋪路，第三步也就不難奏效了。因爲表面看來，這裏似乎都是爲樗里疾好，但實際上卻已經將他引到了陷阱裏面。秦國本來就與山東諸國不和睦，楚國爲樗里疾向秦王請求封爲卿相，那他們之間是不是有什麼「交易」？如此一來，秦惠王哪裏還會信任樗里疾！張儀的第三步，也就是要激起秦惠王對於樗里疾的懷疑和反感。他對秦惠王說：「我們提高樗里疾的地位讓他出使楚國，是要他爲秦國辦理外交。現在他到了楚國，反而讓楚王爲他請求任命爲相。我聽說樗里疾在楚國對楚王說過：『大王想讓張儀在秦國陷入困境嗎？我可以幫助你。』於是楚王才出面求秦國任他爲相。現在大王如果聽從了楚王的請求，樗里疾必定會用秦國去侍奉楚國了。」果然，聽了這一番話，秦惠王大爲惱火，樗里疾也在無奈之中逃出了秦國。

如此整人的確是不光彩的，不過，這辦法也確實奏效。對於戰國時期的那些縱橫家們來說只要能夠達到自己的目的，能用則用，是不太管這手段的光彩與否的。後來張儀自己就也被別人以其之道還治其人之身地整了一回。

惠王死，武王繼位之後，張儀從秦國出逃到魏國。魏襄王時，派公孫衍與齊國在承匡交戰，公孫衍吃了敗仗，張儀藉此對魏襄王說：「公孫衍就是因爲不聽我的話，以致使國家陷入了危險。」魏襄王由此遷怒於公孫衍，且任命張儀做了魏國的卿相。自此，公孫衍與張儀也結下了不解之怨。

魏襄王十三年（西元前三二二年），張儀爲魏相替魏國出使齊國，想要促使秦、齊、魏三國連橫。公孫衍自然不願意讓張儀連橫事成而在魏國更受重用。當時公孫衍正在衛國，衛國是張儀由魏至齊的必經之地。於是公孫衍對衛國國君說：「我與張儀其實並沒有什麼私人之間的恩怨，只不過我們兩個人幫助國家的辦法不同罷了。請你一定替我向張儀做一番解釋。」

張儀途經衛國，衛國國君將公孫衍的這番話轉告給張儀。張儀於是答應與公孫衍和好。公孫衍與張儀在衛王面前相會時，甚至雙膝著地跪著行走，禱祝張儀千歲，而且第二天張儀離開衛國去齊國時，他還親親熱熱地送張儀到齊國的邊界。

公孫衍算是給足了張儀「面子」。然而這「面子」中卻包藏著張儀想都沒有想到的機心。就在不久前公孫衍還帶兵與齊國在承匡交戰，齊王必定恨死他了。張儀與公孫衍如此親近地在一起，齊王怎麼會相信張儀呢？果然，齊王知道了張儀在衛國與公孫衍的會面情形之後，非常惱火。他對自己的臣下說：「公孫衍是我的仇敵，而張儀和他在一起，這一定是他們聯合起來對付我。」還沒有見面就對張儀有了如此看法，張儀此次出使齊國能夠有什麼結果，也就不問可知了。

美男破老，美女破舌

張儀在侍奉秦王、為秦相之前，曾在楚國待過。當時楚國重用張儀，曾派他出使韓、魏等五國。張儀這次為楚國出使，是否負有特殊使命，史無記載，不得而知。但他出使期間大約做過那種向那些國家的國君說他們手下大臣的壞話、離間別人君臣之間的關係的事情，因此，當他到秦國去時，秦王手下的臣子田莘及時給秦王打「預防針」，讓他不要聽信張儀那些離間秦王與他手下大將橫門君、策士陳軫的壞話。

田莘對秦王說：「我擔心大王會像虢國的君主一樣。當年晉獻公想進攻虢國，卻害怕虢國的大夫舟之僑。他的大夫荀息對他說，《周書》上有『美女破舌』的話。虢國國君不是喜歡美女嗎？於是晉獻公送給虢國國君一批歌舞伎，讓她們去說舟之僑的壞話，搞亂了虢國的朝政。舟之僑給虢國國君的所有進諫，虢國國君都不接受，於是他離開了虢國，晉獻公也就此滅亡了虢國。後來晉獻公又想攻伐虞國，虞國的宮之奇也是一個障礙。荀息又獻計，說《周書》上還有『美男破老』，虞國國君不是喜歡美男子嗎？於是晉獻公又送給虞國國君一群美男子，教他們去中傷宮之奇。宮之奇所有的進諫，也都遭到了虞國國君的拒絕，宮之奇便和妻子一起離開虞國，逃到了西山。晉獻公也因此滅亡了虞國。現在秦國在諸侯中爲王，能夠傷害秦國的，只有楚國了。而楚國直到目前還很害怕秦國，是因爲秦國有善於用兵的橫門君和有智慧的陳軫。如今楚國重用張儀，派他出使五國。張儀到秦國來，必定會大講這兩個人的壞話，希望大王到時不要聽信他。」

田莘這支「預防針」的確打得及時。張儀到秦國後，果然向秦王進說辭詆毀陳軫，以致秦王發起火來。秦王自然沒有聽信張儀。

田莘對秦王的說辭中提到的「美男破老」、「美女破舌」，出自《汲塚周書》。這裏的「破」

是動詞，破壞、敗壞的意思。而「老」、「舌」則分別指國老、老臣、諫臣。知道這兩個詞的意思，我們就可以知道，所謂「美男破老」、「美女破舌」，實際上也就是間諜術中的美男計、美女計。虢國國君喜歡美女，他也就必定易受美女的蒙蔽。虞國國君喜歡美男，得到了就一定會寵信不疑。抓住對方的弱點，投其所好而利用之，晉獻公自然很容易也就得手了。由此想開去，生活中其實還可以見到這類「間諜」術變種，比如抓住在上者的嗜好，投其所好以邀寵，得到在上者的寵信之後，再以寵爲恃，拉虎皮做大旗，驕人、整人。讓人沮喪的是，生活中善用此術者，還幾乎沒有不可以得手的。

此術之所以容易得手，想來關鍵還是在於人之有所好和此術中之投其所好。是人大約就不能沒有所好。事實上，人之所好，常常還會「好」得不講道理，不計利害，有時甚至明知道「好」之必貽其害，也仍然心儀而不忍罷手，即便是飲鴆止渴，也常常會在所不惜。既然如此，投其所好也就自然可以頻頻奏效了。從這裏，我們也能知道如此招術的厲害。

昌他亡周，吾得失寵

反間計在國與國的間諜術中，是一種常用的技巧。

昌他從西周逃到了東周。昌他本來在西周為臣，對於西周的情況非常熟悉，而且還掌握了一些國家機密。他逃到東周之後，為了得到東周國君的重用，把他掌握的所有西周的情報，都告訴了對方，如此一來，自然是東周大喜，而西周則非常惱火了。

任何一個國家都不能容忍叛國者。西周下決心要除掉昌他。要除掉昌他自然也不是一件容易的事情。他現在人在東周，向東周輸送了有關西周的情報，自然會受到東周的嚴密保護，東周人也不是傻瓜，他們一定也清楚地知道西周勢必要除掉昌他而後快。當然，派上一兩個「高手」潛入東周，不惜代價將昌他暗殺掉也不是不可以，但萬一出點紕漏，必然會引起外交上的麻煩，總之，這不是一個上策。

策士馮且想出一個主意。馮且的主意也就是用反間計，借東周之手殺掉昌他。馮且向西周國君要了三十斤黃金，然後寫了一封信，派人將這黃金和書信送往東周，並且明確告訴送信人，這是要送給昌他的。馮且在信中寫道：「請你不必擔心，現在你已經得到東周國君的信任，事可辦成，就努力辦成它。但如果辦不成，就趕快逃回來。切記！切記！如果不逃回來，時間長了勢必洩漏出去，那時你就沒有活路了。」送信的人派出去之後，馮且又派人告訴東周的偵察人員，說是今晚將有人自西周潛入東周。果然，當晚送信的人一進入東周，就被東周偵察人員抓獲。人證物證俱在，昌他的命運也就在這一「抓」中無可改變地被決定了。

同樣的反間計，西周還針對楚將吾得用過一次。

當時，西周與楚國是盟國。不過，這兩個國家雖然名義上是盟國，但實際上由於周國十分弱小，某種程度上是受楚國的「保護」，說穿了，也就是被楚國控制。楚國當時在西周國的山南部署有駐軍，楚國派往山南的駐軍將領就是吾得。吾得對西周國很不友好，甚至策劃要採取行動挑起事端，使楚王與西周結怨。西周國君知道這一情況之後很是憂慮。

在這種情況下，有人向西周國君獻上了用反間計使吾得失去楚王的信任，且有可能一舉除掉他的計策。這個計畫也分成兩步：

第一步，在吾得至周上任時，派太子帶領軍隊到邊境上去迎接他，周君自己則到郊外去迎接他。太子帶兵出行，本來就是一件可能造出很大聲勢，而讓天下人都知道的事情；而且，一個平常的派駐他國的將領，受到駐紮國太子和國君如此隆重的親自歡迎，這件事本身就意義非同尋常。至少楚王就很有可能提出疑問：「周國國君為何如此敬重吾得呢？」有了第一步，第二步的效果就很容易顯出來了。

第二步，派人告訴楚王，周君在迎接吾得時送給他一件器物，器物上刻有「謀楚」二字，說明周君如此禮遇吾得，的確不太正常。楚王知道之後必然要向吾得追索這件器物，以求證實。周君根本就沒有送什麼刻有字的器物給吾得，吾得自然也就沒法拿出這件器物了。這樣，即使楚王不將吾得治重罪，也會加重對他的懷疑，他再向楚王談到的涉及西周的任何事情，楚王都不會相信了。

西周這一次的反間計是否也是馮且提出的，不得而知。其實，令我們感歎的並不是誰提出這種計策，而是這種計策居然在兩千多年前就如此高頻率地被那些策士們使用，而且還用得如此嫺熟且不落痕跡。

楚空名救韓

歷史的經驗告訴人們：在敵對的雙方即將展開軍事大決戰的前夕，或在敵對雙方勢均力敵的時候，尤其是在敵強我弱的情況下，削弱、瓦解對方軍事實力的最有效方法，莫過於使用「離間之計」了。

人們清楚地記得，漢高祖二年（西元前二〇五年），劉邦的軍隊在彭城被項羽打得大敗，一直跑到洛陽東邊的滎陽附近才站住腳；而項羽兵多將廣，又率大軍緊隨追來。劉邦此時兵少將弱，急得像熱鍋上的螞蟻，焦慮不安。謀士陳平便對劉邦說：「項羽最大的弱點就是剛愎自用，聽不進忠臣的急言直諫。如今之計，只有使用計謀，離間楚國君臣的關係，才能解除眼下的危局。」劉邦非常贊同，立即撥給陳平四萬兩黃金，由他全權去進行離間楚國君臣的活動。不久，謠言四起，說鍾離昧、龍且、周殷等大將因功得不到封賞，要與劉邦同謀，共同滅楚分地爲王。項羽信以爲眞，遂疏遠他們，大小事都不與他們商議，搞得關係很緊張。隨後又離間項羽與他的軍師范增的關係，項羽一氣之下，將范增趕走。這就使雙方的形勢迅速發生了變化。

人們也不會忘記，明朝末年，後金可汗皇太極率領幾十萬大軍繞過袁崇煥的防區，突破長城的大安口、龍井和洪山口，攻入關內，直逼北京。袁崇煥聞警，冒著殺頭的危險，揮師入關，晝夜急馳，先一步趕到北京，與後金軍戰於北京城下。皇太極連連敗績，心中暗暗叫苦。於是停止進攻，施行反間計，說袁崇煥與後金軍有約定，以此脅迫朝廷求和。崇禎剛愎自用，不加分析，不加調查；加上魏忠賢餘黨的誣陷中傷，遂將袁崇煥撤職（時爲兵部尙書，戰場總指揮），並逮捕入獄。於是，形勢急轉直下。

這些都是離間對方君臣關係，使其君臣不和，削弱其力量的著名例子。而早在戰國時還有離間國家與國家之間關係的事情，使得國與國之間相互猜疑，關係緊張，從中漁利。

西元前三一七年，秦國與韓國在濁澤展開大戰，韓國的情勢危急。韓相公仲明對韓王說：「盟國不可靠，現在秦國的心裏是想進攻楚國，大王不如讓張儀去與秦國講和，用一名都去賄賂秦國，同秦國一起去進攻楚國。這是用一失去換取二利的計謀啊。」韓王很贊成公仲明這種嫁禍於楚的建議，便要公仲明謹愼行事，準備西行去與秦國講和。

楚王聽說這件事後，很恐慌，便召見陳軫，把情況告訴了他。陳軫不慌不忙地說：「秦國想進攻我們已經很久了，現在又得到韓國一座名都，而且準備了甲士，秦國、韓國組成聯軍向南進攻，這正是秦國所盼望的。現在秦國已經得逞了，楚國必定要遭受進攻了。大王不如聽我的計謀，戒令四境之內起兵，對外宣揚說要去救援韓國，讓戰車塞滿道路；再派忠誠的使者，讓他帶上很多車子，很重的禮物，使韓國相信楚國要救援自己。即使韓國不聽我們的話去同秦國作戰，韓國也必定會感激大王。他們一定不會和秦國一起像雁飛一樣並列前進來進攻楚國。這樣，秦國、韓國不和，軍隊即使來到，對楚國也不會造成大的災難。如果韓國能聽我們的話與秦國絕交，秦國就必定會大為惱火，而深深地怨恨韓國。韓國得到楚國的救援，必定會輕視秦國。輕視秦國，它對秦國就一定會沒有禮貌。這樣，我們就使秦國、韓國的軍隊陷入了困境，而免去了楚國的禍患。」

楚王聽了陳軫的一番話，非常高興，立即戒令四境之內出兵，揚言要去救援韓國，並派出忠誠的使者，帶上許多車子，很重的禮物去拜見韓王說：「敝國雖然小，可是已經全部動員起來了。希望貴國能盡力抵抗秦國，敝國將拚著死命跟隨韓國。」

韓王聽了使者的話，見了他送來的禮物，非常高興。於是，他立即阻止公仲明前往秦國。

公仲明勸告韓王說：「這不行！用實力使我國困苦的是秦國，用空名救我國的是楚國。

依靠楚國的空名，而和強大的秦國絕交，必定被天下人所笑。況且楚、韓既不是兄弟之國，又不是原來就約好了共同去進攻秦國的。秦國想進攻楚國，而楚國卻起兵說要救援韓國，這肯定是陳軫使用的計謀。再說，大王已經派人通知秦國了，現在又不讓我去，這不是在欺騙秦國嗎？輕視強大的秦國所帶來的禍患，而去輕易相信楚國謀臣的話，到時候大王一定會後悔的！」

然而，不管公仲明怎麼勸說，韓王就是聽不進他的話，終於拒絕與秦國講和。果然，秦國大怒，不斷地增派軍隊，同韓國在岸門展開決戰，楚國卻遲遲不派救兵前來，致使韓國吃了大敗仗。

韓國的大敗，可說是韓王咎由自取。本來公仲明已經識破了陳軫的離間之計，勸說韓王不要聽從楚國的話，但韓王貪圖眼前的利益，利令智昏，不聽公仲明的勸告，結果引火燒身，惹怒了秦國，致使岸門大戰遭到慘敗。倘若韓王能聽從公仲明的勸告，儘管韓國會受到一些小的損失，那麼遭到重大損失的應該是楚國，而不應該是韓國。

由此可以看出離間之計所造成的危害。

蘇代行「騙」

世界上的事情就是這麼怪，本來有些人是眞心實意地爲別人好，只因愛說直話，別人卻不領情，更有甚者，還要懷疑你的動機。楚霸王對范增就是這樣。而有些人一心要傷害別人，只因其花言巧語，能言善辯，別人卻毫不懷疑，反而倍加信任，甚至吃了苦頭也不懷疑，仍然寵信如故。《戰國策．燕策二》中就記載有這樣的故事。

蘇代僞裝從燕國逃離出來後，到了齊國，受到齊王的歡迎，促成了齊、趙兩國的徹底絕交。

不久，蘇代從齊國派人告訴燕昭王說：「我離間了齊國與趙國的關係，齊國、趙國已經孤立了，大王爲什麼還不出兵去進攻齊國呢？請讓我去爲大王削弱齊國的力量。」於是，燕國便出兵去攻打齊國的晉地。

這時，蘇代又派人去對齊閔王說：「燕國進攻齊國，是想收復過去的失地。燕國的軍隊留在晉地而不前進，這是因爲兵力弱而又拿不定主意的表現。大王爲什麼不派蘇代率領部隊去迎戰燕軍呢？憑著蘇代的賢能，率領部隊去迎戰衰弱的燕軍，燕軍被打敗就是必然的事了。燕國被打敗了，那麼趙國就不敢不聽話，這樣，大王就不僅打敗了燕國，而且征服了趙國。」

「說得好！」齊閔王聽了，便召見蘇代，並對他說：「燕軍在晉地，現在我派軍隊去應戰，希望你能替我去做他們的將領。」

蘇代趕緊故意推辭：「我對用兵的事，怎麼能夠擔當得起，大王還是另選他人吧。大王派我去，這是要葬送您的軍隊而把我送給燕國啊！打不贏，就不可挽救了。」

齊閔王卻堅持說：「去吧，我了解你！」

於是，蘇代做了齊國的將領，同燕國人在晉地開戰。結果，齊軍打了敗仗，燕國得到了齊國兩萬顆士兵的首級。蘇代集結殘餘部隊，守在陽城，並向齊閔王報告說：「大王派我去應戰燕軍，是選錯了人。現在，齊軍打了敗仗，損失了兩萬人，我犯有該當腰斬的罪行，請讓我自己到執法官那裏去受死刑吧。」

齊閔王卻說：「這是我的錯誤，你不要自責難過。」

第二天，蘇代又通知燕國前來進攻陽城和貍。同時，蘇代再派人去對齊閔王說：「日前齊國在晉地打了敗仗，這不是用兵的過錯，而是齊國不幸，而燕國有老天爺的幫助。現在，燕國又來進攻陽城和貍，是貪天之功，想占爲己有。大王再派蘇代去應戰，他因先前已吃過敗仗，此次必定會努力打勝仗，以報答大王了。」

齊王想了想，答應道：「行，就再讓他去領兵吧！」於是又派他去做將領。蘇代又假裝堅決推辭，齊王不准。蘇代便率領軍隊到陽城與燕軍作戰。

燕國的軍隊又打了大勝仗，取得了齊軍士兵的三萬顆首級。齊國君臣因此鬧得很不團結，老百姓的心也都散了。於是，燕國乘機派樂毅率軍大事進攻齊國，終於將齊國打得大敗，報了多年的深仇大恨。

蘇代眞可稱得上是行「騙」的行家。他爲了燕國的利益，「逃」到齊國，「騙」取了齊閔王的信任，且接二連三地委他以重任，就連吃了大敗仗，不僅絲毫沒有怪罪他，而且再次委以帶兵重任。直到齊國被燕國打得大敗，齊閔王出逃國外，也絲毫沒有懷疑是蘇代在其中搞鬼。可見蘇代的「騙」術之高明。

齊閔王則是個十足的大笨蛋，他不僅沒有識破蘇代離間齊、趙兩國的計謀，而且特別信任他，並委以重任。結果，齊國被蘇代一步步拖垮，致使君臣不和，百姓離心。當齊國被燕國打得慘敗，連他本人也出逃在國外，整個國家陷入困境時，他還不明白齊國失敗的眞正原因。有這樣的昏君主政，齊國的衰敗也就不足爲怪了。

這究竟是齊閔王的悲劇，還是齊國的悲劇?!

如願以償

說起來就是這麼怪，有些人想達到某一目的，雖賠進去了許多精力和時間，甚至花費了九牛二虎之力，卻仍然是此路不通——不能如願；而有些人並沒有花費多少精力和時間，卻能輕而易舉地如願以償。那麼成功與不成功的關鍵在哪裏呢？

考之歷史，關鍵在人的智謀和所採取的方法。比如《戰國策．魏策二》中就記載有這樣的故事。

西元前三一〇年，魏國的相國田需去世了，將要任命一位新的相國。楚國的相國昭奚恤心裏很著急，立即將蘇代找來商議說：「現在田需死了，我擔心魏國將在張儀、孟嘗君和公孫衍這三個人中選一人擔任相國，那將對我們很不利，你看有什麼辦法阻止他們？」

蘇代問楚相說：「既然這樣，那您認為讓誰做魏相對我們有利一些呢？」

「我想由魏太子遨做相國最好。」昭奚恤把自己的考慮告訴了蘇代。

「那好！請讓我替您到北邊去見魏王，一定要讓魏太子做相。」蘇代很自信地說。

昭奚恤仍不放心，問道：「你怎麼能做到呢？」

蘇代回答說：「不如我們來演試一下，您暫時做魏王，由我蘇代來勸說您。」

「你會怎樣勸說呢？」昭奚恤問。

蘇代認眞地回答說：「請您聽好。大王，我蘇代剛從楚國來，昭奚恤很憂愁。我就問昭奚恤：『相國憂愁什麼呢？』昭奚恤回答說：『田需死了，我擔心張儀、孟嘗君和公孫衍這三個人中有一人做魏國的相國。』我就對楚相說：『您用不著擔憂，魏王是一個傑出的君主，一定不會用張儀爲相。如果張儀做了魏相，必定親近秦國而疏遠魏國。如果孟嘗君做了魏相，必定親近齊國而疏遠魏國。如果公孫衍做了魏相，必定親近韓國而疏遠魏國。魏王是一個聰明的君主，一定知道其中的厲害關係，不會用他們做相國的。』昭奚恤又問道：『那誰做相國對魏國有利呢？』我便對他說：『當然是魏太子自己做相國最好。這樣一來，張儀、孟嘗君和公孫衍這三個人知道太子不會長久做相國，就都會努力用他們親近的國家來侍奉魏國，等到有一天能得到相國的官印。憑藉魏國的強大，依靠他們三個能出一萬輛兵車的國家來輔助魏國，魏國就必定安全了。所以說還是由魏太子做相國對魏國最有利。』」

「妙！」昭奚恤聽了蘇代的一篇游說之辭，非常滿意。於是，他立即派蘇代到北方去拜見魏王，用這些話去勸告魏王。魏王聽了蘇代的勸告，果然任命太子做了魏國的相國。

楚相昭奚恤爲什麼能心想事成，如願以償呢？關鍵就在於他聽取了蘇代的計謀和建議，並讓他去游說魏王。蘇代的一套說辭，從表面上看，都是在爲魏國著想，實際上是在破壞魏國君臣的關係，削弱魏國的領導力量，而楚國則好從中漁利。

而魏王在聽了蘇代的一面之辭和拍馬、恭維的話之後，沒有作深入的了解，也沒有徵求旁人的意見，更沒有進行調查，便作出了錯誤的決定，致使聰慧賢能、有眞才實學的人不能擔任重任，沒有本領的人卻占據要位，自己無形之間上了別人的當，結果還不知道自己錯在哪裏，這確實是一件可悲的事情。

從這則小故事中，我們可以看到，像蘇代這樣的游說之士，確實是翻手為雲，覆手為雨，能言善辯，聰明機智，善於利用國與國、君與臣之間的矛盾，在其間縱橫馳騁，從而坐收漁人之利。

衆口爍金

古代有一句成語叫做「衆口爍金」。《史記．張儀列傳》中就指出：「積羽沉舟，群輕折軸，衆口爍金，積毀銷骨。」意思是說：堆積起來的羽毛可以將船壓沉；很多輕的東西疊起來可以壓斷車軸；衆口的詆毀，連金屬都能被消熔；衆多的誹謗，也會致人以毀滅之地。

在中國古代，這樣的例子是很多的。《戰國策．魏策二》中就記載有這方面的故事。

戰國時，魏國同趙國結成了聯盟。按照雙方協定，魏國要將王子送到趙國的邯鄲去作人質。魏王便讓他最親近的大臣龐蔥陪伴王子赴趙。龐蔥很擔心，他在趙國期間，有些大臣會在魏王面前中傷他。於是在臨行前，他找魏王談了一次話。

龐蔥問魏王：「如果有人向大王稟告，都城的街市上有一隻老虎，您會相信他嗎？」

魏王回答說：「不相信。怎麼可能出現這樣的事呢？」

「如果又有一個人來向大王稟告同樣的事，您會不會相信呢？」龐蔥又問。

魏王思考片刻，隨後答道：「那我就有些懷疑了。」

「如果第三個人來稟告大王，說看見都城的街市上有一隻老虎，您相不相信呢？」龐蔥繼續問道。

魏王肯定地回答：「如果三個人都說有這回事，那我相信這件事是真的了。」

聽了魏王的話，龐蔥滿懷憂慮地說：「都城的街市上本來沒有虎，而有三個人說有虎，便成了真的有虎。我馬上就要陪伴王子到遙遠的趙國去。我在趙國期間，要陷害我的肯定不只三個人，我希望大王明察。」

魏王點點頭應道：「我自己知道辨別，你放心去吧。」

龐蔥走後，果然如其所料，許多大臣都在魏王面前說龐蔥的壞話。開始，魏王還能做到充耳不聞。但是，對龐蔥的誣陷活動越演越烈，魏王便開始懷疑了。最後，他也相信龐蔥是一個不可靠的人了。當龐蔥陪伴王子回國後，發現自己已經失去了魏王的信任。而這種結果，都是因爲謠言說的次數多了，也就變成了事實。

由此可見，只要君主不賢明，就會致使賢臣良將遭陷害而被疏遠。難怪有些人爲了達到自己的目的，專門散布流言蜚語，中傷別人。因爲只要君主不賢明，它就很容易見效。如果是敵對的雙方，使用這種方法，對對方的關鍵人物進行中傷，使其得不到重用——實際上這就是反間計，自己就好從中漁利了。

但是，眞的就是眞的，假的就是假的，剝去僞裝就會露出其眞面目！爲人君者，不能不明察！但只要爲君者善於分析，善於做調查研究工作，就可以避免「衆口爍金」的情況出現，甚至杜絕「衆口爍金」的現象。

二、借重

「借重」就是指借助其他人、團體或物的力量，以達到自己的目的。

在大變革、大動蕩的戰國時期，要爭霸諸侯，要立於不敗之地，有時僅靠個人的力量，或單憑一個團體、一個國家的力量是不夠的，還需要借助他人、他國的力量，才能達到自己預想的目的。

那些聰明絕頂的縱橫家們就深明其中的奧妙，他們在輔助某一國君爭霸諸侯的過程中，便常常採用「借重」的方法，演出了一幕幕動人的、精彩的活劇。

借光得重

甘茂在秦國因爲遭到向壽、公孫奭的詆毀而失去了秦昭王的信任，爲求全身，離開秦國逃到齊國去。一個被讒畏譏的人，從一國逃到另一國，一般來說，總是不大會受到重用的，因爲這逃亡者的身分本身就讓人起疑。因此，甘茂在齊國能否安身且受到重視，也就成了他必須動腦筋的問題。

甘茂出逃到齊國的途中，在函谷關附近遇到蘇代。蘇代當時效力於燕國，被燕國派駐齊國侍奉在齊國做人質的燕王的兒子。甘茂於是向蘇代求助。他給蘇代講了一個「江上處女」的故事。江上處女聚在一起織布，其中有一個因爲家貧而沒有燭火照明，只能借別人的光。有燭火照明的處女們在一起議論，想要趕走這個貧家女。那個貧家女在將要離去的時候對那些有燭火的女子們說：「我因爲沒有燭火而要借妳們的光，所以總是比妳們先到一步，打掃屋子，鋪設座席。妳們爲什麼要珍惜那照在壁上的餘光呢？妳們把那餘光賜給我，這對妳們又有什麼妨害呢？我自認爲我對妳們也是有益處的，妳們何必要驅逐我呢？」於是，有燭火的那些女子又互相商議，將這位貧家女留下了。講完這個故事之後，甘茂對蘇代說：「現在我已落魄到被秦國驅逐出函谷關，我願意爲你打掃屋子，鋪設座席，希望你不要驅逐我。」

蘇代在甘茂的懇求下，答應爲他想辦法讓他在齊國受到重用。

蘇代的辦法與那貧家女借光有些相似，只是他要借秦國的「光」使甘茂在齊國得到重用。

蘇代先是入秦，去游說秦王。他對秦王說：「甘茂是一個賢能之士。他在秦國受到幾代國君的重用，從殽山到谿谷，對秦國地形的險要、平易，都了然於心。如今他到了齊國，如果他利用齊國聯合韓、魏，反過來圖謀秦國，這對秦國將是很不利的事情。」

蘇代所言的確是實情，秦王自然不能不重視，於是徵詢他的意見。蘇代就對秦王說：「你不如用重利厚祿把他接回來。他回到秦國之後，你可以將他安置在槐谷，終身將他軟禁，這樣天下諸侯還能跟隨誰來圖謀秦國呢？」

蘇代的建議是如此高明，表面上又全為秦國著想，秦王也自然沒有不聽的道理。於是，秦王封甘茂為上卿，派使者帶著相印到齊國，要從齊國迎回甘茂。

這時已在齊國的甘茂自然是推辭不往。於是蘇代又告訴齊王：「甘茂是一個賢能的人。如今秦國封他為上卿，派人帶著相印來迎他回去。甘茂感激大王的賞識和知遇，所以堅辭不往，願意為齊國效力。如今大王該怎麼禮遇他呢？大王如果不留住他，他一定不會感激大王了。假如是這樣，他憑著自己在秦國的聲望，可以擅自驅使強秦的民衆來對付齊國，那時就難以對付了啊！」

有秦國派使者到齊國要迎回甘茂的事實，蘇代的這一番話，齊王必然要加以重視。齊王立馬也拜甘茂為上卿，將甘茂留在了齊國，蘇代這一來一往，兩番說辭，不用吹灰之力，就擺平了甘茂請託的事，實在不能不讓人感歎。生活中如蘇代為甘茂「借光得重」的事，其實是很常見的。雖然從旁觀之，常讓人心裏不太舒服，但它的被人屢試不爽的效力，卻也的確讓人只能歎為觀止。

三人疑之，則慈母不能信

秦武王一直有「車通三川，以窺周室」的野心。

所謂「車通三川，以窺周室」，用我們今天的話說，也就是打通秦國到周王室所在地的通道，以取周天子之位。周王室在洛邑，自秦國至洛邑，中間隔著據有黃河、洛河、伊水三川之地的韓國。秦武王要「車通三川」，自然就是要征服韓國。

秦武王把自己的心思告訴了甘茂，甘茂主動請纓，承擔了為秦武王約魏伐韓的任務。

不過，甘茂在實施他的計畫之前，先做了一件對於他此行能否一舉成功有著重要意義的事——要秦武王立下不聽讒言的盟誓。因為甘茂知道，憑著他的三寸不爛之舌，要說動魏國與秦國聯合伐韓，大約是沒有問題的。只是要打敗韓國，必先取居三川要津的宜陽。而宜陽雖然名義上只是韓國的一個縣，但由於地處要津，長期以來上黨、南陽的財物都積聚在此地，實際上相當於一個實力雄厚的郡的規模。秦、魏兩國離開自己據守的險要，千里行軍去進攻這樣一個極具守備能力的大邑，必然不會一蹴而就。到時久攻不下，秦武王必然會起疑心。自己不過是一個旅居秦國的客卿，本來就不見容於秦王身邊的公孫衍、樗里疾等人，如果到時他們再向秦王進一讒言，自己也就不能安身了。

能不見疑於君王而可以大膽用事，是一個臣子能夠成就事功的必不可少的條件。當年魏文侯任命樂羊爲將進攻中山國，歷三年之久才打下來，樂羊得勝回國，很有些居功自傲，聲稱攻下中山國是自己的功勞。魏文侯一句話沒說，只是交給他滿滿一箱子指責他久攻不下、耗財傷國的謗書，樂羊看了這些被魏文侯壓下不發的謗書，方知自己帶兵攻打中山國，能夠歷三年而成事功，實賴魏王維護之功，他深有感觸地說：「我能夠打下中山國，這其實不是我的功勞，而是君王的力量啊！」

甘茂自然明白這個道理。

甘茂更明白所謂「三人疑之，則慈母不能信也」的可怕。

「三人疑之，則慈母不能信」，說的是曾參的故事。曾參居於魯國費邑時，費邑有一個與他同名的人殺了人，有好事者跑去告訴曾參的母親。第一個人去告訴他的母親說曾參殺了人時，他的母親根本不信，只是對來人說了一句話：「我的兒子不會殺人。」坐在織布機上神態自若地織布。不久，第二個人又來告訴她曾參殺了人的消息，她依然不爲所惑，照樣神態自若地織布。可是，當第三個人又來告訴她曾參殺了人時，這位以慈愛著名的母親終於相信了這消息，甚至害怕到丟下織布梭子，越牆避去。

曾參是孔子最得意的門徒之一，以守誠立德、安貧樂道而爲世人稱許，且以至孝而聞名天下。憑著曾參那樣的賢明和母親對兒子的如此慈愛，也架不住流言，有三個人就足以動搖母親對兒子的信任，何況賢明及所得秦王信任的程度都遠不及曾參的甘茂呢？

甘茂當然不能不在自己行事之前先防微杜漸了。

用人不疑，這是一個極普通的道理，其實也是許多當國爲政任人用人者大體都懂得的道理。只是生活中，往往正是那些極普通的道理，那些人們以爲自己無論如何都懂得的道理，反倒是人們最容易忽略、最容易置諸腦後的道理。有時即使明知道不能疑也無可疑，但架不住「三人疑之」而不明不白糊裏糊塗地隨之疑。事實上，甘茂後來還是見疑於秦王。甘茂領軍聯魏伐韓，攻宜陽「五月而不能拔」，樗里疾、公孫衍便乘機進言，甚至要秦武王收回對於甘茂的任命，而秦武王亦「將聽之」，甚至「招甘茂而告之」。好在甘茂搬出了秦王自己所作的不聽讒言的盟誓，才沒有導致功敗垂成的結局。

「三人疑之，則慈母不能信也。」誠哉斯言！個中機杼，任人任事者，實在不可不察。

居奇自重

所謂「居奇自重」，是指占有可以用來牽制各方的對象，然後加以靈活運用，四面賣乖也四面討好，以使自己受到各方的重視。

這是戰國時期的縱橫家們常常採用也是行之有效的一種策略。

受秦國欺騙入秦會盟而被扣留在秦國的楚懷王死了。當時楚太子橫在齊國做人質，於是恰好來到齊國的蘇秦游說齊相田文扣留楚太子，以換取楚國東部靠近齊國的淮河以北的土地。田文不同意，認爲齊國扣留楚太子橫，楚國就會另立新主。那樣一來，齊國等於是留下了一個無用的人質而徒然落下一個不義的名聲。蘇秦則以爲不然。他對田文說：「如果楚國另立新主，齊國就可以派人對楚國另立的國君說：『你將楚國東部靠近齊國的土地割讓給齊國，我們齊國可以爲你殺掉楚太子橫。不然，我們就可以聯合秦、韓、魏三國共立太子橫爲楚王。』這樣，楚國仍然會將東部土地割讓給齊國。」

蘇秦游說田文扣留楚太子橫，就是一種居奇自重。有了太子橫在手上，無論楚國另立新主與否，對於楚國來說，齊國都具有舉足輕重的重要性，因而最終也只能接受齊國的擺布，割讓東部土地給齊國。令人歎服的是，蘇秦獻上的這一計策，表面上對齊國有利，實際上對他本人更有利，他藉楚太子橫可以在齊、楚之間、在田文和楚太子之間靈活周旋，輕而易舉地得到他們任意一方的重用。概括起來說，田文接受建議扣留楚太子橫，蘇秦至少有如下幾種選擇：

第一，如果楚國另立新主，他可以要求出使楚國，對楚國新的國君說：「齊國扣留太子橫爲楚王，是爲了得到楚國東部的土地。如果你不割讓，他們就會擁立太子橫，這樣太子橫爲了得到齊國的尊奉能爲楚王，勢必即使增加一倍的土地割讓齊國爲代價也在所不惜。你不如答應齊國的條件。」這樣，蘇秦爲齊國爭得了土地，會爲齊國所重。另一方面，也爲新立的楚國國君保住了王位，也會爲楚國所重。

第二，他可以告訴楚太子橫：「齊國擁護太子爲王。現在楚國新主請求割地以換取齊國扣留太子。齊國嫌楚國割地太少了。太子不如加倍答應齊國的要求，這樣齊國一定會擁立太子。」楚太子必定會接受他的建議。而楚國新主聽說之後，也必然會加倍割地。這樣，一方面蘇秦向楚太子橫表示爲他著想，等於是先投下了一筆資本。另一方面，他使齊國得到了更多的土地，必然會更被齊國看重。

第三，蘇秦還可以單方選擇從楚國得到封賞。他可以先讓人去對田文進言，說自己勸他扣留楚太子橫並不是眞心爲齊國，實際上是爲了現在的楚王。這樣田文必然遷怒於蘇秦。反過來他又可以讓人去對楚王進言，說是勸田文扣留太子的是蘇秦，擁立大王代替太子的也是蘇秦，使楚國割地以鞏固齊、楚之間關係的還是蘇秦。現在齊國責怨蘇秦，就是因爲他爲楚國著想多而爲齊國著想少的緣故。這樣，楚國一定會對蘇秦大行封賞。

第四，同時蘇秦還可以藉此得到齊國的親善。他可以讓人游說田文，告訴他，你田文之所以被天下人重視，是因爲你得到了天下的士人且擁有齊國的權勢。而現在像蘇秦這樣天下少有的善辯之士，你卻不親善，這樣就堵塞了天下游說之士的道路，那些士人一定會去侍奉蘇秦。現在蘇秦得到楚王的親善，如果你不能親善他，你就是與楚國爲敵。而如果你親善他，你就同時擁有了楚國。這樣，田文一定會反過來親善蘇秦，提高蘇秦的地位。

其實，就齊國扣留楚太子一事，蘇秦還可以在上面四種選擇之外，有多種選擇，比如他可以藉楚國不割地而使擁立得以實現，也可以爲楚國趕走楚太子橫而在楚國得重，他還可以以自己建議齊國擁立而直接向楚太子輸誠等等。所有選擇都可以使他得到直接的「實惠」。將居奇自重這一手「玩」到如此境界，實在讓人不能不歎服。

馮諼遊梁

馮諼遊大梁，是馮諼爲報答孟嘗君的知遇之恩而爲之營「三窟」中的第二「窟」。

馮諼爲孟嘗君「市義」，使孟嘗君得到薛地百姓的衷心擁戴。很不喜歡孟嘗君的齊湣王上台之後，孟嘗君被罷去相職，逐出都城。在他回到薛地時，因有馮諼「市義」之功在前，薛地百姓甚至扶老攜幼，出百里之外相迎，以致孟嘗君都經不住對馮諼發出感慨：「先生當初爲我『市義』，到今天我才見出了它的功效啊！」言語之中既有爲先前不理解馮諼而對馮諼不滿向他表示歉意的意思，也有因有百姓擁戴而起的滿足。不過，馮諼對這後一層意思很不以為然。他對孟嘗君說：「狡兔有三窟，現在你僅得一窟，不過也就是免於一死而已，還不能高枕無憂。我願意為你再營兩『窟』。」

於是也就有了馮諼為孟嘗君遊梁。

馮諼從孟嘗君那裏請得革車五十輛，黃金五百斤，西行至梁，求見梁惠王。他對梁惠王說：「齊國驅逐了它的大臣孟嘗君，等於是把他拱手讓給了天下的諸侯。諸侯有先得到孟嘗君的，一定能因為他得以國富兵強。希望大王不要失去這個機會。」

孟嘗君在諸侯本來就有著很大的名聲，梁惠王自然相信馮諼的話。所以，聽了馮諼的游說，梁惠王立即將現任梁相挪任上將軍而空出相位。然後派出使者，帶黃金千斤，車百輛，前往薛地聘請孟嘗君出任梁相。馮諼則先期回到薛地，告誡孟嘗君不要接受梁惠王的聘請。他對孟嘗君說：「黃金千斤，這是很重的禮物了，車子百輛，這是顯赫的使者才有的規格。這樣隆重的禮儀，齊王不可能不知道。這樣也就可以了。」於是，孟嘗君拒絕了梁國的聘請，而且，梁國使者往返三次，他都是堅辭不就。

馮諼的意思很清楚，他說動梁惠王往聘孟嘗君，不過也就是要讓齊王知道，孟嘗君雖然在齊國不受重視，但還有別的諸侯如此看重他。這一舉措必然使齊王重新估量孟嘗君對於他的意義，起碼不能太輕視孟嘗君的存在。果然，齊湣王聽說梁國如此禮聘孟嘗君，自己也害怕起來，立即派太傅攜帶黃金千斤、四匹馬拉的彩繪馬車兩輛、自己隨身佩劍一把，往見孟嘗君。而且他還讓太傅帶去一封給孟嘗君的道歉信，信中說：「寡人不吉祥，遭受宗廟鬼神帶來的災禍，被那些專說別人壞話的阿諛奉承之徒所迷惑，以致得罪了你。雖然寡人不值得你操心，但還是希望你能念在祖宗宗廟社稷的份上，姑且回到齊國來統管萬民，可以嗎？」齊湣王信中所言，已近於乞求了。

孟嘗君見信之後，順勢也聽從馮諼的建議，提出以先王祭器立宗廟於薛的要求。齊湣王自然不能不答應。到此為止，馮諼為孟嘗君所營「三窟」才全部完成。

馮諼之為孟嘗君遊梁，在技巧上與甘茂被秦國驅逐，而蘇代為他在齊國得到重用所用的計策如出一轍，也是一種典型的「借『光』得重」，是一種「借重」的技巧。說起來，借「光」之所以能夠得重，一個根本的原因，還是那些當國為政者不能識人、容人、用人造成的。這正如俗語「外來的和尚好唸經」道出的那種現實，人才在自己身邊卻看不到，總以為別人的人才才是真人才。這也就自然造成了一種情形，那就是自己身邊的人必得在被別人重視之後，自己才好像明白這是一個寶，於是忙不迭地去挽留。生活中那些以「借光得重」之法使自己得重，因而改變了自己生存境遇的人，當然絕不可能都是真人才，但正是由於這種現實，那些真人才常常也要無可奈何地用一用這種本身便為他們不屑一用的策略。而也正是由於這種現實，那些不學無術而又慣於權謀者，才有可能憑此術而達到自己的目的，而且幾乎是屢試不爽。這兩種情況，無論哪一種，其實都是現實的可悲之處。

蘇代見齊王

現實生活中，我們常常碰到這樣的事情：你要辦一件事情，但主管的人總是這理由、那原因，不給你辦；於是，你便去找與主管人關係密切的人，或同事，或下屬等疏通，透過他們去給主管人打招呼，結果很順利地辦妥了。同樣，你想見到某位領導，但找了多次，那位領導總是推三阻四，不願見你；於是，你便去找與那位領導關係很好的人或工作關係比較密切的下屬去疏通、引薦，肯定是可以見到那位領導人的。實際上，這也是一種計謀——此門不通，則想辦法走另外的門；所進的門不同，但目的就是一個：辦成事。《戰國策．燕策二》中就記載有這樣的事情。

蘇代爲了燕國，與燕昭王合謀，假裝遭受迫害，從燕國「出逃」，並來到齊國，準備游說齊王，離間齊國和趙國的關係，從而聯合趙國攻打齊國。但蘇代到齊國好長時間了，齊王一直不接見他。

於是，蘇代眉頭一皺，計上心來。他改變行動方向，直接去游說齊國大臣、滑稽之士淳于髡說：「有個賣駿馬的人，接連三個早上站在市場上，卻沒有人知道他賣的是駿馬。他便前去拜見伯樂說：『我有一匹駿馬，想將牠賣掉，但接連三個早上站在市場上，卻沒有人去問一聲。我希望您能幫幫我，去繞著駿馬走幾圈，仔細瞧瞧，離開的時候再回過頭來多看牠幾眼，我願意獻給您一個早上的費用。』於是，伯樂便按照賣馬人的要求去做了。結果，那匹馬的價錢一個早上就漲了十倍。現在，我想用一匹駿馬去見齊王，可沒有人願意為我前後奔走效勞，加以引薦。大人願意做我的伯樂嗎？請讓我獻給大人白璧一對，黃金（即今所謂「黃銅」）千鎰（一鎰為二十四兩），作為您的養馬費。」

淳于髡聽了蘇代的話，很高興，立即答應說：「那我就恭敬地領教了。」

於是，淳于髡便去晉見齊王，將這件事對齊王說了，使蘇代見到了齊王；而且在接見交談以後，齊王還很欣賞、喜歡蘇代。

在這則小故事中，淳于髡可謂無本萬利，獲得了豐厚的報酬：由於他向齊王引薦了蘇代，不僅得到了「伯樂」的名聲，而且從蘇代那裏得到了白璧一對、黃金兩萬四千兩的報酬。

至於蘇代，本來游說齊王不太順利，但他聰明機智，善於應變，只是略施小計，以請伯樂幫助人賣駿馬的故事為喻，便將齊國大臣淳于髡說動，親自出面為他奔走效勞，向齊王推薦，使蘇代很快就見到了齊王。也正因為有了淳于髡的引薦，才使齊王接見了蘇代，並很欣賞和喜歡他，使蘇代有機會運用他那三寸不爛之舌，在齊王面前挑唆，成功地離間了齊、趙兩國的關係，使齊國與趙國絕了交，從而使燕國和趙國聯合起來，將齊國打得大敗——當然，這是後話了。

「曲線救國」

一般說來，凡是古時候能夠運用計謀來退敵保國的人，後人都是很崇敬的。比如春秋時的鄭國商人弦高，當他得到秦國軍隊正在途中，要去偷襲鄭國的消息，而自己又來不及回國報信時，急中生智，遂裝扮成鄭國使者來迎接犒勞秦師，使秦軍只得半途而返，保住了鄭國。又如春秋時的越王勾踐，為了國家的振興，為了有一天能打敗吳王夫差而「臥薪嘗膽」等等，都為歷代人們所傳頌。但在戰國時，有一種救國的計謀卻是為後人所不齒的。

據《戰國策．魏策四》中記載，在呂不韋擔任丞相期間，一次秦國進攻魏國（此次進攻大約在西元前二四二—西元前二三八年間），魏國情況十分緊急。

一位謀臣去晉見魏王，為他獻策說：「與其丟失土地，倒不如用土地去行賄來得容易；與其戰敗而死，倒不如丟失土地來得容易。能夠讓土地丟失卻不能用土地去行賄，能夠戰敗而死卻不能讓土地丟失，這是人們的大錯誤啊！如今，大王丟失土地幾百里，丟失城邑數十座，而國家的禍患還是沒有解除，這是因爲大王寧願戰敗丟失土地，而不願用土地去行賄啊！眼下，秦國強大，天下無敵，而魏國很衰弱，大王寧願拿它去做秦國的箭靶子，並且寧願戰敗而死也不願意丟失土地，這是犯了雙重的錯誤啊！

「如果大王能用我的計謀，喪失土地不足以傷害國家，卑躬屈膝不足以使身體受苦，既可以解除患難，又可以報復怨仇。秦國四境之內，上至執法的大臣，下至長期拉車的小民，都說：『是幫助嫪毒呢，還是幫忙呂不韋？』即使下至民間，上到朝廷，同樣是如此啊。大王不如割讓土地去賄賂秦國，去爲嫪毒立功；卑躬屈膝地去尊奉秦國，依靠嫪毒。大王這樣用國家去幫助嫪毒，嫪毒就一定可以戰勝呂不韋了。由於大王用國家去幫助了嫪毒，秦太后（秦始皇的母親）就會感激大王且深入骨髓。那麼，大王與秦國的交情就在天下諸侯之上了。過去，秦國和魏國百次相交，結果卻百次相欺。現在，您透過嫪毒和秦國親善，所建立的交情在天下諸侯之上，天下諸侯誰還不拋棄呂不韋而去跟隨嫪毒呢？天下諸侯捨棄呂不韋而去跟隨嫪毒，這樣，大王對秦國的怨仇也就報了。」

這位謀臣向魏王所獻的「計謀」，實在有些荒唐：與其保衛國土而戰死，與其戰敗而丟失土地，不如用土地去賄賂秦太后的情人嫪毒。他認爲，在當時的秦國，嫪毒與丞相呂不韋的權勢相當。如果魏國能夠割讓土地而去幫助嫪毒立功，嫪毒在秦國的權勢就會超過呂不韋，秦國也就會更加重用嫪毐，天下的諸侯也必定會歸向嫪毐，而拋棄呂不韋；而且，秦太后也會特別感激魏王，這樣，魏王的怨仇也就報了。

這種「計謀」可稱之爲「曲線救國」。但這哪裏是什麼「曲線救國」的「計謀」，這實際上是一種投降哲學，是一種奴才哲學！這種「曲線救國」的「計謀」，實在不值得人們稱道，難怪後人讀之，要嗤之以鼻了！

三、戰爭

戰爭是殘酷無情的。一旦爆發戰爭，將會有無數的兵士身首異處，血灑疆場，成爲刀下鬼；也將會有無數的百姓家破人亡，妻離子散，無家可歸。

但戰爭不僅是有規律可循的，而且是可以憑藉人的智謀制止的。即使戰爭的爆發不可避免，只要人們善於使用計謀，就可以將戰爭的損失減少到最低限度。

戰國時，社會動蕩，戰爭頻繁，但縱橫家們卻憑著他們的聰明才智和謀略，或制止戰爭的爆發，或用較少的損失而獲得戰爭的勝利，或將戰爭造成的損失儘量減少，爲社會的穩定和發展作出了他們積極的貢獻。

懸之「望梅」

所謂「懸之望梅」，也就是給對方一個表面看來是實實在在的，但最終又絕無可能實現的承諾，以激起對方的興趣，誘使對方為了得到所承諾的對象而盡心竭力。

秦國為了得到保存在周國的九鼎，興兵至周。九鼎相傳為夏禹所鑄。夏禹鑄九鼎以象徵九州，使九鼎成為國家政權的象徵，也是傳國之寶。戰國時期，雖然自周平王東遷之後，王權衰落，周天子名存實亡，自列為諸侯，但仍然保有九鼎；而諸侯國中的強者，也視得九鼎為尊，因而也才有了秦國的興兵臨周，強索九鼎的故事。

秦國興兵至周，周國國君自然很擔憂。顏率向周國國君建議向齊國求援。顏率出使齊國，許以九鼎，請齊國派兵救周。他對齊王說，秦國現在興兵強索九鼎，秦國無道，周人以為給秦國不如給齊國。而對於齊國來說，則既因為救周於危亡而可以獲得好名聲，又得到九鼎而獲得豐厚的實惠。齊王聽了自然很是高興，便以陳臣思為將，發兵五萬，迫使秦國中止了攻周的軍事行動。

對於齊國來說，周國承諾送給齊國的九鼎，就是一枚實實在在懸在那裏，但卻絕難得到的「梅子」。在秦國退兵之後，齊國索鼎之時，顏率與齊王有一段對話，很有意思。

顏率對齊王說：「周仰仗齊國的義舉，得以君臣父子相保，因而願意將九鼎獻給齊國，但不知從哪條路線將九鼎運到齊國來，希望聽聽大王的意見。」

齊王回答說：「從周國到齊國必須經過大梁。我將向大梁借道。」

顏率：「那恐怕不行吧？大梁的君臣想得到九鼎，在輝台之下、沙海之上策劃已久，九鼎進入梁國，一定出不來。」

齊王：「那我究竟從哪條路將鼎運來齊國呢？」

顏率：「敝國本來就在爲如何運鼎至齊發愁。那九鼎既不像盛醋的壺、裝醬的碗那樣小，可以揣在懷中或提在手裏帶到齊國來，也不像鳥兒起飛、兔子起跑、馬兒離去那樣輕快，可以無聲無息地運到齊國來。當年武王伐紂得到九鼎，運鼎時，一鼎用九萬人牽引，總共用了八十一萬人。現在大王縱有那麼多人，可是能從哪條路將鼎運出來呢？我也私下爲大王發愁。」

齊王：「照你這麼說，那不就等於是不把九鼎給齊國了嗎？」

顏率：「周國絕不敢欺騙大國，只是請大王趕快決定從哪條路運出來，敝國正等著大王的命令哩。」

齊王哪裏找得到一條從周國安全運出九鼎的道路呢？自然也就只好悻悻作罷了。其實，當初顏率向齊王許以九鼎的時候，就明知道齊國無法將九鼎運回的。而對於齊王來說，九鼎實實在在就在周國，而且在他的心中，得到九鼎就意味著得天子之傳，似乎也就可以君臨天下，哪個國君受得了這種誘惑！在這樣的誘惑之下，那實實在在「懸」在那裏的九鼎，是否如一張畫餅，或一枚不過說說而已的梅子，中看不中吃，也就顧不得那許多了。顏率對齊王的心理也明鏡似的，他的得手自然也成爲了順理成章的事。

如此計策，戰國時的縱橫家們常用。西元前三一三年秦國謀劃攻齊時，張儀以六百里商於之地誘使楚懷王與齊絕交，用的就是這一招。

號言伐楚，其實襲蔡

「號言伐楚，其實襲蔡」，說的是春秋時期齊桓公滅蔡的故事。

《韓非子．外儲說左上》記載，齊桓公最初娶了蔡國的女子爲妻。一次，齊桓公帶著她出行，乘船時他們夫妻逗樂，不小心把船弄得晃動了一下，嚇壞了齊桓公，齊桓公因此將她趕出宮廷，讓她改嫁離開齊國，並爲此還要討伐蔡國。夫妻之間，何以就爲這一點小事生出如此軒然大波？其實，齊桓公因爲自己受到驚嚇而休妻，不過是一個藉口，以此爲由起兵攻打、呑併蔡國才是眞正的目的。就連當時任齊相的管仲也說：「寢席之戲，不足以伐人之國。」但齊桓公決心早定，好不容易找到這一個藉口，自然不會聽從勸諫。不過，在起兵攻打蔡國的時候，對外卻揚言要攻打楚國。楚國和蔡國都在齊國的南面，到楚國必經蔡國。雖然有齊桓公休蔡女的事情發生，但畢竟曾是有過秦晉之好的兩個國家，而且齊國又是以伐楚爲名，因而蔡國根本就沒有作任何防範。齊國偷襲蔡國一舉成功，蔡國也就此併入了齊國的版圖。

齊國「號言伐楚，其實襲蔡」，所使用的實際上就是一種聲東擊西之計。

春秋時期晉滅仇由，用的也是與聲東擊西類似的方法。

《韓非子．說林下》記載，晉國當時智伯專權。智伯為了擴張自己的勢力範圍，決定攻打靠近晉國的狄族仇由國，但苦於道路不通，軍隊無法行進展開，因而延擱下來。後來智伯想出一條計策。他鑄造了一口大鐘，派人出使仇由國，說是要把這口新鑄的大鐘送給仇由國國君。如此友好的表示，仇由自然非常高興地接受了。為了接受這口大鐘，仇由還自己徵募民工，修築了一條由晉國到仇由的通衢大道。大道修好之後，智伯以大車裝載大鐘前行，而士卒隨車跟進，也是在仇由毫無防備的情況下，一舉吞併了仇由。

說智伯滅仇由的方法與聲東擊西類似，是因為雖然它不同於典型的聲東擊西，即像齊桓公滅蔡那樣先「號言伐楚」——即本來是要攻打這個國家，卻聲稱是要攻打另一個國家——而一舉襲蔡，但用一種說法掩蓋住眞實意圖，以使對方失去警惕而一舉偷襲，在這一點上它們是完全一致的，而這一點，也正是聲東擊西之計的「精義」所在。

上面兩個故事，《戰國策》裏也都提到。《戰國策（卷二）．西周策》記載，秦國派樗里疾帶一百輛車進入周國，周國國君派出自己的衛隊到邊境迎接並護送他，禮儀顯得非常隆重。當時周國與楚國結盟而與秦國交惡。楚懷王知道了周國如此隆重地迎接樗里疾之後，非常惱火，認爲周國國君太重視秦國派來的人了。周臣游騰於是出使楚國，就此向楚懷王作出解釋。游騰向楚懷王列舉了上面這兩個故事，意在說明如狼似虎的秦國早有呑併周國的野心，如今讓樗里疾帶著百輛革車進入周國，周君害怕重蹈蔡國、仇由國覆轍，於是長兵在前，強弩在後，名義上是護衛樗里疾，其實是藉此囚禁他，也防備他乘機偷襲周國。游騰如此說法，自然主要是爲了給楚懷王消火，但他的話裏應該也有可以相信的眞實的一面。以史爲鏡，當年的蔡國、仇由就是因爲相信齊桓公和智伯，疏於防範而終至滅國。前車之覆，如果後世不以爲鑑，也實在是太愚蠢了。

嫁禍於人

所謂「嫁禍於人」，就是將自己的禍害推給別人，讓別人去受害，而自己卻得利。在我國古代，將此計用於外交、軍事鬥爭是很普遍的事情。

例如《史記．趙世家》中就有這方面的記載：韓國上黨守將派使者前來對趙王說：「韓國守不住上黨，願將上黨郡的十七座城邑送給趙國。」趙王聽後非常高興，立即召見平陽君趙豹，將這件事情告訴他。

趙豹對趙王說：「聖人是很忌諱無緣無故地獲得利益的。秦國一直在蠶食韓國的土地，早就想併呑韓國，怎麼會容忍它將土地送給別人呢？韓國之所以不將土地送給秦國，而將土地送給趙國，就是想嫁禍於趙，讓秦國直接來與我趙國作戰啊！大王切不可貪小便宜而中了它們的奸計。」

除《史記》中記載的這個例子之外，《戰國策》中也記載了不少這樣的例子，如《燕策二》中就記載說：

齊國很強大，曾將燕國打得大敗。燕國很痛恨齊國，時刻都想報此大仇。於是，有說客去對燕昭王說：「齊國在南邊打敗了楚國，在西邊使得秦國屈服，而驅用韓國、魏國的軍隊和燕國、趙國的民衆，就像用鞭子趕馬一樣。假如齊國向北進攻燕國，到時候即使有五個燕國也抵擋不住。大王為什麼不暗中派出使者，讓那些策士去游說，挫傷齊國的軍隊，讓齊國的民衆疲困，使燕國世世代代沒有禍患呢？」

燕昭王說：「我也想這麼做，可時間太緊了。如果給我五年時間，我就能如願以償了。」

蘇代聽說這件事後對燕王說：「那麼請允許我給大王十年時間，行不行呢？」

燕昭王非常高興，就送給蘇代五十輛車子，讓他向南出使齊國。

蘇代拜見齊閔王時對他說：「齊國在南邊打敗了楚國，在西邊使得秦國屈服，驅用韓國、魏國的軍隊和燕國、趙國的民衆，就像用鞭子趕馬一樣。但我聽說當代的聖明君主，一定要誅伐暴虐，匡正紛亂，戰勝無道，進攻不義。現在，宋國的君主偃，射擊皇天，鞭笞后土，鑄造諸侯的模型，讓他們守廁所，使他們張開雙臂站在那裏，還用彈丸射他們的鼻子，這是天下最『無道』和『不義』的行爲，而大王不進攻它，大王就終究難以建立威名。

「再說，宋國占有中原肥沃的土地，是你的邊民所處的地方，與其在燕國得到一百里的土地，還不如在宋國得到十里的土地。進攻宋國，在名聲上是主持正義，在實惠上又能得到利益，有這麼名利雙收的好事情，大王爲什麼不去進攻宋國呢？」

「說得好！」齊閔王聽了蘇代的一番鼓動，接受了他的建議。於是，齊國起兵去進攻宋國，並三次打敗宋國，將宋國滅掉了。

齊國花費了大量的人力、物力、財力去攻打宋國，使燕國贏得了充裕的時間來發展自己，燕國逐漸強盛起來。

幾年以後，燕國與韓、趙、魏、楚、秦等國聯合，任命樂毅爲上將軍，率領諸侯的軍隊去進攻齊國，大戰一次，小戰兩次，打敗了齊國，成就了威名。

燕國的迅速發展和壯大，除了重視招攬人才外，採用蘇代的「嫁禍於人」的計謀也是重要原因。蘇代將齊國的視線和興趣都引向了宋國，齊國全力對付宋國，無暇他顧，爲燕國的發展、壯大提供了機會和時間。如果沒有採用蘇代的計謀，齊國也沒有去進攻宋國，而是再次來進攻燕國，那麼，燕國很有可能會一蹶不振，甚至有滅亡的可能。

燕昭王為後世人們所稱道，也正是因為他的聰明之處，那就是善於總結歷史的經驗教訓，重視招攬人才，善於把握時機，發展自己，使一個被齊國打得慘敗、幾乎滅亡的國家，一躍而為強國。

蘇代「出逃」

一般說來，人都不會自我傷害；如果說是被別人傷害，人們定會信以為真。利用這種常理，己方以假當真，敵方肯定也會信而不疑。運用這種計謀稱之為「苦肉計」。「苦肉計」之所以容易獲得成功，是因為它「自害」是眞，「他害」是假，以眞亂假，造成假象，蒙蔽敵方，並藉機打入敵方，得到敵方信任，從而進行間諜活動。「苦肉計」實際上是一種特殊的離間之計。

在中國古代，「苦肉計」在形式上亦有自殘其身，或犧牲其親屬，或蒙受恥辱等多種。

據《戰國策．燕策二》記載，蘇代從齊國回到燕國後，替燕昭王籌劃滅齊大計。他先出使齊國，中傷趙國，讓齊國和趙國絕交，使齊國孤立。隨後便準備聯合韓、魏、趙、秦等國一道攻齊。但怎樣才能讓韓、魏、趙、秦等國相信自己呢？於是，他眉頭一皺，計上心來，便採用了一條「苦肉計」。

蘇代去見燕昭王說：「我認爲，現在最好的辦法是讓我僞裝逃離燕國。然後，我憑藉韓國、魏國順從燕國的條件，從齊國出去，而替韓、魏國聯合秦國，深交趙國，以加強韓國、魏國的力量。這樣就促成了韓、魏、趙、秦國與齊國相攻的形勢。」

「你這麼做，別國會不會相信？會不會給燕國帶來麻煩呢？」燕王有些不放心地問。

蘇代回答說：「我這樣做，別國肯定會相信，也肯定不會給燕國帶來麻煩，因爲奉陽君（趙相李兌）曾經告訴趙臣朱讙說：『蘇代惱怒燕王用我，而既不讓他做相，又不讓他做卿，他心中幾乎是沒有燕國了。』他的疑心到了這種地步，所以我雖然這樣做了，既不會給燕國帶來麻煩，也不會玷污大王。」

「儘管如此，卻要讓先生吃苦，又蒙受恥辱，我心裏感到很不安。」燕王說。

蘇代毫不在乎地說：「從前伊尹再次從商湯那裏逃走，前往夏桀那裏去，又再從夏桀那裏逃走，回到商湯那裏，結果同夏桀作戰，擁護商湯做天子。伍子胥從楚國逃到吳國，結果同楚國在柏舉作戰，爲他父親報了仇。現在，我逃走而弄亂了齊國和趙國的關係，才可以名垂青史。況且辦大事的人，哪個沒有逃走過？齊桓公遭難，管仲從魯國逃走；陽虎作亂，孔子逃到衛國；張儀從楚國逃走；白珪從秦國逃走；望諸做中山國的相，出使趙國，趙國劫持他要求割地，望諸撞關逃走；外孫發難，孟嘗君放棄坐車，逃出函谷關，魏、韓、趙三國稱他也是賢士。所以，凡是辦大事的人，逃走不足以成為恥辱。」

蘇代從燕國「逃」出後，果然促成了齊國和趙國的徹底絕交。於是，趙國便與燕國聯合起來，一起去進攻齊國，將齊國打敗。

蘇代使用犧牲自己名聲、裝作被燕國驅逐而狼狽逃出的「苦肉計」，終於使齊、趙相信，接受了蘇代，從而促成了齊、趙的絕交和燕、趙的聯合。

翻開中國古代史，實行「苦肉計」而獲得成功的例子還有不少，如春秋時吳國俠士要離斷臂為吳王闔閭去謀殺吳王僚的兒子慶忌；鄭國武公為了伐胡竟先將自己的女兒許配給胡國君主，然後興兵滅胡；三國時，吳國的周瑜責打黃蓋，南宋時宋將王佐斷臂為岳飛去金營勸說陸文龍投身宋朝等等。

不管是運用哪一種「苦肉計」，都是要到敵方去從事間諜活動。它以假象迷惑敵人，使敵人相互猜疑，或利用敵人原有的矛盾，增加他們之間的相互猜疑，從中獲利。不管是運用哪一種形式的「苦肉計」，它對於具體行使「苦肉計」的人，都過於殘酷。當然，不殘酷敵方也不會相信了。

一箭雙鵰

據《北史．長孫晟傳》記載，一天，長孫晟與突厥的攝圖去遊獵，看見空中有兩隻大鵰正在飛著搶肉吃。攝圖便給了長孫晟兩支箭，讓他將鵰射下來。長孫晟騎馬奔過去，兩隻鵰正糾纏在一起搏鬥，遂發一箭，將兩隻鵰穿在一起射了下來。這就是「一箭雙鵰」這個成語典故的出處。開始，人們用它形容射技的高超，後來則用它比喻做一件事而達到兩方面或幾方面的目的。

其實，像這樣一箭雙鵰的事情在戰國時是很多的。據《戰國策．趙策一》記載：西元前四〇八年，魏文侯向趙國借路去進攻中山國，趙烈侯不準備答應。趙國的謀士趙利知道這件事後，對趙王說：「大王的考慮錯了！魏國去進攻中山國，如果攻不下來，那麼魏國必定疲困；魏國疲困，那趙國就顯得重要了。如果魏國攻下了中山國，肯定不能越過趙國而占有中山國。這樣看來，用兵的是魏國，而最終得到土地的是趙國。您應該答應魏國，借給他們路。但是，請千萬注意，您在答應的時候，如果使勁地鼓勵他們，他們就會知道這對趙國有利，因而停止不去進攻中山國。您最好是這樣：既答應借路給他們，又要顯示出是不得已而答應的樣子。」

這趙利確實是一個聰明而有心計的人。借不借路，對國家有沒有好處，他都考慮得很仔細、周詳：不借路，對國家沒有任何好處，還要得罪魏國；而同意借路就不同了：對國家沒有任何害處，卻既討好了魏國，又讓魏國自我疲困，削弱了它的實力，還可以不費一兵一卒坐收漁人之利——魏國即使打下了中山國，也不可能越過趙國去管理那些土地，最終還是會劃入趙國的版圖。眞是一箭雙鵰，一舉數得！尤其令人感歎的是，就連答應借路給魏國時的態度、語氣應該怎樣才對趙國有利的問題都想到了，眞是機關算盡！

不光趙利是這樣聰明而有心計的人，謀士冷向也是這樣聰明而有心計的人。西元前三〇八年，秦國的丞相甘茂爲了秦國的利益，說服魏國一起去進攻韓國的宜陽，隨後又北遊趙國。冷向知道這件事後，找到大臣強國建議說：「現在是個好機會，趙國不如將甘茂拘捕起來，不放他出去，並以此來和齊國、韓國、秦國作交易。齊王想求趙國救援韓國的宜陽（在今河南西部），必定獻出狐氏縣。韓國想保存宜陽，必定用路縣、涉縣、端氏（邑名）賄賂趙國。秦王想得到宜陽，就不會吝惜有名的寶器。再說，拘捕了甘茂，秦國就會將公孫赫、樗里疾安排在重要的職位上。」

冷向的這個建議也是一步狠「棋」：拘捕了甘茂，不僅可以以此來要挾齊、韓、秦三國，同他們討價還價，收受他們奉送的土地和寶器，擴大自己的版圖，豐富自己的庫藏；而且還可以乘此機會將親趙的秦國大臣公孫赫、樗里疾推到重要的職位上去，掌握秦國的大權，趙國今後便會得到更多的好處和方便。冷向實在是精明透頂，他的建議（實際上是計謀），一箭雙鵰，一舉數得，他的如意算盤可說是打到家了！

欲取先亂

前面我們曾敘述過縱橫家們為了達到自己的目的所採用的「先予後取」的計謀。實際上，縱橫家們為了達到自己的目的，除採用「先予後取」的計謀外，還採用了「欲取先亂」——即先亂其國而後奪取其國的計謀。

在《戰國策．燕策一》中，就記載有這樣的故事。

齊國一直想併吞北方的燕國，隨時都在尋找機會。燕王噲即位時，蘇秦在齊國去世。蘇秦在燕國的時候，就和燕國的大臣子之結為親家，而蘇代也與子之的交情很深。蘇秦去世後，齊宣王又重用蘇代。

燕王噲三年，燕國與楚、韓、趙、魏等國一起進攻秦國，無功而回。不久，子之做了相國，地位顯貴重要，而他本人又主觀武斷。齊王看準了子之的這一弱點，便派蘇代出使燕國。

燕王問蘇代道：「齊宣王最近情況怎麼樣？」

蘇代故意說：「他肯定稱不了霸！」

燕王感到奇怪，問道：「那是爲什麼呢？」

蘇代回答說：「因爲他不相信他的臣子。」蘇代之所以這麼說，是故意激勵燕王重用子之。果然，燕王聽了蘇代的話後，就更加信任子之了。子之因此還送給蘇代一百金，表示願意聽他的指使。

過了一段時間，齊國又派鹿毛壽到燕國，對燕王說：「大王不如將國家讓給子之。人們說堯帝是個賢者，是因爲他曾要將天下讓給許由。許由不接受，堯帝卻有了讓天下的名聲，而實際上他並沒有失去天下。現在，大王將國家讓給相國子之，子之一定不敢接受，這樣大王就和堯帝具有同樣的名聲了！」燕王於是便將國家交給了子之，子之的地位也大大提高。

不久，蘇代又派人去對燕王說：「古時夏禹將政權交給臣子益而讓兒子啓做吏，到了年老時，認爲啓不能夠擔當起天下重任，就將帝位傳給了益。於是，啓和他的友黨便進攻益，奪了他的天下。這就是說，夏禹名義上將天下傳給了益，實際上是讓啓自己去奪取天下。現在，大王說是將天下交給了子之，而那些官吏沒有誰不是太子的人，這樣名義上是將天下交給了子之，實際上是太子掌權。」燕王又將俸祿在三百石以上的官員的官印收回來獻給子之。

於是，子之成了君主，處理王事；燕王噲則告老休息，不臨朝聽政，反而做了臣子，國家的大小事情完全由子之決定。

子之執政三年，燕國被搞得一片混亂，百姓痛苦怨恨。將軍市被和太子平便一起商議，準備攻擊子之。齊相儲子對齊王說：「此時去進攻它，就一定可以大敗燕國了。」

齊宣王於是又派人去對太子平說：「我聽說了太子的高義，準備廢私立公，整頓君臣的名義，匡正父子的地位。我的國家小，不能夠在你的前後奔走效勞。即使如此，我們還是願意聽從太子的命令行事。」

於是，太子平邀集黨人，聚合民衆，隨將軍市被圍攻王宮，攻擊子之，但沒有攻下來；將軍市被和百姓就反過來攻擊太子平。結果，將軍市被戰死殉難，整個燕國延續了幾個月的災難，死了幾萬人，燕國人痛苦怨恨，百姓離心。

孟軻對齊宣王說：「現在去進攻燕國，這正和周文王、武王伐紂的時候一樣，千萬不可錯過時機啊！」

於是，齊宣王便派章子率領五個都邑的軍隊，又依靠齊國北邊的民衆去進攻燕國。燕國的士卒不戰，城門不閉，燕王噲也在混亂中死去。齊國大勝燕國，子之也死了。

兩年後，燕國人擁立太子平爲君主，這就是歷史上有名的燕昭王。

齊國早就對燕國虎視眈眈，時刻打算將其國土劃入自己的版圖。齊王又採用蘇代的計謀，一步步引誘燕王噲將大權全部交給親齊的相國子之。幾年下來，就將燕國搞得烏煙瘴氣，使燕國內部的矛盾重重，一片混亂。於是，齊國乘虛而入，大敗燕國，連燕王噲、相國子之也喪身在這場戰爭之中。齊國的這一計謀，儘管週期較長，但其效果卻非常顯著。

燕王噲不識齊國計謀，被蘇代等人的花言巧語迷住了心竅，錯將毒計當良謀，不切實際，講求虛名，結果，自食其惡果，亦是可悲又可歎，留給後人的是慘痛的教訓。

料事如神

戰國時，魏國的相國公孫衍和齊國的將軍田盼在一起商議，想將兩國的軍隊聯合起來，一起去進攻趙國。但魏襄王和齊宣王卻都不同意出兵。公孫衍見兩國的君主不同意，已明白他們擔心的是什麼，便很有信心地對他們說：「只要兩國能給我五萬軍隊，我就可以在五個月的時間內打敗趙國。」

田盼見公孫衍口出狂言，擔心今後免不了現不好收場，便埋怨他說：「輕易地用自己軍隊的人，他的國家容易遭到危險；輕易地用自己計謀的人，他自身就容易陷入困境。你今天將打敗趙國的事情說得那麼容易，那麼輕巧，恐怕會有後患（禍）呢！」

公孫衍對田盼說：「你怎麼這麼糊塗啊！你想想看，兩國的君主本來就不打算去進攻趙國，你現在又說有困難，使他們感到害怕，這就等於說不要去進攻趙國了。那麼我們兩人的計謀就要行不通了。再說，你說直話容易，而事情卻已經完了。只要戰爭一打起來，齊國和魏國的君主見有危險，又怎麼敢不多派士卒給我們呢？」

「說得好！」田盼經公孫衍的一番剖析，茅塞頓開，覺得很有道理。於是，他奔走於齊、魏之間，極力鼓勵兩國的君主聽從公孫衍的建議，兩國君主終於接受了他們的建議，同意出兵伐趙。

公孫衍、田盼如願以償，得到了齊、魏兩國的軍隊；而且果然如公孫衍所預料的那樣，當前面的軍隊還沒有開出國境，魏國、齊國的君主就擔心他們到了趙國會打敗仗，於是調集了全國的部隊緊跟上來。結果，將趙國的軍隊打得大敗。

我們再來看另一個例子，更爲著名。三國時，蜀國有一員大將叫魏延，他雖然沒有什麼智謀，但是勇猛異常，很少有人是他的對手。丞相諸葛亮預料在自己死後，魏延必定會反叛。於是，他在去世前便作了周密的布置。他先喚馬岱進帳，附耳低言，授以密計，並叮囑說：「我死之後，你可依計行事。」接著請楊儀進帳，授予他一只錦囊，並對他說：「我死後魏延必定反叛，但用不著驚慌，待其反時，你可前往陣前，到時開示此錦囊，依其中所說去做，屆時自有斬殺魏延之人。」

果然如諸葛孔明所料，當他剛剛去世，魏延因對諸葛亮將丞相之事盡託楊儀而不滿，所以不遵楊儀軍令，竟燒絕棧道，屯兵南谷，把住隘口，攔截丞相靈車和歸蜀大軍的去路。就在姜維領兵與魏延對陣的緊要關頭，楊儀急忙取出丞相的錦囊，拆開一看，心中大喜。於是對魏延說：「你如果敢在馬上連叫三聲『誰敢殺我？』便是個眞正的男子漢大丈夫，我就將漢中的城池都獻給你。」

魏延聽楊儀這麼說，便哈哈大笑道：「楊儀匹夫聽著！孔明在日，我倒懼怕他三分，今他已亡故，天下誰敢敵我？休說連叫三聲，便是連叫三萬聲，這又有何難！」於是提刀按轡，耀武揚威，在馬上大聲喊道：「誰敢殺我?!」

「我敢殺你！」當魏延喊聲未畢，只聽一人大聲應道。隨即手起刀落，魏延的人頭已經滾落馬下。衆人驚駭不已，放眼看去，原來，斬殺魏延者，乃是馬岱。

公孫衍爲什麼能料事如神？就在於他善於把握齊王、魏王都想增加國土、擴大疆域以及當他們決定出兵後又擔心吃敗仗、損失過大的矛盾心理，以利誘之，使他們終於答應出兵伐趙並主動不斷增加兵力，使戰鬥具有絕對勝利的把握。

諸葛孔明爲什麼能料事如神？就在於他對魏延的爲人、個性、優缺點有著深入細緻的了解。魏延勇冠三軍，但有勇無謀；他久經沙場，立有不少戰功，但他居功自傲，目中無人，狂妄自大，更不願接受別人的指揮（諸葛亮當然除外），稍有不順意，就會翻臉不認人。他自以為能指揮別人，蜀國的軍政指揮權應該歸他，卻不料自己身首異處，到頭來還不知道自己是怎麼死的，死於誰人之手！豈不悲哉！

總之，凡是能做到「料事如神」的人，都是一些才智過人、謀略超群、具有敏銳的洞察力的人；否則，怎麼能做到「料事如神」呢?!

四、人際交往

人是社會的動物，他不可能脫離社會而獨立存在。而生活在人類社會裏，就要與人打交道；只要你與人打交道，就不可避免地要遇到各種各樣的問題和矛盾。尤其是在封建社會的官場，儘管你信奉的是正直爲人、友好待人、忠心爲主、勤勉於事的信條、但背後卻常常會有暗箭射來，使你難以堅持信條。

戰國時期的縱橫家們，自由穿行於國家與國家之間，巧妙周旋於各國國君的身旁，安全來往於臣僚士人當中，讓人不能不佩服和讚歎他們的交際才華，尤其是佩服和讚歎他們的那種機智聰明以及防人和算計人的謀略。

投石問路

「投石問路」是在情況不明的情況下，用試探的方式來確知自己想要預先知道的實情，以便採取相應對策。

戰國時期的那些策士謀臣，表面上看來出將入相，「出其金玉錦繡」，享受榮華富貴，但實際上得到這金玉錦繡、榮華富貴不容易，要保住這金玉錦繡、榮華富貴更不容易。他們要時時刻刻怵惕警醒，而且必須確知自己所侍奉的國君的各種意向，以便在事情到來之前就做好必要的準備，以防事情到來之時手足無措。要做到這一點，其實是很需要一點機智和技巧的。

齊威王的正室夫人死了。國不能一日無君，國也不能一日沒有「第一夫人」，齊威王自然要新立一位正室夫人。但他有七個妾，而且對這七個妾似乎都很寵愛。那麼，在這七個妾中，究竟哪一位會成爲新的正室夫人呢？時爲齊相的薛公田嬰很想先期知道。

田嬰想知道齊威王究竟會立誰做正室夫人的原因，想來不外乎有這麼兩點：第一，可以先期輸誠。對於田嬰來說，自己能預先知道這七個妾中哪一位會被立爲正室夫人，自然也就可以向她輸誠了。即使不用大獻殷勤，至少也可以用不同的方式表示一些「友好」。國君也是人，而且是男人，完全不接受枕頭風的吹拂是不可能的。第二，可以顯示自己與國君保持一致。那個時候，立正室夫人也是國家的一件大事，國君也有可能就此徵求相國的意見，自己能夠先期知道，到時也就不用支吾應對了。自己說出來的人選與國君心裏想的人一致，起碼國君會更加高興，而且還不至於因爲說錯了，在未來的正室夫人那裏留下後患。

不過，立正室夫人畢竟是國君自己的事，國君不徵求意見，臣下總不好直接向國君打聽。田嬰倒想出了一條妙計。他向齊威王獻上了七只耳環，只是把其中的一只做得明顯比其他六只精美。第二天見到齊威王的七個妾時，他單看那只最精美的耳環在哪個人的耳朵上戴著，這樣他就可以確知齊威王心中的人選了。

這實在是一種很「技巧」的「投石問路」，不過只是借用小小的耳環做一下道具，不露聲色中就知道了自己想要知道的事情。

這樣的方法，楚懷王也用過一次。

周國的太子共死了。周國國君還有五個兒子，這五個兒子都同樣被周君喜歡，很難判斷他會立其中的哪一個做太子。但楚懷王想知道究竟哪一個將成爲周國太子。楚懷王想知道未來的周太子是誰，當然也不難理解。國與國之間關係的處理，對當朝國君的應對自然是很重要的，但從長遠看，對未來的太子的應對也很重要，因爲如果不出大的變故，太子也就是未來的國君，而且在他繼位前，也是這個國家不可忽視的一方政治力量。

在討論周國太子的問題時，司馬翦向楚懷王提議，楚國封給公子咎一塊地，請求周君立公子咎爲太子。司馬翦的提議遭到左成的反對，他認爲這樣行事，如果周君不同意，楚國便會束手無策，陷於困境，甚至還有可能與周絕交。他提出了兩個辦法：第一，可以派使者對周君說：「我們楚國要送給周國一塊土地贊助未來的太子，請你將這塊土地交給太子處理。

第二，可以派人勸周相將他的御者（駕車的人）派去侍奉未來的太子，因爲這兩個人是強悍的武士，留在國中對相國不利。

左成提出的建議顯然就是一種投石問路之法。而且，這兩番「投石」，不僅可以知道周君心中未來的太子是誰，也同時知道了周相心中傾向於哪一個作太子。這樣「問路」的方法，顯然比司馬翦的那種直通通而全無技巧的方式高明許多。

收功於己

施以計策，將別人的功勞收歸自己所有，即所謂「收功於己」。

西元前二八四年，燕軍攻破齊國，「盡取其寶，燒其宮室宗廟」，齊閔王逃到莒，亦爲淖齒所殺。齊國全賴田單堅守即墨，擊破燕軍，最後收復齊都臨淄。當時齊太子，即後來的齊襄王隱姓埋名逃亡在外，田單在立太子法章的問題上引起齊人的疑問，被人懷疑是他想自立爲王。後來雖仍立齊襄王，但疑問所造成的後果並沒有徹底消除。

田單過淄水，百姓跟隨。其中有一位老人因徒步涉水幾至凍僵，上岸之後無法行走。田單見他衣單身寒，想讓隨車的人分衣給他，可是沒人能分出衣來，於是他將自己的皮衣脫下披在了老人身上。齊襄王聽說此事，心裏很是不快，以爲田單是有意收買民心。有一天獨自一人在朝堂上，爲這種想法攪得心意煩亂，甚至經不住自言自語說出了這樣的話：「田單的施捨，用意是在收買人心，他是要準備奪取我的國家嗎？不早點處置他，恐怕他要先下手了。」

說完這話，齊襄王環顧左右，發現除了殿簷之下的貫珠之外，沒有其他人。於是他將貫珠招到自己跟前，問他說：「你聽到我的話了嗎？」貫珠回答：「聽到了。」齊襄王又問：「那麼，你以爲如何呢？」貫珠說：「其實大王不必因爲這件事處置田單，不如藉此爲自己獲得一個好名聲。大王可以就田單對百姓的施捨嘉獎他，發布一個命令，就說『寡人爲百姓饑餓憂愁，田單就收養饑民，給他們食物；寡人爲百姓受凍憂愁，田單就脫下皮衣施與他們；寡人爲百姓的勞苦憂愁，田單也爲他們憂愁。這正符合寡人的心意，所以給予嘉獎。』田單有這樣好的行爲，大王表揚他，嘉獎他，這不等於是大王在做好事嗎？」

貫珠的一番話打消了齊襄王要處置田單的念頭，且賜給田單牛、酒，以嘉獎他的行爲。

貫珠建議齊襄王做的事情，就是一種「收功於己」的謀略。好事本來是田單所爲，就齊襄王而言，他其實並不關心百姓的疾苦，起碼這個時候他關心的不是百姓的疾苦，而是他自己的王位是否會被田單所取代。但有了貫珠這一計策，田單所做的事情，也就變成了他想去做，而且讓田單具體去做的事情，不僅沒有因爲要處置田單徒然損失一員賢相，且落下一個誅殺功臣的名聲，而且自己也儼然成了一個憂百姓之所憂，急百姓之所急的賢明的君主。一計之用，所受到的實效，甚至難以估量。

而且，事情還沒有到此完結。幾天之後，貫珠再次見齊襄王，建議他在臣子朝見的時候，專門將田單招至庭前，對他行拱手禮，並親口慰勞他，然後發布命令，尋找、收容那些處於饑寒之中的百姓，將他們養起來。齊襄王也聽從了。

到這個時候，「戲」才算做足了。幾天之後，齊襄王派人到民間打聽做完這一切之後百姓的反應，聽到的議論是：「田單的確愛護百姓！不過，這都是大王教導的結果啊！」

說起來，如此煞費苦心地將手下臣子的功勞收歸於己，實在不是什麼光彩的事情。但對於齊襄王來說，對於建立他自己的形象，卻也的確十分有效。而且，客觀上說，就一個國君而言，獎勵臣下愛護百姓，畢竟是一件好事，而且他也畢竟沒有完全抹煞田單的功勞。如果不論動機，我們也沒有必要給以苛責。只是生活中有些人，也長於玩弄手段貪人之功，甚至不僅要貪功，爲了突出自己還要把別人的功勞徹底抹煞而後快。對於這類人，除了一句「卑鄙」之外，我們也就眞的無話可說了。

公孫閱計除田忌

鄒忌在齊國爲相，田忌在齊國爲將，這將相之間很不融洽，矛盾激烈到鄒忌必欲將田忌從齊國驅逐出去而後快。於是，鄒忌手下的公孫閱爲鄒忌出了一個趕走、甚至有可能置田忌於死地的計策。

公孫閱首先讓鄒忌說動齊王派田忌領兵攻打魏國。這是一巧招。田忌領兵攻打魏國，如果得勝而回，則是鄒忌建議籌謀在先，因而他可以坐享其功。而假如田忌不勝，則便該他倒楣了。戰而不勝，勢必無法向前推進，那樣，即使田忌沒有戰死，也可以帶兵無方，以至滯留不進、敗績而歸誅殺他。

於是鄒忌說動齊王，果然派田忌領兵出征，攻打魏國。田忌的確不愧是一員勇武智謀的善戰之將，出征之後，三戰三勝，最後大敗魏軍於馬陵，殺魏將龐涓，擒獲魏太子申。在田忌即將班師回朝之際，鄒忌將這一消息告訴了公孫閱。

公孫閱又爲鄒忌出了一招，而這一招則是一陰招，也是一狠招。他派人帶上十兩金子到集市上去找算命先生占卜，並讓派去的人對算命先生說：「我是田忌的手下。我們將軍三戰三勝，聲威震撼天下，現在想幹大事了，你給看看吉凶如何。」等派去占卜的人一出算命先生的屋子，公孫閱馬上派人將那位算命先生抓起來，並將他帶到齊王跟前，讓他證實來卜卦的人說的話。

對於一個將軍來說，在他三戰三勝而聲威卓著之後要幹的大事，自然是謀篡王位了。被人「眞」憑「實」據地證明你想謀篡王位，哪一個國君還能容忍你呢？這嫁禍於人的狠招一出，田忌只好出逃了。其實，田忌還眞是一個沒有反心的人。歷史記載，在取得馬陵之戰的大勝之後，他的謀士孫臏因爲知道鄒忌不容他，曾勸他以手中的重兵爲籌碼，以馬陵這一一夫當關、萬夫莫開的險要之地爲基礎，然後背靠泰山，以濟水、高唐爲側翼屏障，將輜重運到高苑，然後以一精銳出擊齊國國都，這樣便能制服齊王並趕走鄒忌。而且，孫臏告訴田忌，如果不這樣做，他就回不了齊國了。但田忌堅決拒絕了孫臏的建議，他也因而眞的無法回到齊國去了。

公孫閱爲鄒忌策劃的這種嫁禍於人的方式，是誣陷整人者的常用伎倆，而且還是非常有效的，一招既出則被誣者便絕無還手的可能。古語有「欲加之罪，何患無辭」。這些整人的高手們清楚地知道，之所以不「患」無辭，一個根本的原因，就在於他們有能力也有「智慧」去造「辭」。而這嫁禍於人的「造」辭，比那人所共知的「莫須有」還要有效得多，厲害得多。因爲既是「莫須有」，只要允許申辯，就有可能將這「莫須有」推翻，因而要用「莫須有」

治人之「罪」，就必須堵住人口——眞正意義上的堵住人口，因此，平空誣人清白者，也會顯出一副無賴相。但這嫁禍於人的「造」辭則不然，誣人者可以擺出一副大義凜然的樣子，盡可以讓被誣者去辯，因爲他知道你有口難辯也辯之不清，還有可能越描越黑，最終總也逃不出被誅的下場。

從古至今就有所謂「賊是小人，智過君子」的說法。小人用過君子之「智」來整君子時，實在可怕得很。

一舉而兼兩虎

戰國策士們朝秦暮楚、昨楚今秦、翻手爲雲、覆手爲雨的本事，確實了得。

楚國與齊國絕交，齊國舉兵攻打楚國。當時在楚國的陳軫向楚王獻策，要楚王用割讓土地的辦法，東邊同齊國講和，西邊同秦國講和，以求自保。

於是楚王派陳軫出使秦國。陳軫到秦國，秦王一見到他，就和他敘起舊來。他對陳軫說：「你是從秦國出去的，和我也是舊交了。是我沒有才德，主持不好國政，所以你離開我去侍奉楚王。現在齊國和楚國交戰，有的人說救他們合適，也有人說救他們不合適，你能不能也替我出出主意呢？」

也許是秦王這一番話打動了陳軫，陳軫對秦王說：「大王難道沒有聽說過某個在楚國作官的人的事嗎？楚王很喜歡這個人。他得了病，楚王派人去看他。去的人回來之後，楚王問到這個吳國人的病情，特別想知道他是眞的病重呢，還是思念吳國。去的人告訴楚王，他也不知道這個吳國人是不是在思念吳國，如果眞的思念吳國，他就會用吳聲吟唱自己家鄉的歌了。我現在就為大王用『吳聲』吟唱。」

陳軫不是吳國人，他給秦王講這個故事，並表示自己要用「吳聲」對秦王吟唱，自然是委婉地告訴秦王自己的心向著秦國。肉麻的阿諛輸誠變成了讓人聽來很舒服的甜言蜜語。好一副伶俐機巧樣。

陳軫果然給秦王獻上了自己的「吳聲」。他對秦王說：「大王聽說過管與制虎的事嗎？有兩隻老虎為爭吃一個人而發生了爭鬥。管莊子準備去刺虎，管與攔住他，對他說：『虎是兇暴的野獸，人是美味的餅餌。現在兩虎為爭吃一個人而相鬥，小的必死，大的必傷。你等一虎死而另一虎受傷之後再去制伏牠，這樣不就既沒有刺殺一隻沒有受傷的老虎的辛勞，而又一舉而兼得二虎了嗎？』如今齊、楚交戰，交戰之中必定兩敗俱傷。等到他們兩敗俱傷，大王再起兵去解救，這樣既有幫助了齊國的好處，又不會有攻打楚國的害處，這豈不也是一舉而兼得二虎！」

陳軫這裏所說的道理，也就是典型的坐山觀虎鬥而從中漁利的計謀。箇中機巧，明白人都清楚，陳軫講得也很清楚，無需多議。

這裏還想多說幾句的是陳軫這個策士的作爲。

楚王派陳軫使秦，自然是希望他能爲自己謀求與秦國和好，以得自安。可是陳軫一見到秦王，似乎就將自己的使命置諸腦後了。如此爲楚謀，楚國的命運不問可知。即使他阻止秦國出兵助齊，客觀上也有爲楚著想的一面，最終得利者也仍然是秦國。說到底，陳軫這裏實際是爲秦謀而不是爲楚謀。陳軫在這裏實際上也是兩面討好。一方面秦國暫不出兵助齊，他會在楚王面前進一步得到信任。另一方面，如此站在秦國立場上向秦王獻計，又向秦王顯示了自己的忠心。如此行事，兩面討好，兩面得利，其實他也可謂一計之出，亦兼得了二「虎」。戰國時期這些策士們能將這雖不誠不義，但又確實很能收到實效的權謀之計應用得如此得心應手，實在有點讓人驚心動魄。

智存市丘

古語說：「欲速則不達。」這是很有道理的。譬如我們知道某件事的難度較大，但又想將它辦成。如果是爲了求快，直接、簡單地去辦，是很難辦成的，甚至根本就辦不成。如果我們思考周密，行動謹慎，講究方式方法，甚至略施小計，也許很容易就辦成了。在中國古代，這樣的事情是很多的。

據《戰國策．韓策一》中記載：西元前三一八年，韓、趙、魏、楚、燕等五國相約去進攻秦國，楚懷王擔任合縱聯盟的首領。此次五國聯合攻秦，不僅沒有給秦國造成傷害，反而使聯軍疲憊不堪，不勝而還，停駐在成皋（又名虎牢關，在今河南滎陽汜水鎮西）。

謀士魏順對市丘君說：「現在五國的軍隊都很疲困，必定會進攻市丘（據有人考證，可能是後來河南的市縣，在今鄭州市北），以補償軍費開支的不足；那時，市丘就很難保存了。如果您能資助我，我願意爲您去制止天下諸侯進攻市丘的行動。」

「那太好了。」市丘君立即答應了魏順的請求，派他前往。

魏順往南去楚國拜見楚懷王說：「大王聯合五國向西進攻秦國，沒有給秦國造成傷害，天下諸侯將因此輕視大王而重視秦國。大王爲什麼不設法檢測一下天下諸侯對大王的交情到底如何呢？」

「那採用什麼方法測驗好呢？」楚懷王一聽魏順的話，很感興趣。

魏順見楚懷王已經上了自己的圈套，便向他「建議」說：「現在，天下諸侯都很疲困，肯定想進攻市丘以補償軍費開支的不足。大王可以下一道命令，讓他們不要進攻市丘。如果各國重視大王，就會執行大王的命令不去進攻市丘；如果各國不重視大王，就會反對大王的命令而去進攻市丘。這樣，大王是受諸侯的輕視還是受重視，不就清楚明白了嗎？」

楚懷王聽了魏順的這個「建議」，認爲是一個好辦法。於是，他就以合縱長的身分下了一道五國的軍隊不得進攻市丘的命令。測驗的結果表明，各諸侯國對楚懷王還是很講交情的。因此，市丘也就保存下來了。

很顯然，魏順擔心五國的軍隊會藉機進攻市丘，便主動向市丘君要求，願意去制止他們的進攻行動，以保存市丘。但如果他直接去要求聯軍不要進攻市丘，聯軍肯定不會理睬他。因此，魏順前往楚國，去拜見合縱長楚懷王，並略施小計，抓住懷王率聯軍攻打秦國，無功而還，擔心各諸侯國因此而不信任、不擁護自己的心理，建議楚王下一道不准進攻市丘的命令，來測試各諸侯國對自己是重視還是輕視，是擁護還是不擁護，是服從還是不服從，是講交情還是不講交情。楚王見有人主動來爲自己所擔心的問題出謀劃策，自然很高興，也不去細想別的情況，便遵照實行。結果表明，各諸侯國對楚王還是很重視、很講交情的。

其實，這是不需要檢驗就可以知道的結果。因爲儘管聯軍攻秦無功而返，但當時五國之間的關係還比較好，還沒有出現明顯的裂痕。作爲合縱長的楚懷王發出一道命令，其他的盟國自然還是會執行的。只是由於楚懷王過分看重他在各諸侯國中的地位，致使他沒法清醒地認識問題，也沒法辨識出這是魏順爲保存市丘而使用的計謀。

巧破疑案

只要我們稍稍留意一下，就會發現這麼一種現象：聰明機智的人辦事，往往事半功倍；而愚蠢遲鈍的人辦事，則事倍功半，甚至將事情完全搞砸。不信？我們可以看看具體事例。

《戰國策．楚策一》中就記載有這樣一個故事。

楚國郢都（在今湖北省江陵郊區）某人有一樁罪案，因沒有確切的證據，已經三年了，一直懸而未決。楚相昭奚恤忽然靈機一動，計上心來，於是下令：如果有人能證明郢都某人有罪，就可以請求得到他的房子，即將郢都某人的房子沒收而獎賜給請求的人。

一天，有個外客前來對昭奚恤說：「郢都某人的住宅，我願意得到。」

昭奚恤說：「郢都某人不應該有罪，所以他的住宅你得不到。」

外客聽昭奚恤如此一說，並不爭辯，臉上還顯露出一種高興的樣子，準備告辭。昭奚恤留住外客，並裝出一副懊悔的樣子對他說：「我昭奚恤能給你辦事，你為什麼要用巧詐來對待我昭奚恤呢？」

外客急忙解釋：「我沒有巧詐。」

昭奚恤正色道：「你請求得到郢都某人的住宅而沒有得到，臉上卻有喜色，你不是巧詐又是什麼呢？」於是，那個外客就沒有什麼話可說了。

這眞是「踏破鐵鞋無覓處，得來全不費工夫」！本來，郢都某人的罪案，懸了三年而未決，而昭奚恤略施小計，便從外客的表情中斷定郢都某人無罪，將此疑案澄清了。如果是位沒有什麼頭腦的人來處理此案，不知還要拖多久。

昭奚恤何以斷定郢都某人就無罪呢？因爲，按照常理應該是得到了郢都某人的住宅才會高興，而現在請宅人（外客）沒有得到住宅，反而高興，這說明外客並不是眞的想得到郢都某人的住宅，而是希望定他的罪。由此也可以斷定，郢都某人眞的沒有罪，而是有人故意要中傷、陷害他。

這是昭奚恤運用計謀巧破疑案的故事。說來也巧，據典籍記載，蘇秦在死前也曾爲齊王設計查獲了謀害自己的兇手。

蘇秦用計從燕國「逃亡」到齊國，並得到齊王的重用，任命他爲上卿。不久，齊宣王去世，齊湣王即位。蘇秦建議湣王用隆重的儀式和講究的葬禮來安葬宣王，並建議湣王大興土木，修建高大華麗的宮殿和龐大的花園以及寬闊的遊獵場所，以此方式來消耗齊國的實力，爲燕國將來打敗齊國準備條件。蘇秦受到齊王的寵信，引起朝中一些大臣的妒忌。他們便用重金招募了一位勇士，乘蘇秦上朝的機會，將他刺傷。匕首刺入蘇秦的腹部，但他當時沒有倒下。他捂住傷口，忍痛逃至朝堂。齊王立即派人去捉拿刺客，但刺客已逃得無影無蹤了。

蘇秦自知已活不長了，便對齊王說：「我很快就會死去。我死之後，請大王將我處以五馬分屍之刑，然後布告全國：『現查明蘇秦是燕國的間諜，準備在齊國陰謀發動叛亂，幸好有人將他刺死。如果有人知道此事，呈報上來，賞以千金！』這樣，刺殺我的兇手就可以抓到了。」齊湣王便按他的話作了布置。果然不出所料，刺客看到布告及賞金，便前來「自首」。於是，齊王便很容易地抓到了兇手，並查出了主謀之人。

蘇秦眞不愧是一個聰明機智的人，臨死前還想出如此巧妙的計謀爲自己報了仇。

以上都是沒花什麼氣力就將事情辦得非常漂亮的例子。也有花了很大功夫去辦理事情，卻沒有功效，甚至越搞越糟的情況，如燕王噲將國事交給相國子之，子之雖費了很大的勁，但不過三年時間，就將燕國搞得大亂，一片烏煙瘴氣，差一點國都亡了。

由此看來，聰明的人和愚蠢的人辦事就是不一樣。

枉費心機

有些人爲了達到個人的目的，不惜絞盡腦汁，挖空心思去中傷、陷害別人。如果對方是一個老實、本分的人，識不透他的陰謀，那就要倒楣了。倘若對方是一個精明強幹、機靈聰明的人，一下子就能識破他的陰謀，那麼，這個想陷害、中傷別人的人則是枉費心機，白忙了一場。《戰國策．魏策一》中就記載有這樣的故事。

戰國時，張儀得到秦國的重用，並派他出使魏國，游說魏哀王放棄合縱，西面事秦。張儀憑著他的那三寸不爛之舌，硬是將魏哀王說動了心，同意侍奉秦國。他本人也得到魏王的好感和信任。

此時，陳軫也在魏國。張儀心裏非常清楚，陳軫是著名的游說之士，既聰明機警，又有學問才幹，是自己的勁敵；他在魏國多待一天，對自己正在進行的工作就多一份威脅，不能讓他長待在魏國。

一天，張儀跑到魏王面前去詆毀陳軫說：「陳軫一向與楚國的關係很好，爲楚國求得土地，很賣力氣。大王可要提防他啊！」

朋友左華立即將這個消息告訴陳軫說：「眼下張儀和魏王的關係正好，魏王很信任他。你即使去向魏王解釋一百遍，還是不會聽你的。你不如用張儀的話作資本，還是回楚國去。」

陳軫仔細想了想說：「現在也只能如此了。」於是，他便派人去將張儀詆毀他的話告訴了楚王，並提出願意到楚王那裏去效勞。楚王表示很樂意接納陳軫去楚國。

張儀一計不成，又生一計，想使陳軫陷入困境。他便請魏王將陳軫從楚國召回來做相國，而等陳軫一回到魏國，就立即將他囚禁起來。陳軫見魏王召喚，準備還是回魏國去。

就在陳軫準備啓程時，他的兒子陳應識破了張儀的陰謀，阻止父親動身返魏，還爲他父親分析情況並出主意說：「別人謀事之深，是不可不仔細考察的。鄭強從秦國出來，我才由於他的緣故知道了秦國的張儀讓魏國破壞齊國和楚國聯盟的深謀。魏國想要齊國與楚國絕交，必然會隆重地歡迎你。郢都（楚國的都城）中和你關係不好的人，也希望你儘早離開，一定會鼓動楚王多給你車子回魏國去。不如這樣，你到了宋國，就裝病不能上路，卻暗中派人去對齊王說：『魏國之所以歡迎我回去，目的就是想讓齊國和楚國絕交啊，望大王明察。』然後再定去向。」

陳軫依兒子之計行事，派人去見齊王。齊王對來人說：「你回去告訴陳先生，請他一直往東走，但不要到魏國去，直接來見我，我會封賞他的。」

於是，陳軫便改道去齊國。齊王則用魯國君主使用的車子去迎接陳軫。

俗話說：「吉人天相。」陳軫在親戚朋友的幫助下，一次次識破了張儀的陰謀，終於轉危爲安，化險爲夷，不僅沒有落入張儀設下的陷阱，而且還受到齊王的歡迎和重用。再看張儀，費盡心機，千方百計想陷害陳軫，必欲致其死地而後快。但到頭來，卻是竹籃打水——一場空。由此看來，爲人處世還是眞誠、忠厚一點爲好，不要時時想到算計別人，損人利己，否則，將會搬起石頭砸自己的腳！

【游說技巧篇】

即事寓理
行騙之術
威脅利誘
能言善辯

游說技巧指的是古代那些「說客」在游說君主或權臣的具體實踐中表現出來的巧妙技能。游說是一門學問，也是一門藝術。要使君主接受自己的主張，或同意合縱，或贊成連橫，是很不容易的。尤其是要使那些已經主張連橫的君主改變自己的主張而同意合縱，或使那些已經贊成合縱的君主改變自己的主張而贊成連橫，就更不容易了。要做到這一點，必須具有過人的才智和高超的技巧。如果我們對戰國時期縱橫家們的游說實踐作一番考察，就不難發現，他們中的絕大多數人，都具有卓越的才華和高超的游說技巧。

一、即事寓理

任何一個生活在現實社會中的人，都不是十全十美的。也許在一般的情況下，人們的頭腦還比較清醒，考慮問題也可能比較仔細、周到；但當遇到緊急情況或特殊情況時，也許就會頭腦發熱，喜歡認死理，走極端，任你怎麼勸說也不回頭，不改變主意。而這樣做的後果，自然是可想而知的。

但是，戰國時期的縱橫家們，憑藉著他們出衆的才華，卻能將人們常見的事物、事情用來作比喻，將道理寄寓其中，用以勸說君主或權臣，使他們從中受到啓發、教育，恍然大悟，明白其中的道理，從而改變原來的主張或決策，以避免決策的失誤，減少損失。

因勢利導

下面是淳于髡勸說齊王的兩段說辭。

一段是齊、魏兩國交戰時，淳于髡勸諫齊王停止攻魏。齊、魏之間連續有過幾次紛爭，這一次齊王又籌劃伐魏。淳于髡面見齊王，對齊王說：「我給齊王講個故事。有個叫韓子的人有一條取名為盧的良犬，東邊外城有一隻人稱逡的兔子。韓子的狗是天下跑得最快的狗，叫逡的兔子也是天下最狡猾的兔子。韓子的狗追趕叫逡的兔子，繞著城東門外的山追了三次，翻過山又追了五次，最後兔子在前面筋疲力盡，狗在後面也跑不動了，結果各自都死在了山腳下。一個老農恰好從那裏經過，不費吹灰之力，就獨得了一隻兔子和一條狗。現在齊國和魏國一直相持不下，長久下去，士卒勞苦，民眾疲困，我擔心強大的秦國和強大的楚國都等在後面，得到和那老農一樣的好處啊。」

齊王聽了淳于髡的話，一下子害怕起來，立即告訴淳于髡，他要中止伐魏的計畫。

另一段是勸說齊王救薛。薛是孟嘗君的封地，孟嘗君遭讒罷相之後，回到薛地養老。不久，楚國興兵進攻薛地。一個遭讒被罷的廢相，齊王當然不想派兵去救。當時正好淳于髡替齊國出使楚國，返回齊國時經過薛地。孟嘗君親自到郊外迎接他，恭執禮節，招待優厚。只是楚國兵臨城下，孟嘗君只好迅即送他離開薛地。在送他離開時，孟嘗君對他說：「楚國人進攻薛地，夫子不憂愁，只是我田文沒有辦法再好好招待你了啊。」孟嘗君的話中其實隱含著請淳于髡爲解薛地之困想點辦法的意思。淳于髡也是一個明白人，他對孟嘗君說：「我恭敬地領教了。」

回到齊國，淳于髡向齊王報告了出使楚國的情況。齊王問他：「你在楚國還有些什麼見聞呀？」淳于髡說：「楚國的確很頑固，不過，孟嘗君也太不自量力了。」齊王一聽，很是奇怪，便接著問道：「怎麼說呢？」淳于髡回答說：「薛公不自量力，在薛地替先王設立宗廟。而楚國人堅持要進攻薛地，先王的宗廟必定危險。所以我說孟嘗君不自量力，楚國也很頑固。」

就這麼兩句話，使齊王改變了初衷。齊王和顏悅色地對淳于髡說：「是呵，先王的宗廟在薛地哩。」馬上就作出了起兵救薛的決定。

這兩段說辭，有幾個共同的特點，其一，說者在行勸諫時，都說得不動聲色，不知不覺中就使被勸諫者接受了勸諫者的意見而改變初衷。之所以有如此效果，顯然得益於其二，兩段勸諫都抓住了對於被勸諫者來說是極爲重要，然而此前卻忽視了的關鍵所在。因而也就有了其三，完全避免了縱橫雄辯、慷慨陳詞，或謙卑屈膝、苦心哀求的俗套，只做因勢利導，在無形之中達到勸諫的目的。

《戰國策》的作者在記下第二段說辭之後，發了一番議論。議論說：急急忙忙地跟蹌請救，或者卑躬屈膝地告急，即使得到了救助，也會被人瞧不起。善於說辭的人，是要陳述形勢，說明利害，使被游說的人急得好似自己處在危困之中一樣，哪裏又用得著強言雄辯呢？的確，雖然有時論說滔滔，強言雄辯也很能有些作用且可以收到一些實效，但與這透過陳述形勢、說明利害相比，終歸還是差了一籌。

蕩而失水，則螻蟻得意

「蕩而失水，則螻蟻得意」，是說一條魚，不管牠在水中多麼厲害，如果失去了水而被置於岸上，那麼即使一隻小小的螞蟻也可以欺負牠。這是一個比喻，提醒人們要知道哪裏才是自己應該經意維護的立足之地和人生托靠，不能因小失大。

這句話出自《戰國策（卷八）．齊策一》「靖郭君將城薛」。靖郭君即田嬰，也就是那位有食客數千的孟嘗君的父親。田嬰是齊威王的小兒子，齊湣王時爲齊相。他在齊威王在世時就封於薛，到他爲齊相時，便計畫要在薛築壘城牆，修治城郭。他的這一計畫剛作出來，就遭到門下大多數門客的反對，這些門客紛紛勸阻他。這些門客們反對他在薛修城，應該是很有道理的，因爲雖然薛是他的封邑，但這只是食邑之地，按制不得築城。如果修治城郭，成一都城，客觀上會與齊王所作國都成分鼎之勢，勢必爲齊王所疑。不過，也許田嬰此時正處在上升勢頭，根本就不考慮這其中的利弊，因此，門客的勸諫他一概不聽，甚至命令負責傳喚的侍從，所有要求見的門客，一律不許通報。

仍然有一個門客要求見田嬰。這位門客對負責傳喚的侍從說：「請你告訴靖郭君，我見到他只說三個字。如果多一個字，我都請求處我以烹刑。」

田嬰於是召見了這個門客。這個門客疾步走進田嬰所在的屋子，見到他眞的只說了三個字：「海大魚。」而且說完之後，扭頭拔腿就跑。這一下倒把田嬰弄糊塗了。他叫住來人，問他：「你只說這三個字，這是什麼意思呢？你要把話說完。」來人說：「我不敢說，我不能用我自己的性命開玩笑。」田嬰說：「不會的，我讓你說。你說吧！」

得到田嬰如此允諾，於是門客繼續說道：「你沒有聽說過海裏的大魚嗎？海裏的大魚，大到用網網不住牠，用鉤拉不住牠。可是如果牠蕩出了水面，離開水而被放置到岸上，即使螻蟻也可以得意地制伏牠。現在齊國也就是你的水。你如果能夠長期爲齊相而擁有齊國，要那個薛做什麼呢？而你如果失掉了齊國，即使你將薛的城牆修到天邊去，那又有什麼用呢？

我想說的就是這個意思。」

這一番話使田嬰如夢方醒，立即下令停止在薛修城。

這位勸止田嬰的門客究竟是誰，現在已無法查考。從能為相府門客的身分和他的話中可以判斷，即使不算策士，大約也是一個有相當修養的士人。而他以「海大魚」作比所說的道理，應該是很能給人啓發的。人在世上，的確應該找準自己的重心，找準自己的安身立命之本。就田嬰而言，他在齊國為相，而他本人也是齊國王族後裔，自然行好為相之權，使齊國安定才是立命之本。極而言之，他最應該操心的，起碼也應該是如何鞏固自己的相位，而不是去經營自己的封地。如今他要在薛地修城，不僅於鞏固相位無補，而且是反其道而行之了。如果沒有這位機智的門客的諫勸，後果一定是不問可知。

生活中許多人一生的路都走得歪歪扭扭、跌跌撞撞，問題常常就出在這裏。

為蛇足者，終亡其酒

「為蛇足者，終亡其酒」一語，出自《戰國策（卷九）．齊策二》記載的陳軫為齊國游說楚國大將昭陽的一段說辭。

楚懷王六年（西元前三二三年），昭陽領兵攻打魏國，過關斬將，一路所向披靡，連獲魏國八座城池。繼而又移師齊國邊境，準備進攻齊國。楚國軍隊勢頭正旺，齊國難有勝算，於是派陳軫出使楚國，游說昭陽，希望他罷兵息武，以求齊國的平安。

陳軫來見昭陽。見面之後，陳軫首先拜倒在地，祝賀昭陽連克魏國八城的勝利。站起來之後接著便問昭陽說：「按照楚國的法律，消滅敵軍，殺死敵將者，該授什麼官爵？」昭陽回答說：「官爲上柱國，爵爲上執圭。」陳軫又問道：「那麼，比這更尊貴的官爵又是什麼呢？」昭陽回答說：「那就只有令尹了。」這裏說到的上柱國、令尹，都是官職名。令尹是楚國最高的官職，相當於其他諸侯國的相。上柱國則是由戰功獲得的僅次於令尹的官職。上執圭是爵名，因賜給舉行典禮時手執的圭，且是楚國最高的爵位，因而稱爲「上執圭」。昭陽因其伐魏有功，此時已經官居上柱國，賜爵上執圭了。於是陳軫說道：「如今在楚國，楚王以下，令尹是最尊貴的了。楚王不可能設兩個令尹。我給你講個故事好嗎？」

陳軫給昭陽講了那個「畫蛇添足」的故事，說是楚國有個主持祭祀的人，賜給左右親信美酒。這些受賜者互相商量說：「這酒只夠一個人喝，不如我們每個人都在地上畫一條蛇，先畫成的人喝酒。」其中一個很快畫出了一條蛇，拿起酒將要喝的時候，看到別人還在埋頭畫著，便得意地說：「我還能替蛇添上腳呢。」於是左手端著酒杯，右手爲蛇添足。不等這個人爲蛇畫出足來，另一個人的蛇已經畫成，他奪過爲蛇添足人的酒杯，將酒一口喝下，說：「蛇本來沒有足，你怎麼要給蛇添足呢？」

講完這個故事，陳軫接著對昭陽說：「替蛇添足的人，最終失去了屬於他的酒。你昭陽君已經幫助楚國打敗魏軍，殺死魏將，奪得了八座城池，還沒有削弱自己的兵力。如今你又要攻打齊國，齊國自然很畏懼你。但你已經名震天下，而且也官至上柱國，爵至上執圭，楚王不可能再給你加官進爵了。戰無不勝而不知道滿足的人，必將自取滅亡。這就和畫蛇添足者一樣啊。」

昭陽在聽了陳軫的一番話後，立即罷兵撤軍而去。

陳軫之說昭陽自然是站在齊國的立場上的，而且，昭陽是否應該乘勝進攻齊國，以使楚國更趨壯大，從歷史研究的角度，都有可以討論的地方。不過，陳軫藉畫蛇添足的故事剖析的一番道理，卻是很值得重視的。「畫蛇添足，終亡其酒」，換一種說法，也就是孔子所謂：「過猶不及。」細究起來，畫蛇添足者的錯誤，其實還不在於他沒事找事地爲蛇添足而延誤了時間，而是在於蛇本來沒有足而爲其添足，已經超過了對象可以允許加以加工的限度，說白了，他畫的根本就不是蛇，而是別的什麼東西。即使他爲蛇添足仍然在別人之前完成，他也沒有權力喝酒。他最先畫出了一條蛇，但他的蛇足一添，連他前面取得的成果也都變了質而不復存在了。

日中則移，月滿則虧

在秦國爲相的范雎於自己舉薦的王稽、鄭安平獲罪被誅之後，自己也主動向秦昭王稱病辭去了相位。

范雎的辭去相位，除了因薦人有錯而自感慚愧之外，主要還是因爲有蔡澤向他作的一番有關「日中則移，月滿則虧」的說辭。蔡澤本是燕國人，游說於趙國，被趙國驅逐出境，便又轉向韓、魏，不想途中遭劫，連隨身帶著煮飯的炊具都被搶走了。困境之中聽說范雎任用的王稽、鄭安平獲罪被誅，范雎自己心中也很慚愧，便西行入秦，想以自己三寸不爛之舌而得秦王重用，取范雎而代之。他到秦國之後不是先見秦王，而是用計先讓范雎見他，他要先說動范雎讓出相位，於是就有了他對范雎的一篇長長的說辭。

蔡澤對范雎的說辭，大意也就是告誡范雎要知道功成身退，以避殺身之禍。他對范雎說：「侍奉秦孝公的商鞅，幫楚悼王得到讓楚國強盛的吳起，助越王勾踐滅吳的文種，作爲人臣，盡忠立功，自然是你願意效法的。但是，你現在侍奉的國君，就稟性仁慈、親信忠臣、不欺騙故舊等方面而言，不會超過秦孝公、楚悼王和越王勾踐，而你爲君主撥亂反正、排除患難、擴大疆土，使國家富足、勢力強大等方面建立的功業，也不會超過商鞅、吳起和文種。可是你現在所得到的俸祿、地位、家財，卻都超過了商鞅他們，而你還不想著退出相位，我私下裏為你感到危險。俗話有『日中則移，月滿則虧』。萬物到了極盛便會衰落，這是自然不變的道理，進退、升降的變化，這是聖人遵守的永恆的規律。如今得你的襄助，秦王的欲望得到了滿足，你的功勞也已登峰造極，如果你還不思隱退，就會得到商鞅、吳起、文種一樣的結果。你何不在這個時候歸還相印，讓出相位呢？」

蔡澤的這番話很得范雎讚賞，不僅待蔡澤為上賓，且幾天後入朝，向秦昭王稱病求退並舉薦他代替了自己。

蔡澤這番說辭主要是為自己謀求秦國相位鋪平道路，主觀動機自然並不高尚。但客觀上看，他這裏所說的道理，卻是不錯的。所謂「日中則移，月滿則虧」，也就是常言所說的「花無百日紅，人無千日好」。萬事盛極而衰，確乎是一個不移的規律。而且，這裏還有一個鳥盡弓藏、兔死狗烹的規律在。那些國君們在用到那些臣下時，自然給予恩信以促你幫他成就事功，而到功成名就，卻也一定不會讓你分功的。所謂功高蓋主，主必不容，究其實，哪裏有什麼國君對臣下的仁慈誠信不欺！所以，人應該明得失，知進退，居安思危，得福慮禍，不沉溺留連，不得意忘形，才能避禍全身。

蔡澤說辭中提到的商鞅、吳起、文種，其實都是進退失據而至於不得善終的典型。僅以文種而論，當初他與范蠡一起輔佐越王勾踐二十年，親自帶領百姓墾荒種地，築邑壘城，憑著他的號召力，召集四方之士，聚集上下的力量，終於打敗吳國，不僅洗雪了越國的恥辱，還成就了越國的霸業。但功成之後，越王勾踐卻賜劍逼他自殺了。當時范蠡已經看出越王勾踐是一個心胸狹窄、只可與共患難卻不可共富貴的人，堅辭不受上將軍之銜，並離開越國，易名陶朱公，遠遁於太湖之上，經商而成巨富。他在離開越國時曾留給文種一封信，勸他儘快離開越王勾踐。信中說：「飛鳥盡，良弓藏；狡兔死，走狗烹。越王為人長頸鳥喙，可與共患難，不可與共安樂，子何不去？」但文種沒有聽從范蠡的勸告，只是稱病不朝，越王還是找藉口逼他自殺了。

證之歷史，「日中則移，月滿則虧」，個中三昧，求立功、立名者的確不可不察。

驚弓之鳥不可恃

一般說來，人都是喜歡聽好話，而不喜歡聽直話、壞話的。所以，去勸說別人時，如果不講究方式，開門見山，直來直去，絲毫也不隱瞞，一般是不會被人接受的；除非對方比較開明、豁達。如果去勸說別人時，很講究方式方法，談得比較含蓄委婉，又能讓人領會到你的意思，或者運用生動形象的比喻，一般是會被人接受的。《戰國策．楚策四》中就記載有這樣的故事。

戰國時，天下諸侯都推行合縱政策，共推趙國的奉陽君李兌為合縱長。一天，趙國派魏加去拜見楚相國春申君黃歇說：「請問，您有將軍嗎？」

春申君回答說：「已經有了，我想讓臨武君做將軍。」

魏加見消息得到了證實，便說：「我年輕時喜歡射箭，我願意用射箭作比喻，行嗎？」

春申君說：「可以。」

魏加接著說：「過去更羸在高台下面，抬頭看見飛鳥。更羸對魏王說：『我為大王拉弓虛發一箭，就可以把鳥射下來。』魏王說：『難道射箭的技術可以達到這種程度嗎？』更羸說：『可以。』過了一會，有隻雁從東邊飛來，更羸便憑虛發的箭將牠射下來了。魏王感歎地說：『這麼看來，射箭的技術確實是可以達到這種程度啊！』更羸說：『這是因為雁受了傷啊！』魏王說：『先生又怎麼知道牠受了傷呢？』更羸回答說：『因為牠飛得慢而且鳴叫的聲音悲哀。飛得慢，是因為舊傷疼痛；鳴叫的聲音悲哀，是因為離開鳥群久了。舊傷沒有痊癒，而驚恐的心情還沒有去掉，所以聽到弓弦猛烈的響聲，便向上高飛，卻反而掉了下來。』臨武君曾經被秦國打敗過，現在怎麼能還讓他做抗拒秦國的將軍呢！」

「驚弓之鳥」是指被弓箭嚇怕了的鳥，常用以比喻受過驚嚇的人遇到類似的情況就會惶恐不安。臨武君曾被秦軍打敗過，恐懼的心理還未消失，而現在又用他爲將，率兵去抵禦秦軍，這個安排顯然是不合適的，只會給戰爭帶來損失。但魏加作爲同盟國的一名使者，如果正面直接提出換人的問題，春申君不一定接受；於是，他巧妙地運用「驚弓之鳥」的故事來作比喻，委婉含蓄地表達了自己的意見，使人從具體、生動、形象的比喻中受到啓發，認識錯誤，從而予以糾正。

「驚弓之鳥」的比喻中確實蘊涵著哲理：依靠一個心有餘悸的人去帶兵抵抗曾經打敗過自己的強敵，怎麼能戰勝敵人呢？從中亦可見出魏加的聰明機智和游說技巧。

梟棋與散棋

在《戰國策．楚策三》中，記載有這樣一則小故事。

一天，魏國人唐且到楚國去拜見相國春申君，對他說：「齊國人修飾自己的行爲是爲了得到好處。但是，我爲此感到羞恥而不願去學它。我不避艱難，橫渡江河，行走一千多里來到這裏，是因爲我私下仰慕您的高義，而且喜愛您的事業。我聽說孟賁、專諸懷裏藏著小刀，天下人卻認爲他們勇敢；西施穿著粗布衣服，天下人卻稱讚她美麗。現在，您做了能出一萬輛兵車的楚國的相國，要消弭中原國家的兵難，所想做的事不能成功，所求的東西得不到，那是因爲像我們這樣的人少了的緣故啊。博弈中的梟棋之所以逞能，是因爲有散棋在幫助它啊。一個梟棋贏不了五個散子，也就沒有什麼疑問了。現在您爲什麼不做天下的梟棋，而讓我們去做散子呢？」

唐且所說的「梟棋」，指的是博弈中刻有梟（一種兇猛的鳥）形的棋子。博弈時，只有想方設法將對方的梟形棋子殺掉才能贏棋。他所說的「散棋」，指的是「梟棋」以外的其他棋子。博弈時，雙方各執六子，除梟棋外，其餘的叫「散子」，亦稱爲「五白」。

唐且對春申君講這番話，其目的非常明確，就是勸他做一個「梟棋」，領導群臣，團結衆士，以成大業。他所談的「梟棋」與「散棋」的關係，雖然是極其普通、淺顯的事例，但其中卻蘊涵著深刻的道理和智慧。

仔細想一想，確實如此。「梟棋」離開「散棋」便會孤軍作戰，布不成陣勢；「散棋」離開「梟棋」便鳥無頭不飛，成爲一盤散沙。「梟棋」只有得到「散棋」的幫助和配合才會如虎添翼，勇猛異常；「散棋」也只有在「梟棋」的「領導」下，才會形成一個整體，發揮其應有的作用。正像人們常說的那樣：紅花還要綠葉扶！因爲紅花有了綠葉的扶持，才會顯得春意盎然，美麗動人；綠葉有了紅花的裝點，才會顯得生機勃勃。人也不例外，如果是生活在集體當中，就會感到有了依靠，快快樂樂，無憂無慮；一旦脫離了集體，就會像一只斷了線的風箏，四處游蕩，孤孤零零，無所依靠。

只要翻開歷史，你就會發現，歷史曾爲我們留下了許多這方面的成功經驗和失敗的教訓！

秦朝末年，統治者荒淫殘暴，横徵暴斂；老百姓饑寒交迫，在死亡線上拚命掙扎。於是，他們紛紛揭竿而起。在開始的農民起義軍中，劉邦所帶領的一支是很小的。劉邦雖然沒有什麼過人的地方，但他卻很有心計，又善於用人，善於籠絡人心。他帶領著一幫「難兄」「難弟」，東征西討，不斷發展，不到幾年工夫，就成爲唯一能與項羽抗衡的一支農民起義軍，並且最終打敗了項羽，完成了統一大業，成爲漢朝的開創者。

與此相反，項羽則是一代梟雄，有萬夫不擋之勇；他領導的農民起義軍曾經成爲當時力量最強大的一支。但是，他有勇無謀，剛愎自用，聽不進別人的意見；又不善於用人，好猜忌。結果，只落得個四面楚歌，衆叛親離的可悲下場，最終敗在劉邦手下，以致無顏見江東父老，只好自刎於烏江。

由此看來，把握好「梟棋」與「散棋」的相互關係，既是一種很好的策略，又是一種技巧，值得人們重視和研究。

鄭同說趙王

規勸人、諷諫人，尤其是對君主或上級，不開門見山、直接地闡明自己的觀點，而是採用比較婉轉的方式，或是採用比喻的方法，就會收到比較好的效果，這已被無數事實證明是一種好的方式、方法，也是一種技巧。戰國時趙國的士人鄭同，就是一個很懂得規勸、諷諫技巧的人。

當時，趙王不重視軍隊的建設，也不喜歡兵事。鄭同聽說這件事後，從國家的利益出發，專程北上去見趙王。趙王接見鄭同時問他：「你是南方的博士（此指博辯之士），此次來京城有何見教？」

鄭同回答說：「我本是南方的草野之人，哪裏值得大王您下問呢？雖然如此，大王讓我來到尊前，又怎敢不回答呢？我年輕的時候，父親曾經用兵事教育我。」

趙王見他提到兵事，就很乾脆地表明自己的態度：「寡人不喜歡兵事。」

鄭同一聽趙王的話，便拍掌仰面朝天笑著說：「兵事本來是天下狡詐的人所喜歡的事，我本來就猜想到大王不會喜歡兵事。我也曾經用兵事去勸說過魏昭王，昭王也說：『寡人不喜歡兵事。』我說：『大王的德行能像許由一樣嗎？許由不想被天下所拖累，所以不接受堯帝的讓位。現在，大王已經接受了先王的傳位，難道不想讓魏國的宗廟安穩、土地不削減、社稷得到祭祀嗎？』昭王說：『是的，當然想這樣。』想這樣，就少不得軍隊！

「如果有人拿著隨侯的寶珠，帶著丘之玉環，萬金的財富，獨自在野外住宿。在內沒有孟賁的威勢，也沒有成荊、慶忌斬斷蛟龍的勇力；在外沒有弓弩的防禦，不超出一個晚上，別人必定要危害他了。假如有個強大而貪婪的國家，來到了大王的身邊，索取大王的土地，跟它講道理，它不答應；向它講仁義，它根本不聽。而大王又沒有交戰國所需要的防守器具，那您將怎樣去抵擋它呢？如果大王沒有兵力，那鄰國就要得志了。」

趙王聽了鄭同的一番話，恍然大悟，立即對鄭同說：「寡人一定遵照您的教導去辦。」

鄭同眞不愧是一個聰明機警的博辯之士：他開始便營造了一種融洽的氣氛，隨後又主動提出兵事問題，看趙王的反應：見趙王確實如人們所說的那樣——不喜歡兵事，便不正面與趙王交鋒，而是巧妙地搬出魏昭王來作靶子——魏昭王同趙王一樣不喜歡兵事。經與昭王講道理，使他認識到一個國家不重視兵事的確不行。緊接著，他又爲趙王列舉具體的例子，說明一個國家不能沒有軍隊。最後，使趙王不得不改變他的看法，而心悅誠服地接受鄭同要重視兵事的觀點。假如鄭同不是採用這種方式方法，而是採用開門見山、直接與趙王交鋒的方式，那趙王是很難一下子接受他的觀點的——因爲他已經形成了自己的觀點，更何況君王的面子也使他不好一下就改變。

少勝於多

首先要說明的是，這裏所說的「少勝於多」並不是指的軍事鬥爭中的「以少勝多」，而是指人的政見，有時少數人會勝過多數人。比如，人們在討論某一問題時，有時大家的看法比較一致，認識比較統一，結果也是這樣：多數人的意見是正確的，少數人的意見是不對的。但這並不是絕對的，有時多數人對於某一個問題的看法，受各方面因素的影響，不一定就是對的，少數人對於某一個問題的看法也不一定就是錯的。古代就有不少少數人的看法是正確的，多數人支援的看法是不正確的事例。

據《戰國策．魏策一》中記載說：張儀從秦國來到魏國，受到魏王的信任，並委任他做魏國的相國。張儀想要魏國與秦國、韓國聯合起來，一起去進攻齊國和楚國。惠施本來是魏國的相國，後受到張儀的中傷、排擠，丟掉了相國的位子；他則想讓魏國同齊國和楚國聯合起來，共同阻止這場戰爭。但絕大多數大臣在魏王面前卻都幫張儀說話，而不幫惠施講話。魏王打算接受張儀的意見。

惠施見形勢於己很不利，便單獨去晉見魏王，陳述利害，說：「就是一件小事，討論時也不會出現都贊成或都反對的情況，何況是大事呢？魏國和秦國、韓國聯合起來，一起去進攻齊國和楚國，這是國家的大事啊！而大王的臣子們卻都認爲這樣可行。不知道是這件事的可行性就是這樣的清楚明白呢，還是群臣的智術是這樣的相同呢？其實，這件事的可行性並不是那樣的清楚明白，而且群臣的智術也並不都是相同的，而是因爲有一半以上的反對意見受到阻礙而沒有發表出來啊！君主受到某一方面的脅制，而沒有聽到另外一半人的意見，就作出某項決定，是危險的！」

魏王聽了惠施的一番話，覺得很有道理，便接受了他的意見。

我們不妨再來看一看另一個故事。

唐德宗李适時，韓滉被任命爲鎮海節度使，坐鎮安撫江東十五州，很有政績。但不少大臣卻在德宗面前中傷他，說他將會謀反。德宗亦將信將疑，便去徵求李泌（李泌後來曾任宰相）的意見。李泌回答皇上說：「韓滉忠誠清廉，爲人剛強嚴厲，不依附權貴，當然會有人對他不滿。我敢擔保他不會謀反。」

德宗對李泌說：「別人的議論其勢濤濤，奏摺如麻一樣多，你怎麼還敢爲他擔保呢？」

李泌很坦然地回答：「因爲我深知韓滉的爲人，他絕不會做出對不起皇上的事來；我願上奏章，保他絕無二心。請皇上到時將我的奏章轉發給朝中大臣們傳閱。」

德宗再一次勸李泌說：「我正打算重用你，你怎麼能輕易地擔保一個人呢？你還是謹愼一些好，不要違背多數人的意願。我擔心你會受到牽連。」

李泌下朝後便立即上了一道奏章，並以自己的百口之家的性命來擔保韓滉。後來的事實果然驗證了李泌的擔保。

以上兩個小故事中蘊涵著豐富的哲理和智慧，值得人們深思：一方面，有些時候多數人的意見不一定都正確，少數人的意見不一定都不正確；有些時候少數人的意見更值得重視，更有價値。另一方面，君主或權臣要善於參驗、比較衆人的言行事端，觀察其得失，從中得出自己的結論，而不能偏信偏聽；也要善於聽取不同的意見，只有兼聽才會明於事理。

此外，要敢於堅持正確的意見——像李泌那樣，哪怕自己的意見屬於少數，一時難於爲人接受，也不可人云亦云，隨波逐流，隨便改變自己的意見。

二、行騙之術

有一種人有這樣一種能耐，他能將小的事情說成很大的事情，能將生的東西說成是熟的東西，能將沒有的事情說成有，能在沒有「米」的情況下，做出可口的「飯」來。他們之所以能夠這樣，靠的是什麼？靠的是他們的行「騙」之術。

說起戰國時期的縱橫家們的行騙之術，簡直讓人感歎不已，難以置信。耳聽是虛，眼見為實，還是讓我們具體來看一看他們行騙的事實吧！

出爾反爾

今天，透過報刊、電視等新聞媒體以及社會日常生活，人們經常會看到、聽到社會上這樣或那樣的詐騙事件。行騙的一般是「單位」、團夥、個人，當然最多的還是個人；受騙的則有國家機關、事業單位、企業、社會團體以及個人等等。其詐騙形式可說五花八門，各式各樣。而在中國古代，為了自身的利益，還有國與國之間相互詐騙的事情，其詐騙的手段亦不能不讓人感歎。

據《戰國策．魏策三》中記載，西元前二九〇年，秦國和趙國相約去進攻魏國，魏昭王為此感到很憂慮。將軍芒卯見狀，胸有成竹地對魏王說：「大王不用憂慮，我這就派張倚去趙國交涉，請他們不要進攻魏國。」

於是，張倚受命出使趙國，向趙惠文王謊稱傳達魏王的話說：「鄴（在今河南臨漳縣境）這個地方，寡人從形勢上看本來不應該歸我所有。現在大王聯合秦國進攻魏國，寡人請求用鄴地侍奉大王。」

趙王聽了此話非常高興，立即召見相國，同他商議說：「魏王請求用鄴地來侍奉寡人，讓寡人同秦國絕交，你覺得怎麼樣？」

相國也來不及細想，回答說：「我們聯合秦國進攻魏國，所得到的實際利益也不過是鄴地那麼多。而現在能不打仗就可以得到鄴地，當然再好不過了，請大王答應魏國。」

張倚見趙王已經答應了魏國的「請求」，便繼續騙趙王說：「敝國進獻城邑的官吏已經到鄴地等候貴國的使者去了。大王將用什麼來回報魏國呢？」

趙王害怕魏國中途改變主意，便馬上下令關閉關門，與秦國斷絕關係。於是，秦國與趙國的關係因此而變得很緊張。

不久，趙國接收城邑的使者趕到鄴地，未見到交割城邑的官吏；隨後來到大梁（魏國都城，在今河南開封），又見不到張倚；沒有辦法，只好去找芒卯。芒卯卻對趙國的使者說：「敝國之所以侍奉大王，就是爲了保全鄴地啊！你說進獻鄴地，那是使者的罪過，我芒卯一點也不知道有這樣的事情。」

趙國吃了個啞巴虧，無處好說；但既害怕魏國乘秦國正在惱火的時候來進攻趙國，又擔心秦國一怒之下反過來攻打趙國，便主動割讓五座城池去聯合魏國，以抵抗秦國。

這個魏國詐騙趙國的故事很有意思，它與秦國丞相張儀答應以六百里土地獻給楚王，當楚王答應他的要求同齊國絕交後，卻只承認是六里土地的事件，如出一轍。

芒卯派張倚去趙國行詐，謊稱要獻上鄴地，要求趙國與秦國絕交。等到趙國與秦國絕交以後，芒卯卻出爾反爾，說不知道有獻地這回事，把責任全推到張倚身上。而芒卯的詐騙行爲卻使趙國陷入了困境，不得不另外拿出五座城池來結交魏國，共同抵抗秦國。芒卯的詐騙行爲不僅使魏國轉危爲安，保住了鄴地，而且還另外多獲得了五座城池，可謂一箭雙鵰，一舉數得。

趙國本來是和秦國聯合一起進攻魏國的，掌握著主動權。但因一念之差，貪圖小便宜，相信了魏國的詐騙，結果「賠了夫人又折兵」，吃了大虧：既沒有得到鄴地；又同秦國絕交了，搞壞了關係；還白白地賠進去了五座城池，可說是搬起石頭砸了自己的腳。

芒卯出爾反爾的行爲，對於我們爲人處世來說，切不可效法；但作爲古代縱橫家們在外事交往中的一種策略、手腕，值得研究總結。而那些平時喜歡占別人的便宜、貪圖小利的人，則應從中獲得一些啓示和教訓。

「欺騙是必要的」

據《戰國策．燕策一》中記載：一次，蘇代陪同燕昭王閒談，燕昭王忽然對蘇代說道：「寡人很不喜歡騙子的話！」

蘇代聽後沉思片刻，仔細琢磨燕王的話，然後對燕王說：「周國那個地方很瞧不起媒人，因爲他們向男女雙方都說誇獎的話。到男方去就說女的長得如何漂亮，到女方去就說男的如何富有。可是，周國那地方有個風俗，就是不能自己找對象、娶妻子。這樣，處女沒有媒人做媒，就是人老了也嫁不出去；男子沒有媒人做媒，就要打一輩子的光棍。如果將媒人丟在一邊，自己在那裏誇獎自己，就是說破了嘴皮也還是嫁不出去或娶不到老婆。要想順順當當不壞事，嫁出去或娶到老婆而不磨破嘴皮子，就只有靠媒人了。況且所有的事情沒有權變就不能建立，沒有勢利就不能辦成。因此，讓人坐享其成的人，只有騙子了。」

燕王聽了蘇代的這番話，連連稱讚說：「說得好呀！」

爲什麼燕昭王在聽了蘇代的話之後會連連稱讚呢？至少有三點是可以肯定的：

其一，他很讚賞蘇代回答問題的方式。本來燕王將自己「很不喜歡騙子」的觀點明確地告訴了蘇代，希望聽聽他的看法。但蘇代沒有正面回答喜不喜歡騙子的問題——也不好回答；而是爲燕王講了一個周國地方只有透過媒人才能娶妻找對象的風俗習慣，既風趣，又委婉。不過，其用意是很明確的，那就是在男女雙方中間說謊話的「媒人」是缺少不得的。換句話說，就是有時欺騙是必要的。

其二，騙人也要講技巧。倘若你騙人的話別人一聽就知道，怎麼會讓人上當呢？而你騙人的話編得越巧妙，越逼眞，才越能使人上當受騙。聰明的人一般是不會輕易受人欺騙的；而連聰明的人都被騙了，可見其騙術之高，也說明「騙子」是很「聰明」的，很有「智謀」的。你騙人的技術越高，說明你越聰明——當然，這種「聰明」卻用錯了地方。

其三，透過蘇代的話使他明白了一個道理，那就是做任何事情都要知「權變」，講「勢利」。如果不能審時度勢，一味認死理，那麼好多事情就不好辦或者辦不成。說謊話、欺騙人也是一種「權變」，一種「勢利」，如果不看對象、不分場合、什麼人都騙，什麼事都要騙，最終誰也騙不了，吃虧的則是行騙者自己。

張丑出關

一般說來，那些行騙的人的態度都是比較和藹的，語言也是很動聽的，他們常常利用人們喜歡聽好話、喜歡占便宜的心理，用甜言蜜語或小恩小惠來打動你，使你在不知不覺中便上當受騙了。不過，在中國古代還有另外一種行騙的方式，就是威脅、嚇唬對方，使對方害怕、作出讓步，從而達到自己的願望和要求。

據《戰國策．燕策三》中記載，齊國大臣張丑在燕國做人質，燕王想殺掉他。張丑千方百計躲避、逃跑，可在將要逃出邊境的時候，還是被守關的官吏抓住了。

張丑心裏明白，自己被抓住，肯定會被送回燕都，自己的性命自然保不住了。要想活命，只得設法逃過關去。

於是，他心生一計，編了一套謊話，對守關的官吏說：「燕王之所以要殺掉我，是因爲有人對他說我有一顆寶珠，因此燕王想得到它。現在，我的這顆寶珠已在逃亡途中丟失了，燕王肯定不會相信我的話。如果你要將我送回去，我就說是你搶奪了我的寶珠，並將它吞到肚子裏去了。燕王聽說後，就一定會殺掉你，剖開你的肚子和腸子，取出寶珠。你自己應該明白，想得到寶珠的君主，是聽不進別人跟他講的道理的。我的腰就要被砍斷了，可你的腸子也將被剁成一寸一寸的了。你不如放我出關，你自己也不會有事了。」

那個守關的官吏聽了張丑的話，非常害怕，但想一想因爲張丑而送掉自己一條命，實在不値得。於是，守關官吏就將張丑放出關去了。

很顯然，燕王作爲一國之君，金銀財寶、珍珠寶玉多的是，怎麼會因爲要得到張丑的一顆寶珠而要殺死他呢？再說，張丑因齊國大敗，到燕國爲人質，他又從哪裏來的寶珠，或者說他帶一顆寶珠在身上做什麼呢？因此，燕王要殺掉張丑一定有著更重要的原因。當然，這不是我們在這裏應該討論的問題。

張丑不好說出燕王要殺他的眞正原因，便臨機應變，編了一套謊話，以燕王爲了得到他手中的寶珠而將殺他來騙取守關官吏的同情；並對守關官吏進行威脅、恫嚇：如果要把自己送到燕都去交給燕王，就誣陷是他搶奪了寶珠，並將它呑到肚子裏去了，讓他有口難辯，跳進黃河也洗不清，只好同歸於盡。

張丑的這一手還眞是靈驗，守關官吏爲了保住自己的性命，竟將張丑放出關去了。

張丑憑著自己的聰明智慧，終於死裏逃生。這就像古人所說「死而後生」一樣，只有當一個人處於絕境之中，他才眞正懂得生命的寶貴，並千方百計，不顧一切地想辦法脫離險境，爭取能夠生存下來。張丑前面被關隘阻住，後退就會被燕王所殺，逼得他不得不孤注一擲，採用欺騙的手段和恫嚇的方法，才得以保全自己的性命。

張儀行「騙」

張儀離開老師鬼谷先生後，便帶了幾個鄉鄰朋友跑到楚國去求富貴，卻找不到仕進的途徑。因此，他在楚國貧困潦倒，生活非常拮据。同伴們見狀，也埋怨嚷著要回家去。張儀急了，趕緊對他們說：「你們是不是因爲窮了，享受不到什麼就要回去呢？請大家再等等，我這幾天就去見楚王，包管讓大家吃不盡，穿不完；如果不是這樣，大家再走也不遲。」

那天，張儀好不容易見到了楚懷王，楚懷王卻很不高興。張儀開門見山地對楚懷王說：「我到楚國已有不短時間了，但大王還沒有任用我。如果大王眞的不想用我的話，就請允許我離開這裏，到北邊去見魏國的君主。」

楚懷王巴不得張儀早點離開，便滿口答應：「好，你儘管去吧！」

張儀見懷王很不友好，心裏很不舒服，但仍耐著性子問楚王：「那麼大王對魏國有什麼需要嗎？」

楚懷王聽了此話，淡淡地回答：「金銀珠寶、犀角象牙楚國多的是，我不稀罕魏國的什麼東西。」

張儀見楚王態度如此冷淡，便故意說：「難道大王不喜歡那邊的美女嗎？」

楚王以爲自己的耳朵聽錯了，連忙問道：「你剛才說的是什麼？我沒有聽清楚。」

「說的美女呀！」張儀裝出一副神秘的樣子說。「那些鄭國、周國的女子，粉白的臉蛋，青黑色的眉毛、長髮，柔潤的肌膚，婀娜的身姿，站在閭里的十字路口，不知情的人見了她們，還認爲是仙女下凡呢！」

其時，楚懷王正寵愛著兩個美女：一個是南后，一個是鄭袖。現在聽張儀說有如此漂亮的女子，趕緊說：「楚國是一個偏僻孤陋的國家，從未見過中原國家的女子有如此漂亮的。那就請你到魏國去給我帶幾個美女回來吧！」隨後，楚懷王便給了張儀不少珍珠寶石，催他從速去辦理。

張儀拿出一部分財物分給同伴們，並讓他們去將楚王要派人去魏國選美女的消息傳出去。

南后和鄭袖知道這件事後，很害怕，急忙派人來對張儀說：「我們聽說將軍奉楚王之命要到魏國去，特地送上一些金銀首飾，給你們做盤纏。」於是，張儀又從南后處得了一千斤金，從鄭袖處得了五百斤金。

幾天後，張儀前來辭行，並對楚王說：「我這次去魏國，路途遙遠，交通不便，不知道哪一天才能回來，請大王賜我一些酒喝，以便給我壯壯膽。」

楚王滿口答應：「好！好！」立即吩咐僕人送酒上來。

張儀喝了幾杯酒後，再次下拜對楚王說：「這裏沒有別的人，懇請大王特別開恩，讓您最親近的人出來，再賜我幾杯酒，給我更大的勇氣和鼓勵。」

楚王看在張儀即將帶回的「美女」的份上，便將南后和鄭袖召喚出來，輪流爲張儀獻酒。

張儀見了南后和鄭袖後，立即拜倒在地向楚王請罪說：「我張儀對大王犯有死罪，請大王治罪。」

楚懷王感到很驚奇：「你犯了什麼罪？」

張儀說：「我的足跡走遍天下，還從未見過長得如兩位貴妃這麼漂亮的人。前些時跟大王說到魏國等地的美女，是因爲沒有見過兩位貴妃的面。現在見了，我覺得這是欺騙了大王，所以請大王治罪。」

楚王見狀，忙對張儀說：「我以爲什麼了不得的事情呢！你不要把這件事放在心上。」隨後楚王又乘機向兩位貴妃獻殷勤說：「我根本就不相信天下有誰長得會有我的兩個愛妃這麼漂亮！」

從此，楚王改變了對張儀的態度。張儀遂被留在楚國，並逐漸活躍起來。

張儀確實不是一個等閒之輩！他本來窮困潦倒，但他深知楚王的好惡，並投其所好，故意謊稱要去魏國爲他物色美人，誘發他求之，從而輕易地騙得了楚王的珠玉珍寶。接著，他又故意將這一消息透露給南后和鄭袖知道，從而又從她們那裏騙得了很多金銀財寶。隨後，他藉辭行之名，請楚王將南后和鄭袖召出賜酒。並乘機拍南后和鄭袖的馬屁，向楚王請罪，承認欺騙了他，說南后、鄭袖是他見過的天底下最漂亮的女人，既得到了兩位美人的歡心，又得到了楚王的原諒和信任。

從張儀行「騙」的這個故事中，我們既看到了張儀的聰明機智，又看到了他作爲一名縱橫家卓越的游說技巧。

樓緩僞言欺趙

社會上有一種人，他明明在打你的主意，在算計你，卻要裝扮成在爲你打算，爲你說話，以致讓你自己也對他的話深信不疑。這種人確實巧於僞飾，善於言辭。戰國時秦國的大臣樓緩就是這樣的一個人。

其時，秦國向趙國的長平發動攻擊，趙國沒有戰勝，想跟秦國講和。趙國的上卿虞卿認爲，要想和談成功，就必須先派人出使楚國和魏國，以引起秦國的疑慮。趙孝成王不聽他的意見，結果被虞卿言中，和談沒有成功。

秦國大敗趙軍後，向趙國索取六座城市，以作爲和談的條件。趙孝成王拿不定主意，便與剛從秦國來趙國的樓緩商議這件事，問道：「給秦國六座城市會怎麼樣？要是不給又會怎麼樣呢？」

樓緩本是趙國人，只是他想背叛趙國而投靠秦國。他開始裝作推辭地說：「這不是我所能知道的啊。」隨後，在趙王的再次邀請下，他裝作很關心趙王的樣子說：「我剛從秦國來，如果說不要將城市給秦國，那不是辦法；如果說將城市給秦國，又擔心大王懷疑我是爲了秦國。所以我不敢回答。假如是替大王著想的話，我認爲就應該將城市割讓給秦國。」很顯然，樓緩表面上是在爲趙王說話，實際上是在爲秦國說話。

趙王聽後，表示贊成他的意見。虞卿聽說這件事後，立即晉見趙王，指出樓緩說的乃是僞飾之詞，不足取信；並堅決反對割讓城市給秦國，以免助秦攻趙。他又圍繞著割地與不割地這一中心議題，以趙王爲仲介，與樓緩展開了一場針鋒相對的論爭。終於，趙王採納了虞卿的建議，不割地給秦國，而聯合齊國共同攻秦，並派虞卿出使齊國，前去與齊王商議共同進攻秦國的有關事宜。

樓緩自知在趙國已無法立足，乘虞卿未歸之際，準備離去。他反叛趙國的心已很明顯，卻仍用花言巧語去欺騙趙王。

樓緩去向趙王辭行時說：「我雖然盡力盡智地為趙國，但恐怕就要死了，以後怕難以再見到大王了。」

趙王雖然沒有採納他的意見，卻對他的印象仍然很好，趕忙安慰他說：「這是什麼話！如果你擔心的話，我們現在就立下誓言，並將厚望寄託給你。」

樓緩於是有所喻地說：「大王沒有聽說宋國公子牟夷與宋王的事嗎？他們好得不是肉餚宋王就不招待他進餐。有個叫文張的人和宋王關係好，就詆毀公子牟夷，宋王同意了他的看法。現在，我和大王的關係不是宋王和公子矣夷的關係，可是詆毀我的人超過了文張。所以，我不久將要死去，再也見不到大王了。」

趙王很堅定地說：「你儘管放心，勉力去辦事吧，我已和你有過誓言了。」

於是，樓緩離開了趙國。不久，他在中牟公開背叛趙國，進入魏國。偵探前來報告這一消息，而趙王卻不相信，說：「我曾經和樓緩有過誓言的，他怎麼會背叛我呢?!」

從樓緩僞言欺趙的這則故事中，確實反映了樓緩善於巧言僞飾，且能讓一些人，包括國家的最高統治者相信，並深信不疑，可見其游說手腕的高明。同時，也反映了趙孝成王的迂腐和固執。自己沒有識人之明，卻不尊重賢臣的意見，且又固執己見，竟連擺在自己面前的事實也不相信，眞是可悲而又可氣！國家由這樣的君主領導，如何能強盛得起來？長此以往，又怎麼能留住賢才?!

三、威脅利誘

凡是「說客」，總希望自己的游說能獲得成功，總是希望自己的主張能爲人君或權臣們所接受。但是，不是每一位人君或權臣都能很順利地接受「說客」的主張的。

正因如此，「說客」們都很重視對人君或權臣的心理進行研究，他們喜歡什麼、害怕什麼，了解得一清二楚。於是，在游說的過程中，「說客」們根據具體的游說對象，或採用威脅的手段，或採用利誘的方法，收到了很好的效果。

甘羅說張唐使燕

呂不韋謀得秦國相位後，一直想攻打趙國以擴大河間之地。

當時趙國與燕國是同盟國，要攻打趙國就必須獲得燕國的幫助。於是，呂不韋先派剛成君蔡澤到燕國侍奉燕王三年，以促使燕國讓燕太子丹到秦國做人質從而可以控制燕國；進而他又要派張唐到燕國為相，以促使燕國脫離趙國而與秦國聯合。不過，當他將這一決定告訴張唐時，卻被張唐拒絕了。

張唐拒絕到燕國去是有原因的。在此之前，張唐為秦將，曾帶領軍隊進攻鄭、魏，順勢攻破趙邑寧新中，更名安陽，所以趙國對張唐一直心存怨恨，揚言「趙人得張唐者，受百里之地」。自秦入燕，趙國是必經之地，張唐害怕被趙國人逮住了。

遭到張唐的拒絕，呂不韋自然是不高興，但他也無可奈何。回到家中，當時在他家做家臣的甘羅問他何以如此的不高興，他將原因告訴了甘羅。甘羅說：「這有什麼，我可以讓他到燕國去。」呂不韋一聽，心裏更是惱火，罵他說：「我親自請他去他都不答應，你一個十一、二歲的毛孩子，憑什麼能讓他去！太不自量力了。」甘羅說：「七歲的項橐可以作孔子的老師，而我現在已經十二歲了。我不過是希望你讓我去試試，為什麼要這樣急著罵我呢？」

於是，甘羅去見張唐。

甘羅見到張唐並不直接勸說張唐到燕國去，而是先問了他兩個問題：你張唐對秦國的功勞比起武安君白起來誰的更大？第二，現在的文信侯呂不韋在秦國掌握的權力，與當年范雎在秦國掌握的權力相比，誰的更大？這兩個問題對於張唐來說自然都不難回答。武安君白起當年為秦將，替秦國攻城掠地，戰必勝，攻必取，他為秦國建立的功勳，當然是張唐比不上的。而此時的呂不韋在秦國為相，由於秦莊襄王的王位就是呂不韋幫他得到的，因而很是得寵，秦國所有大事都必決於他，他在秦國的權力自然要比當年范雎爲秦相時大得多了。

在得到張唐的回答之後，甘羅進一步說話了。他對張唐說：「既然你清楚地知道自己的功勞沒有武安君白起的大，你也清楚地知道文信侯現在的權力超過了范雎，那你爲什麼不聽文信侯的話到燕國去呢？當年應侯范雎派武安君白起領兵進攻趙國邯鄲，遭到白起的拒絕，而且多次稱病，臥床不起。最後因違抗命令，被趕出咸陽。但他剛剛走到離咸陽十里的杜郵，就被應侯派人追上，賜劍自殺了。現在文信侯親自請你去燕國爲相，而你卻推諉不應，我眞不知道你會死在什麼地方了。」

張唐聽了這番話，二話沒說，就讓馬棚備馬，車庫備車，府庫準備財資，連出發的日期也定了下來。

甘羅之說張唐，這技巧實在令人驚歎。他既不去和他剖析張唐到燕國去的重大意義，也不談他的燕國之行成功之後可得的獎賞，而是向張唐提出了一個對張唐來說是性命攸關的問題：你張唐拒絕到燕國去的理由，不就是怕被趙國捉到而丟了性命麼？可是，你拒絕到燕國去仍然會丟了性命。而且，燕國之行是否一定被趙國抓獲是或然的，而不去則被文信侯誅殺卻是必然的，相比之下，孰重孰輕？對於張唐個人來說，與爲秦使燕的意義和此行之後的獎賞相比，性命自然是更重要得多了。甘羅這一著，實在是不偏不倚，正正當當地點在了張唐的「死」穴上。

甘羅是曾在秦國為將的甘茂的孫子，此時是呂不韋的家臣，自然算不得是一個縱橫家。但他的膽識和游說勸諫技巧，的確不在那些縱橫家之下。十一、二歲的毛孩子，居然有如此本事，實在不愧後人所予的神童之譽。

江乙惡人，不留痕跡

一個人生活在現實社會中，免不了議論別人，也避免不了被別人議論。但在議論一個人時，尤其是在君主、上司面前議論一個人時，其方式、方法不同，所收到的效果也會完全不一樣。

有的人直言不諱，毫不隱瞞，公開表明自己的意見——或支援或反對，這樣做雖然議論者光明正大，問心無愧，但卻既讓當事者感到難堪，不易接受，又讓君主、上司感覺到議論者有妒忌之嫌。有的人則講得比較委婉、平和，不僅使當事者易於接受，而且讓君主、上司也樂於聽取。還有的人講起話來聲東而擊西，比較含蓄，且風趣、幽默，既讓人聽起來感到輕鬆愉快，又能讓人在笑聲中領悟其用意。戰國時楚國的江乙就是這樣一個善於議論別人的人。

昭奚恤是楚國的丞相，驕橫跋扈，權傾朝野。一些大臣擔心他會篡權，使國家陷入混亂，民不聊生。江乙見狀，心裏也很著急，很想提醒楚宣王，但又擔心直言宣王聽不進去，自己反而會被疏遠，甚至遭貶謫。於是，他便想了一個主意，替魏國的山陽君去向楚王請求封賞。

楚宣王見江乙為山陽君請求封賞，很高興，立即答應說：「好！」

當昭奚恤知道此事後，馬上出來阻攔說：「山陽君對楚國沒有什麼功勞，不應當給他封賞。」

消息傳到山陽君那裏，心裏老大不痛快，並恨透了昭奚恤。於是，江乙就將山陽君拉攏過來，與自己一起，共同詆毀昭奚恤。

江乙本人曾幾次在楚王面前或直言或旁敲側擊地詆毀過昭奚恤，又透過魏國人在楚王面前詆毀過昭奚恤，但楚王仍然很寵信昭奚恤。

有一次，楚宣王請江乙進宮談論國事。當談到君王應如何納諫時，江乙眉頭一皺，計上心來，從容地對楚王說：「下面結黨營私，上面就危險了；下面不團結，相互爭鬥，上面就平安。大王也知道這個道理嗎？希望大王不要忘記啊！有的人喜歡表揚別人的善行，不知大王將如何對待他？」

楚宣王認眞地說：「這樣的人是君子，我應該接近他。」

江乙接著問：「有的人喜歡宣揚別人的壞事，不知大王又將如何對待他？」

楚宣王堅定地說：「這樣的人是小人，我應該離開他！」

江乙緊接著說：「既然這樣，那麼有個兒子要殺他的父親，有個臣子要殺他的君主，而大王自始至終卻不知道，那是什麼原因呢？那是因爲大王您喜歡聽人說別人的好話，而不喜歡聽人說別人的壞話啊！」

楚宣王聽後，眉心舒展，連連點頭說：「你說得好，我願意將好話、壞話都聽進耳裏。」這樣，江乙才敢在楚宣王面前數說昭奚恤的問題。

江乙拉攏山陽君，又透過巧妙的比喻，在楚王面前進言，其用意是非常明確的，那就是要貶低和詆毀昭奚恤，並提醒楚宣王，不能糊裏糊塗地被昭奚恤利用了還不知道。不過，江乙採取的方式很巧妙，無論是行爲還是語言，都比較隱蔽、委婉，不留一點痕跡，讓人抓不到把柄。但其效果卻是顯著的。楚宣王聽江乙談了那番話以後，立即心領神會。當他知道了昭奚恤的問題後，便採取了果斷措施，削弱了昭奚恤的權力，使他想篡權的陰謀落了空。

由此看來，採取恰當的進言方式，不僅可以達到目的，而且還可以避免不必要的麻煩。

張儀說韓

提到張儀，很多人都知道，這是戰國時期一個著名的縱橫家，是一位翻手爲雲、覆手爲雨的風雲人物。不僅他的縱橫之術爲後世的人們所推崇和學習；而且他的外交辭令和外交技巧也爲後世的外交家們提供了模範。他卓越的游說才華和技巧，我們從他游說韓王的說辭中就可略見一二。

西元前三一一年，秦國丞相張儀再次出使楚國，被楚懷王囚禁起來，但他卻買通懷王身邊的寵臣靳尙和懷王的寵姬鄭袖，採用欺詐的手段，使楚懷王不得不放了他。

張儀離開楚國，來不及回秦國，便直接前往韓國，去游說韓王說：「韓國的地勢險惡，又處在山區，所生長的五穀，不是麥便是豆；人們所吃的，大都是豆子飯、豆葉羹。只要一年收成不好，人們便連粗劣的食物也吃不飽；國土方圓不到九百里，沒有積存可供兩年吃的糧食。料想大王的士卒，總共不超過三十萬，而且還包括那些做雜活的人在裏面。假如除去那些防守驛亭、屏障、要塞的人，現在的士卒，不會超過二十萬。而秦國的軍隊有一百多萬，戰車上千輛，坐騎逾萬匹，飛越障礙、不戴頭盔、彎弓射箭、執戟奮戰的勇猛武士，不可勝數。秦國戰馬精良，軍隊衆多。而戰馬前腳前伸，後腿踢起，兩個蹄跡之間相距到二丈一尺的馬，亦不可勝數。

「再說山東諸侯的士卒要披上鎧甲、蒙上頭盔去參加戰鬥，秦國的士兵卻拋棄鎧甲、光著膀子、打著赤腳衝向敵人，左手提著人頭，右手挾著活的戰俘。秦國的士兵和山東諸侯的士卒比較，就好像孟賁和膽小鬼一樣；用巨大的威力壓下去，就像大力士烏獲對嬰兒一樣。在戰鬥中，用孟賁、烏獲式的勇士去攻打不臣服的弱國，這就像將有千鈞重量的物體，壓在鳥蛋上一樣，一定沒有倖存的了。

「諸侯不想想自己的兵力弱，糧食少，卻聽信鼓吹合縱的人的甜言蜜語，結團營夥，相互誇飾，卻說：『聽我的計謀就可以強霸天下。』不顧國家的長遠利益，而聽一時的游說，使君主犯錯誤，沒有比這更壞的了。大王如果不侍奉秦國，秦國將出兵占據宜陽，斷絕韓國上方土地的交通；向東奪取成皋、滎陽，那麼鴻台的宮殿、桑林的苑囿，就都將不是大王所有了。堵塞成皋關塞，斷絕和上方土地的交通，那麼，大王的國家就被一分爲二了。事先侍奉秦國就安全，不侍奉秦國就危險。製造災禍而想追求幸福，計謀短淺而怨恨深重，反對秦國而順從楚國，即使想不要滅亡，那也是不可能的。

「所以，我替大王著想，不如侍奉秦國。秦國想做的事，沒有哪一件比得上削弱楚國這件事；而能夠削弱楚國的，又莫過於韓國。這不是因爲韓國比楚國強，而是因爲它的地勢是這樣。如果大王向西侍奉秦國，而攻打楚國，秦王必定高興。進攻楚國而私自占有它的土地，嫁禍楚國，取悅秦國，沒有什麼計謀比這更有利了。所以，秦王派我作使臣獻書給大王，並等待著大王作出決斷。」

韓王聽了張儀的長篇大論的說辭，接受了他的計策，表示願意與秦國通好，並說：「幸虧有先生來教導我，請讓我們韓國自比於秦國的郡縣，替秦王建築行宮，春秋兩季進貢祭祀用品，自稱是東邊的藩國，獻上宜陽。」

張儀圓滿地完成了任務，這才回到秦國，向秦王作了稟報。秦王念其功勞卓著，遂封其為「武信君」，並賜封給他五座城池。

張儀不愧是一位雄辯的外交家。

韓國本來是合縱的同盟國，經張儀的一番游說，竟使韓王改變主張，脫離合縱同盟，而加入到連橫的陣線中來。這一結果，完全歸功於張儀巧妙游說。

在游說中，張儀首先分析了韓國的不利因素——國土小，又是山區，糧食短缺，民眾生活艱苦；隨後採用對比的方法，將韓國與秦國的軍隊人數的多少、戰車戰馬的多少、士兵戰鬥力的強弱等方面作了一一比較——不光韓國，就是整個山東諸侯國都無法與之抗衡；緊接著對韓國施加壓力——如果不侍奉秦國，秦國就出兵攻打韓國，韓國很可能就要滅亡了；最後，勸韓王儘早侍奉秦國，以秦國為後盾去攻打楚國，這樣既取悅了秦國，韓國也可以保存下來了。

張儀的整篇說辭分析利害關係，恩威並重，迫使韓王不得不接受張儀的主張，放棄合縱，同意連橫，與秦國友善。由此，我們對張儀純熟、高超的外交辭令和游說技巧，亦不得不發出由衷的讚歎！

蘇秦說韓

提起蘇秦這個人，人們自然會想起「頭懸樑，錐刺股」的故事，也自然會想到他身佩六國相印的凜凜威風。在戰國後期，他以卓越的才華，頻繁的外交活動，高超的游說技巧，並非常重視和講究計謀機變，往來於各諸侯國之間，游說諸侯國君，對齊、趙、魏、燕、韓、楚等國的政治決策產生了很大的影響，是當時縱橫家的代表人物之一。我們已在好幾節中反映過他多方面的智慧，而從這一節中則可看出他的高超的游說技巧。

蘇秦游說燕文侯成功，被任命爲相國，又游說趙肅侯成功，被任命爲相國後，便爲了趙國正式到各國去推行合縱的外交策略，以六國的力量來抑制強秦。

從趙國出發，蘇秦先來到韓國，對韓宣王說：「韓國的北邊有鞏縣、洛水、成皋的險固，西邊有宜陽、常阪等要塞，東邊有宛縣、穰邑（在今河南鄧縣）、洧水，南邊有陘山（在今河南新鄭西南），土地方圓千里，軍隊幾十萬。天下的強弓勁弩，都出自韓國，谿子、少府、時力、距來等良弓，射程都在六百步之外。韓國的士卒舉足而射，連射百次都不用休息；遠距離可以射到敵人的胸部，近距離可以射穿敵人的護胸甲。韓國士卒的劍和戟，都產自冥山（今名石城山）、棠溪、墨陽、合伯。鄧師、宛馮、龍淵、太阿等名劍，都是在陸上可以斬斷馬牛，在水中可以擊殺鴻雁（一種水鳥）的；抵擋敵人就可以斬破堅硬的鎧甲、盾牌、頭盔。其他如鐵製的臂衣、皮革製的袖套、繫盾牌的絲帶等等，沒有一樣不是齊全的。

「憑著韓國士卒的勇敢，披上堅硬的鎧甲，腳踩勁弩，腰佩利劍，一個抵一百個也不在話下。憑著韓國的強大和大王的賢能，竟願意向西侍奉秦國，自稱是秦國的東方藩國，爲秦王修築行宮，接受秦王賜給的冠帶，春秋兩季給秦國進貢祭祀用品，拱手臣服秦國。這樣做不僅使國家蒙受恥辱，而且爲天下人所譏笑，世界上沒有什麼事比這更讓人難堪的了。希望大王要仔細考慮這件事啊！

「大王侍奉秦國，秦國必定要向韓國索取宜陽、成皋。今年獻給它，明年又要求增加割地。每年獻地給他，又沒有那麼多的土地；前面獻而後面不獻，便前功盡棄，以後仍然要受其禍。再說，大王的土地是有限的，而秦國的貪欲卻是無限的。用有限的土地去迎合無限的貪欲，這就是所謂的購買怨仇和災禍啊！這樣，不經過戰爭，韓國的土地便要被割完了。

「我曾聽到俗語這麼說：『寧願做雞的嘴，也不願意做牛的屁股。』」現在，大王向西侍奉秦國，拱手稱臣，同做牛屁股有什麼差別呢？憑著大王的賢能，倚仗韓國強大的軍隊，卻有牛屁股的名聲，我私自替大王感到害羞。」

韓宣王聽了蘇秦的這番話，已氣憤得變了臉色。他瞪著大眼，揮舞著手臂，手握長劍，仰著頭朝天歎息說：「寡人即使是去死，也一定不能去侍奉秦國。現在，你將趙王的教導轉告了我，我願恭敬地奉上國家跟隨趙王。」

韓宣王也被說服了。於是，蘇秦又起程前往魏國。

根據《戰國策．韓策一》中的記載，蘇秦游說韓王的事情應在張儀之後，這就給蘇秦的游說增加了很大的困難。因爲張儀已先來游說過韓王，要他不聽那些鼓吹合縱的人的甜言蜜語而去侍奉秦國，以保韓國安全；而韓王也明確地答應了張儀，韓國願意做秦國的東方藩國。在這樣的情況下去游說韓王，請他改變主張，其難度是可想而知的。

但是，蘇秦的游說技巧的確非同一般！他首先抓住人們——尤其是君主愛聽好話的普遍心理，將韓國和韓王大大誇讚了一番：韓國的疆域遼闊，地勢險固，軍隊衆多；不僅武器精良，而且士卒作戰勇敢；尤其是韓王賢明。隨後便採用激將之法：認爲韓王這麼賢明，韓國這麼強大，卻去侍奉秦國，不僅使國家蒙受恥辱，也被天下的人所譏笑，這是件非常讓人難堪的事情；並強調指出，韓國的土地是有限的，而秦國的貪欲是無限的，用有限的土地去對付無限的貪欲，就是不經過戰爭，韓國也會被滅亡掉；最後，張儀藉諺語作比喻——將韓王侍奉秦國、拱手稱臣比做牛屁股，再激韓王一下，使韓王異常激動，坐立不安，無地自容，終於下定決心，改變國策，不再侍奉秦國，而表示願意跟隨趙王，加入合縱的陣營。

張儀游說韓王的整個過程，突出地表現了他出色的外交言辭和高超的游說技巧，難怪後人要對他推崇備至。

孟嘗君游說燕趙

西元前二八三年，秦國準備攻打魏國。魏昭王聽到這個消息，急得坐立不安，連夜去見相國孟嘗君田文，告訴他說：「秦國將要進攻魏國了，請你替寡人想想辦法，怎麼辦才好？」

聽了魏王的話，孟嘗君不慌不忙地說：「請大王不用擔心，有諸侯的救援，國家自然可以平安無事。」

魏王一聽此話，立即說：「是啊，寡人就是希望你趕快去各國求救啊！」隨後，魏國爲孟嘗君準備了一百輛車的龐大隊伍，並舉行了隆重的歡送儀式。

孟嘗君首先來到趙國，對趙惠文王說：「我田文希望向大王您借兵去救援魏國。」

趙王一開口便很乾脆地給予回絕：「寡人不能借兵給你！」

孟嘗君早已預料到趙王會有如此態度，便進一步說：「大王要知道，我敢來借兵，正是因爲忠於大王啊！」

「你來趙國借兵，怎麼是忠於寡人呢？能不能解釋給寡人聽一聽？」趙王有些不明白。

孟嘗君從容地說：「趙國的兵力並不比魏國的兵力強，魏國的兵力並不比趙國的兵力弱，這是世人所共知的。可是，趙國的土地並沒有年年失去的危險，民衆也沒有年年遭受死亡的威脅；而魏國則不同了，土地有年年失去的危險，民衆也有年年遭受死亡的威脅。那是什麼原因呢？因爲魏國西部成了趙國的屏障啊！現在趙國不救魏國，魏國就只好歃血和秦國結盟。這樣趙國就和強大的秦國接界了，土地也將年年有失去的危險，民衆也將年年有遭受死亡的威脅。這就是我田文忠於大王的道理啊！」

趙王聽孟嘗君說得確實有道理，便答應了他的要求，爲魏國起兵十萬，出動兵車三百輛。

隨後，孟嘗君又北上去見燕昭王說：「從前，魏公子曾經約燕王、魏王結交；現在，秦國將要進攻魏國，希望大王能出兵救援魏國。」

燕王婉言拒絕孟嘗君說：「我的國家已經有兩年收成不好，現在又要走幾千里去援助魏國，那怎麼行呢？」

孟嘗君緊接燕王的話說：「走幾千里去救援別人，這對國家有利啊！現在，魏王一出國門便能望見敵軍，即使想走幾千里去援助別人，也不可能啊！」

燕王還是沒有答應出兵救魏。孟嘗君見狀，便故意激燕王說：「我好心爲您獻上有利的計策，而大王卻不用我出自忠心的計策，那我田文只好走了，只怕天下即將出現大變啊！」

「你所說的大變是什麼呢，能不能說出來讓我聽聽？」燕王見孟嘗君話裏有話，問道。

孟嘗君回答說：「秦國進攻魏國，還沒有戰勝，而台榭已經燒掉，遊觀的地方已被搶去了。燕國如果不救援魏國，魏王只好屈己下人，割讓土地，將魏國的一半獻給秦國。這樣，秦國就一定離去了。等秦軍一離開魏國，魏王就會出動韓國、魏國的全部軍隊，再向西借秦國的士兵，又憑藉趙國的民衆，用四國的兵力來進攻燕國，那時燕國就危險了。請問，大王將要得到什麼利益呢？是利在走幾千里去援助別人呢？還是利在走出燕國的南門就望見敵軍呢？這樣路程是很近了，而且運輸也很容易了。不知大王究竟想得到哪一種利益？」

燕王聽了孟嘗君的話，沉思片刻，說道：「那好吧，寡人聽你的。」於是，燕王爲魏國起兵八萬，出動兵車二百輛，跟隨孟嘗君出發去魏國。

魏王見孟嘗君回來了，非常高興，親自去迎接他說：「你得到燕國、趙國這麼多的兵衆和兵車，而且來得這麼快，眞是太好了！」

秦昭王見燕、趙兩國的救援大軍開到，非常恐慌，只得割地請求與魏國講和。

於是，魏王送還燕國、趙國的救援部隊，並封賞了孟嘗君。

在中國古代，國與國之間本來就是相互依存的，沒有絕對的、全封閉式的獨立，尤其是在群雄爭霸的戰國時期。因此，一國有事，一國有難，鄰國或其他的國家自然要相互救援，否則，也會「唇亡齒寒」。而且，他今天有事，你救援了他；你明天有事，他也會救援你。如果他今天有事，你不救援他；他明天就會因仇恨而聯合其他的國家來攻打你。這個道理再淺顯不過了。

孟嘗君之所以能夠將本來不同意出兵的燕、趙兩國說服，就是因爲他利用和掌握了各國君主的這種心理，並採用威逼利誘的方式——你救援我，對你、我都有利；你不救援我，我只好割地與別人講和，並讓別的國家或聯合別的國家來攻打你，迫使燕、趙兩國的君主不得不答應出兵救援。

從這個故事中，我們不難看出孟嘗君的聰明機智和游說的技巧。

軟硬兼施

在日常生活中，有時遇到棘手的事情，有時處理難度較大的問題，如果一味地採取強硬的辦法去對付，或一味地採取軟弱的態度去應付，都可能解決不了問題。倘若我們採取軟硬兼施的辦法，也許事情要好解決得多。比如戰國時韓國對秦國聯楚攻韓的處理辦法就是如此。

西元前三〇六年，秦國派寵臣向壽去駐守宜陽（原爲韓地，後被秦所奪）；向壽又聯合楚國，準備進攻韓國。

於是，韓相公仲朋派蘇代去對向壽說：「你打敗了韓國，奪走了宜陽；又侮辱公仲，讓他到秦國謝罪求和。公仲用整個韓國來侍奉秦國，自以爲一定可以得到封賞，然而，不僅未得到封賞，秦國還與楚國和解，把國中的杜陽（在今陝西麟遊縣）封給楚國的小令尹。現在，秦國又聯合楚國，再次進攻韓國，韓國必然要滅亡了。不過，有一點你要記住，受困的野獸還可以顛覆車子。如果你們眞的這樣做，公仲朋將親自率領他的黨徒同秦國作拚死的鬥爭。希望你仔細考慮啊！」

向壽急忙解釋說：「秦國聯合楚國，不是用來抵擋韓國的。你替我轉告公仲說：『秦國與韓國的邦交還是可以和好的。』」

蘇代回答說：「我正好也有話向你稟告。俗話說：『重視別人所重視的人，才會受到別人的重視。』過去，秦王寵愛你比不上他寵愛公孫郝，他認爲你的智慧也比不上甘茂。現在，他們兩個人都不能親自參與秦國的政事了，而你偏偏能和秦王主斷國家的大事，那是什麼原因呢？是因爲他們失去了秦王的信任啊！公孫郝偏袒韓國，而甘茂偏袒魏國，所以秦王不相信他們。現在，秦國和楚國爭強，而你偏袒楚國，這是與公孫郝、甘茂走的同一條道路啊。你應該設法同他們兩個人區別開來。人們都說楚國多變，而你絕對相信它，這是你自己不重視自己。你不如同秦王商議楚國的多變，提議親善韓國，以防備楚國；假如能這樣，你就不會有災禍了。因爲韓國先是用國家去附隨公孫郝，後來又將國事委託給甘茂，這樣說來，韓國就是你的仇敵了。現在你主動向秦王提出同韓國親善去防備楚國，這是推舉外賢不避開仇敵的舉動，秦王必定不會懷疑。」

向壽聽蘇代話中有韓國願意投靠他的意思，便趕緊說：「其實，我也很想同韓國聯合。」

蘇代接著說：「過去投靠甘茂，他答應公仲將武遂歸還給了韓國，讓宜陽的居民還是回到宜陽去；現在，你想白白地就將韓國拉到自己的一邊，那是很困難的。」

向壽有些爲難地說：「那又該怎麼辦呢？武遂終究不可能再得到了。」

蘇代這才爲向壽出「主意」說：「你爲什麼不用秦國的名義替韓國向楚國要求歸還潁川（在今河南許昌市）呢？這是韓國寄存在楚國的土地啊。你的要求如果得到滿足，這就是你的命令在楚國能得到執行，而且可用潁川之地使韓國感激你；如果你的要求得不到滿足，這樣，韓國與楚國的怨仇就得不到和解；因此，兩國就會爭相趨赴秦國。秦國和楚國爭強，而你則責備楚國以拉攏韓國，這對秦國不是很有利嗎？」

向壽想了想，猶豫地說：「這樣做不好吧？」

蘇代爲他鼓勁說：「這是有利於秦國的事情，有什麼不好！甘茂想用魏國去爭取齊國，公孫郝想用韓國去爭取齊國；現在，你奪取宜陽作爲自己的功勞，拉攏楚國、韓國以安定局勢，責備齊國、魏國的罪過，因此，你的政敵公孫郝、甘茂就眞的無事可做了。」

於是，向壽接受了蘇代的建議。

在這裏，向壽是秦王的寵臣，是親楚派，因此，蘇代的游說難度是很大的。而蘇代卻憑著他的聰明才智，首先採取強硬態度，警告向壽：公仲朋受辱後還侍奉秦國，已經很不錯了；可你們還要和楚國聯合，想再次進攻韓國，就不應該了。當心逼急了，公仲和他的黨徒會與秦國勢不兩立，拚死對抗。隨後又採用緩和的態度，同向壽分析他的處境：你過去因爲沒有偏袒別國才受到秦王的重用，現在你偏袒楚國，與那些過去因偏袒別國而不受秦王重用的人沒有什麼區別，因此，勸他不如親善韓國，防備楚國，以求免禍。最後向向壽提出要求：既然你要同韓國親善，不能沒有一點表示，希望你能以秦國的名義要求楚國將潁川歸還給韓國。

蘇代在整個游說過程中，採用軟硬兼施的方法，有警告，有勸說，有威脅，有誘惑，有要求，並巧妙地利用秦國君臣之間的矛盾，終於獲得游說的成功——既說服向壽接受了親韓防楚的策略，使韓國在秦國又找到了一位權臣作依靠；又使韓國的失地潁川得以歸還；還使秦、楚聯合進攻韓國的計畫落空了，韓國可以免遭戰爭的侵擾；同時，也打擊了向壽的政敵。眞是施略小計，一舉數得，滿載而歸！

虞卿說春申君

游說是一門學問，也是一門藝術。會說話的人，往往只用幾句話或不多的語言就能將被游說的人的積極性調動起來，非按游說人的話去辦不可；不會說話的人，儘管費了很大的勁，說了很多的話，卻達不到預期的效果。《戰國策．楚策四》中記載的趙國的游說之士虞卿，就是一個很懂得游說技巧的人。

趙國的謀士虞卿對楚相春申君黃歇說：「我記得《春秋》上有兩句話說：在平安的時候要想到危險，在危險的時候要考慮到平安。現在楚王的年歲老了，您的封地不能不早點定下來啊。替您考慮封地，不如遠離楚國爲好。當初秦孝公封衛鞅爲商君。孝公死了，惠王不免殺了他。秦惠王封魏冉爲穰侯，惠王死了，後來的王也奪了他的印。商鞅是功臣，魏冉是姻親，但都免不了遭受殺頭、奪印的命運，那是因爲封地近的緣故。姜子牙封在齊國，邵公奭封在燕國，就太平無事，那是因爲他們離開王室遠了。現在燕國的罪惡大，趙國對它的怨恨很深，所以您不如向北進兵去攻打燕國來討好趙國，消滅了動亂的燕國，將它定爲自己的封地，這是千載難逢的一個好時機啊！」

春申君已被說動，但有些爲難地說：「進攻燕國所經過的道路，不是齊國就是魏國，而魏國、齊國又剛與楚國結下了怨仇，即使我想去進攻燕國，將走哪條路呢？」

虞卿回答說：「我看讓魏王借給您路爲好。」

「你怎麼能使他同意呢？」春申君仍然不放心。

虞卿回答說：「那我就請求爲您到魏國去，使他們同意借路給您。」

於是，虞卿前往魏國，對魏王說：「楚國也夠強大了，天下無敵，竟然要去進攻燕國！」

魏王聽了虞卿的話，有些不理解：「你怎麼一會兒說楚國天下無敵，一會兒又說它竟然要去進攻燕國，這是怎麼說的呀？」

虞卿解釋說：「現在說馬的力氣大，那是有根據的；假如說馬可以負擔三萬斤就不對了，爲什麼呢？因爲三萬斤不是馬負擔得了的。現在說楚國強大也是有根據的，如果越過趙國、魏國去和燕國作戰，那難道是楚國所能承擔得了的嗎？不是楚國能承擔得了的事，而楚國卻要去做，這是使楚國疲困衰弱的作法啊！使楚國疲困衰弱就是使魏國強大，哪種作法對大王有利呢？」

有這麼好的事情，魏王自然會捨棄前嫌而同意借路了。

作爲趙國的使者，虞卿以遠楚定封爲誘餌，勸說春中君向北進兵，去進攻燕國；當春中君被說動心後，他又以削弱楚國的實力爲由，勸說魏王借路給楚國去攻打燕國。他見什麼人說什麼話，處在什麼國家，就從什麼國家的利益出發，而且都能讓人聽起來覺得有理，願意接受，可說是八面玲瓏，用心良苦。

好事與壞事

根據樸素唯物主義的觀點，世界上沒有絕對的好事，也沒有絕對的壞事；這兩者常常是相互轉化的，有時好事會變成壞事，有時壞事也會變成好事。更準確地說，就是好事中有時也隱藏著禍根——它容易使人忘乎所以，滋生驕傲自滿情緒；壞事中有時也潛藏著福音——它容易使人頭腦冷靜，吸取教訓，看到事物的本質，少犯或不犯錯誤，所謂「吃一塹長一智」是也。

其實，古人是非常了解這兩者之間相互轉化的關係的，並能熟練地運用到政治鬥爭、外交鬥爭和軍事鬥爭中去。《戰國策．燕策一》中就記載有這樣的故事。

燕文公的時候，秦國爲了破壞合縱，秦惠王將他的女兒嫁給燕太子做了夫人。這一年，文公去世，太子即位，稱爲「易王」。這時六國的合縱差不多快解體了，齊宣王乘燕國有喪事而起兵進攻它，奪去了十座城池。燕王見齊國先攻打趙國，現在又來攻打燕國，很是憂慮。武安君蘇秦見自己約定的合縱六國開始互相攻打，甚感不安，便爲燕國去勸說齊王。

見到齊王，蘇秦先拜了幾拜，低著頭向他道賀；再拜幾拜而抬起頭向他弔喪。

齊王見狀，按著劍向後退，氣憤地質問他：「你爲什麼道賀剛完又馬上接著弔喪呢？」

蘇秦不慌不忙地回答：「我聽說人餓了所以不吃毒烏頭的原因，是由於它雖然可以暫時充饑，卻同時會招來死亡的災禍啊。現在，燕國雖然弱小，燕王卻是強大秦國的小女婿啊！大王儘管得到了它的十座城池的好處，卻和強大的秦國結下了深仇。如果讓弱小的燕國打頭陣，而強大的秦國緊跟在後面來制服您，以致招來天下精銳的部隊，這就如同吃了毒烏頭是一回事啊！」

齊王一聽，有些害怕起來，問蘇秦道：「既然已經弄成了現在的局面，那我該怎麼辦才好呢？」

蘇秦要的就是他的這句話，於是胸有成竹地對齊王說：「我聽說那些聖明的人處理事情，能把壞事轉變爲好事，由失敗而變爲成功。所以，齊桓公背棄了他的夫人而名聲越來越大，韓獻得罪了趙宣子而交情更加牢固，這都是將壞事轉變爲好事，由失敗變爲成功的例子啊。大王如果能聽我的話，不如慷慨地將十座城池歸還給燕國，然後用謙卑的言辭去向秦國謝罪。秦國知道大王是因爲它的緣故而將城池還給燕國的，必定會感激大王。燕國無緣無故又得到了失去的十座城池，也會感激大王。這樣就等於化解了強敵的仇恨而同它建立了深厚的交情。燕國、秦國都很尊重齊國，那麼大王的號令就會使整個天下都服從了。這樣，大王就用幾句空話博得了秦國的依附，用燕國的十座城池換取了天下人的敬畏。這就是在建立霸主的事業！這就是所謂的將壞事轉變爲好事，由失敗而變爲成功啊！」

經蘇秦的一番剖析，齊王轉憂爲喜，非常高興，立即就將十座城池歸還給了燕國。事後，齊王還用千金感謝蘇秦，叩頭在地，希望和蘇秦結拜爲兄弟，並向秦國請罪。

本來，齊國乘燕國有喪事之機，從燕國奪取了十座城池。但蘇秦爲了燕國的利益，也爲了六國合縱的事業，硬是憑著他的三寸不爛之舌，又巧妙地運用好事與壞事相互轉化的哲理，竟勸說齊王「完璧歸趙」，將十座城池又歸還給了燕國。齊王爲什麼要歸還燕國城池呢？並不是害怕燕國，它害怕的是秦國——易王是秦王的小女婿。儘管秦國不一定就會出面，但蘇秦連勸帶嚇，抬出秦國相威脅，齊王急切之下當然會有所顧忌。結果。齊國空喜一場，興師動衆，大動干戈，什麼好處也未得到。

燕國本來就弱小，突然失去十城，可算是國家的重大損失。正當燕王在爲失去父王而傷心，失去十城而憂慮的時候，不料喜從天降，經蘇秦的游說，齊國又主動將十城送還來了，而且與齊國的交情也加深了，名副其實的壞事變成了好事。

蘇秦以自己的聰明才智，不僅使燕國的十座城池失而復得，為燕王立下了汗馬功勞；而且他自己也從齊王那裏得到了實惠——千斤的謝金，眞可說是不虛此行，名利雙收。

四、能言善辯

一般人可能都曾有過這樣的體驗：同樣是一個意思，同樣是一句話，從那些不會說話的人的嘴裏講出來，聽起來就感到不順耳，很彆扭；而從那些會說話的人的嘴裏講出來，聽起來就感到特別順耳，特別舒服。

戰國時期的那些縱橫家們，都可稱得上是一些「會說話」的人，他們就有這樣的工夫：本來君主或權臣的主意已定，可他們卻憑著三寸不爛之舌，一番勸說，就能讓君主或權臣改變主意；本來君主或權臣對某位縱橫家有看法，不準備重用他，但經他的一番游說辯解，便使君主或權臣改變看法，繼續重用他——這些都讓我們不能不佩服縱橫家的出眾口才。

巧言避禍

戰國時期的那些策士們生於亂世之際，求富貴於諸侯之間，其實也不是一件很容易的事情。

危機總是存在的，稍一不愼，輕則爲所在國的國君驅逐，重則可能掉了腦袋。這不僅需要那些爲人所用的策士們有明察天下大勢而舉謀不謬的清醒與明智，還要有在危機中曲避求生、巧智免禍的能力。

秦國進攻邯鄲，近一年半而無尺寸之功。帶兵攻打邯鄲的秦將是王稽。由於他自恃得秦王寵信而自傲，不僅不能禮遇下屬，反而對下屬多有輕慢，致使下屬不僅不拚死效力，甚至聯合起來告了他一狀，說他私通山東六國謀反。秦昭王大怒，二話沒說，便誅殺了王稽。

這王稽也就是當初出使魏國，從魏國將范雎帶到秦國的那個人，所以，他實際上也是范雎的舉薦人。范雎得到秦昭王的信任之後，大約是爲報答王稽的知遇之恩，又舉薦他做了河東守。這兩人之間由此自然也就有了一種難解難分的關係。依據當時秦國的法律，「任人而所任不善者，各以其罪罪之」，即如果被舉薦者犯了罪，舉薦人當連坐治罪。秦昭王一怒之下，要把范雎也和王稽一同誅殺。這一下范雎可謂命若游絲了。

是范雎對秦昭王的一番巧言，保住了自己的性命。

范雎對秦昭王說：「臣下我本來是東部邊邑的一個微賤之人，因爲得罪了楚國、魏國，死裏逃生來投奔大王。我既沒有諸侯的援助，也沒有親近大王的故舊，大王從客舍中舉用了我，讓我主管國事，天下人都知道我的身世和大王舉用我的事。現在我愚蠢糊塗，與有罪的人同心，大王如果殺掉我，這樣大王錯用了我的事情就會讓天下人知道，大王必然會被諸侯所恥笑。我請求大王給我毒藥讓我自殺，並恩准以相國的葬禮安葬我，這樣大王既不需要赦免我的罪過，又避免了用錯了人的壞名聲。」

范雎的這番話說得的確是妙不可言。其妙有三：

第一，強調自己是由秦王親自舉用於客舍之中。這一強調，一方面無形之中撇清了自己爲王稽所舉薦的事實，另一方面又暗示秦王，是你親自提拔了我。既然是你親自提拔了我，那就罪不僅在我，而且也在你。除此之外，這一強調還透著一種感恩不忘的誠懇，把自己與秦王的關係一下子又拉近了好多。眞可謂一石三鳥。

第二，全不爲自己辯解，而承認自己該死。不管范雎如何文飾撇清，其實他之得王稽舉薦和他自己舉薦王稽，都是不爭的事實，因爲他之所以能到秦國來，就是全賴王稽之力。而王稽之所以能做河東守，也是他的保薦，這些過去的事情，他自己不會忘記，秦王也不會忘記。如果硬要爲自己辯解，必不會有什麼好的效果。且秦王此刻正在火頭上，與其辯不清解不明，弄不好惹惱他，事情會不可收拾。還不如自己承認該死，起碼能讓他消消氣。

第三，請求自裁以爲秦王遮羞，透著全爲秦王著想的忠誠。好生謀活本來就是人之常情，范雎自然不是眞的求死，只是他如此說去，更顯得自己知恩圖報，即使死到臨頭也不願意秦王暴露自己不會用人的短處，實在忠誠之至。而且他要求自殺的話裏，其實又將自己爲秦王所舉用的暗示加強了一道。只是話說得如此綿軟動聽，不僅不刺激人，而且留給人的印象全是他的忠誠。

如此忠誠於自己的人，誰會忍心去殺他呢？

果然，聽了這番話，秦王不僅沒有殺范雎，反而待他更好了。

曲意示誠

所謂「曲意示誠」，是指當自己的誠意被人懷疑的時候，不是直接採用爲自己辯解的方式，而是用很技巧很婉轉的方式來無可爭辯地顯示自己的誠意。

這是陳軫爲自己向秦惠王破疑時用到的一種很有效果的方法。

陳軫也是戰國時期一個有名的策士，他與張儀同事秦惠王，受到張儀的排擠。張儀被任爲秦相之後，他從秦國出走到了楚國，後來又回到了秦國。陳軫再次回到秦國，仍然爲張儀所不容，他要求秦惠王驅逐陳軫。他對秦惠王說：「陳軫作爲楚國的臣子，到楚國時卻將秦國的情況告訴楚國，我張儀不能與他共事，請大王驅逐他。大王驅逐他時可以問問他，如果他還是要到楚國去，就請大王殺了他。」

張儀這一手確實狠辣，弄不好陳軫的腦袋就會搬家。

一般人看來，陳軫大概絕不會告訴秦惠王他還是要到楚國去的，就連秦惠王聽了張儀的話之後也說：「陳軫哪裏還敢到楚國去！」可是出人意料的是，當秦惠王告訴陳軫他可以離開秦國並問他準備到哪裏去時，陳軫毫不猶豫地回答自己想到楚國去。這使秦惠王也十分驚訝，對他說：「張儀也認為你要到楚國去，他的話果然是真的了。」秦惠王的話裏意思很清楚，那就是果然不出張儀所料，你的確是與楚國相通啊。

陳軫的對答也實在絕妙。他對秦惠王說：「其實不僅張儀知道我要到楚國去，就是一般的過路人也會想到我離開秦國必然會到楚國去。俗話說得好，『孝己愛其親，天下欲以為子；子胥忠乎其君，天下欲以為臣。』一個被出售的僕人如果在他的本鄉能夠賣出去，這個僕人一定是一個好僕人；一個被無端休掉的妻子如果能夠直接改嫁給她的本鄉人，她就一定是一個良婦。現在的楚王是一個明主，楚國的令尹（相）昭陽君也是一個賢相。如果我陳軫不是一個忠臣，而常將秦國的情況透露給楚國，楚王絕不會收留我，昭陽君也絕不會願意和我共事。我在秦國忠且見棄，不到楚國去又能到哪裏去呢？」

這番話的確說得入情入理，滴水不漏。言裏言外都顯著自己是一個忠於秦國的人，卻又不是直接為自己辯護。這其中最為有力的是他以孝己、子胥、良僕、棄婦自比的那番表白。孝己是殷高宗戊丁的兒子，是個著名的孝子，相傳他每天夜裏都要起來五次，檢查父母被褥厚薄、枕頭高低是否合適。生母死後，遭後母讒毀，以致流放而死。子胥也就是伍子胥。伍子胥在其父伍奢被楚平王處死之後投奔吳國，助吳王闔閭奪取王位，又助吳國整頓軍隊，打敗楚國，爲吳國興盛立下大功，但到吳王夫差繼位，卻遭太宰伯嚭的讒毀，被賜劍自刎。陳軫其實是以孝己和子胥自比，既說明了自己的忠誠，又暗示了自己的遭讒毀。用這兩個人得天下人好評與良僕棄婦的比喩一起，恰到好處地向秦惠王說明了自己將要到楚國去的原因：孝子、忠臣人人都喜歡，良僕能在本鄉賣出，棄婦能在本鄉改嫁，是因爲他們本來就是良僕良婦且本鄉人都了解。我陳軫之所以敢於到楚國去，是因爲楚國知道我陳軫本來就是一個忠臣。如此一來，張儀對他的讒毀，也隨之不攻自破了。

攻心戰術

俗話說「打蛇要打七寸」。它是比喩說，我們在辦事的過程中，如果遇到了困難或阻力，就要找出問題出在哪一個環節，關鍵問題在哪兒，然後採取有效措施，攻破難關，使問題或困難迎刃而解。戰國時趙國的老臣觸龍說服趙太后的故事，就是這方面的典型例子。

趙太后是惠文王趙威的王后。惠文王死後，由幼子趙成王繼位，威后便成了太后，並執掌趙國的政權。在趙太后剛掌權不久，秦國就加緊進攻趙國。趙國向齊國求救。齊國說：「必須用長安君做人質，然後才出兵。」趙太后見齊國要趙國送她最寵愛的小兒子去做人質，堅決不同意。大臣們紛紛進諫。太后便明白地告訴左右說：「有誰再說要送長安君去做人質，老婦就要將口水吐在他的臉上。」大臣們便不敢再進諫了。

左師官觸龍說有事情要來拜見太后。太后板著面孔，氣鼓鼓地等著他。觸龍進殿的時候，慢速急步向前，一到太后面前便自我謝罪說：「老臣的腳有病，竟不能快步走，以致好久沒有來拜見您了。我私下寬恕自己，可是擔心太后貴體欠佳，所以願來拜望太后。」太后說：「老婦靠坐輦車行走。」觸龍問：「每天的飲食該不會有所減少吧？」太后回答說：「靠喝點粥啊！」觸龍說：「老臣現在很不想進食，於是勉強自己散步，每天走三四里，結果稍微增加了一點食欲，全身也覺得舒適一些了。」太后說：「老婦不能散步。」說著說著，太后的臉色稍微鬆馳了一些。

觸龍緊接著說：「老臣的賤子舒棋，最小，不像樣子。然而，我已衰老，私下可憐他。希望能讓他到衛士行列裏去充個數，來保衛王宮。因此我冒著死罪來告訴太后。」太后說：「好！年紀多大了？」觸龍回答說：「十五歲了。雖然年小，但是希望乘我還沒有屍塡溝壑之前便託付給太后。」太后說：「男子漢也可憐他的小兒子嗎？」左師公回答說：「當然。有時還超過了女人。」太后答說：「女人愛得特別厲害。」觸龍順勢說道：「老臣私下認爲，老夫人愛燕后超過了愛長安君。」太后說：「你錯了，我愛燕后不像愛長安君愛得厲害。」

觸龍緊接太后的話說：「父母愛兒女，就要爲兒女作長遠的打算。老夫人送別燕后出嫁，握著車踵爲她哭泣，想到她遠嫁他國，也夠傷心了。她已經走了，太后不會不想她啊，祭祀的時候一定要祝福她，祝辭說：『一定不要讓她再回來（古時「再回來」意即被休）。』難道不是爲她作長遠的打算，願她有子孫一個接一個地做王嗎？」太后點點頭說：「你說得是。」

左師公進一步問道：「從現在上推到三代以前算起，一直到趙氏建立趙國的時候，趙國君主的子孫受封爲侯的，他們的繼承人還有在位的嗎？」太后想了想，回答說：「沒有。」左師公又問：「不只是趙國，諸侯的子孫受封爲侯的，他們的繼承人還有在位的嗎？」太后肯定地回答：「老婦沒有聽說過。」

觸龍於是就這個問題進一步說：「這就表明時間短的，災禍就降臨到他們的身上；時間長的，就降臨到他們的子孫身上。難道君主的子孫就一定沒有好的下場嗎？那是因爲他們的地位尊貴卻沒有功勳，俸祿豐厚卻沒有勞績，而擁有的貴重寶器卻很多。現在，老夫人使長安君處於尊貴的地位，把肥沃的土地封給他，多給他貴重的寶器，卻不乘現在讓他爲國立功。一旦您老人家不幸，長安君怎麼能在趙國安身呢？老臣認爲老夫人爲長安君想得不遠，所以，我認爲您愛長安君比不上愛燕后啊。」

經左師官的一番剖析，太后恍然大悟，對觸龍說：「你說得好。任憑你怎麼支使長安君，我都沒有意見。」

於是，趙國為長安君準備了一百輛車子，送他去齊國作人質。直到這時，齊國才出兵援救趙國。

在老臣觸龍去說服趙太后交出長安君赴齊國做人質，從而換取齊國出兵救趙的過程中，趙太後開始態度很堅決，不同意送長安君去做人質，且有水潑不進、針紮不進的架勢。但後來她又為什麼能心甘情願地交出長安君，送他赴齊國做人質呢？關鍵在老臣觸龍掌握了趙太后愛子如命的心理，並採取了巧妙的方式，因勢利導，以柔克剛，以情寓理，步步深入，切中要害，終於使趙太后醒悟過來，同意讓愛子長安君去齊國做人質，從而使齊國出兵，解除了趙國的困境。

觸龍說服趙太后獲得成功的另一個重要原因，就是他很重視談話的藝術，先談什麼，後談什麼，說什麼話聽起來感到很親切，用什麼話最能打動人的心，但又能從所說的話中悟出道理來，這確實不是一件容易的事情。然而，觸龍卻非常順利地做到了，從中不難看出觸龍的聰明機智。觸龍談話的藝術和技巧，確實讓人感歎，也很值得讀者借鑑。

化險為夷

生活中常常會遇到這樣的事情：本來某件事是錯的，是被人誣陷的，如果被不善言辭或智力遲鈍的人遇上了，就會有口難辯，或越辯越糊塗，最後就會「弄假」成眞。但如果是被一個能言善辯或聰慧的人遇上了，則能辯說清楚，化險爲夷。戰國時魏國的相國范座就是這樣一個能言善辯的人。

一天，趙國的上卿虞卿問趙王道：「請問大王，人的情性，是寧願使別人來朝拜呢？還是寧願向別人去朝拜呢？」

趙王肯定地回答說：「人自然是寧願使別人來朝拜，怎麼會願意向別人去朝拜呢！」

於是，虞卿對趙王說：「魏國是合縱的盟主，而心中怨恨趙國的人是范座。現在大王如果能夠用一百里的土地或者一萬戶的都邑獻給魏國，請求魏國將范座殺掉，那麼合縱的盟主就可以從魏國轉移到趙國來。」

趙王想了想，覺得很有道理，且有利可圖，便同意了虞卿的建議，並派人用一百里的土地去請求魏國殺掉范座。魏王並未細想，就答應了趙國的請求，當即便命令司徒拘捕了范座，卻沒有馬上殺掉他。

范座在獄中給魏安釐王上書說：「我聽說趙王用一百里的土地，請求殺了我。殺掉我一個無罪的范座是件小事，卻可以得到一百里的土地，那是大利啊！我私下為大王叫好。即使這樣，卻有一點值得大王考慮：如果一百里的土地得不到，而死了的人又不能復生，那時大王就必定會被天下的人所恥笑了。我私下認為，與其用死人作交易，不如用活人作交易要好得多。」

范座隨後又給繼任的相國、信陵君魏無忌寫信說：「趙國和魏國，是敵對交戰的兩個國家。趙王寄一封短信來，魏王就輕率地為此要殺掉我這個無罪的范座。我范座雖然不怎麼有才幹，但畢竟也是以前魏國的相國呀！我是因為魏國的緣故，得罪了趙國。如果國內沒有可以勝任的臣子，即使得到了外國的土地，也是守不住的。然而，今天能守住魏國的人，沒有誰比得上您了。君王聽趙國的話殺了我范座以後，強大的秦國就會照著趙國的辦法，割地也許會比趙國增加一倍，以請求魏國再殺掉您，那麼您將採取什麼辦法去制止它呢？這就是您的麻煩啊。」

范座信中的話，於公於私，於國於家，都合情合理，易於讓人接受。前後細想一想，認眞分析一下，便知道這是趙國為了自己的利益而採用的「借刀殺人」之計，以削弱魏國的力量。因此，信陵君看完范座的信後，便立即找到魏王，陳說其中利害，請求魏王不要上了趙國的當，馬上釋放范座。

范座在自己處於極其不利的情況下，頭腦冷靜，憑藉自己的聰明才智，分別給魏王和信陵君寫信進行辯解。尤其是在給信陵君的信中，陳說這樣做的後果，使信陵君也感到事情的嚴重性，也感到害怕。因此，他也極力為范座向魏王解釋，使魏王明白了趙國的目的，終於將范座釋放了。

范座終於以自己的聰明才智，不僅使自己免於受害，也使信陵君、魏王明白了趙國的目的，而且使趙國想成為合縱的盟主的企圖落了空，真可謂一舉數得！

轉危為安

《戰國策．韓策二》中記載有這樣一個故事。

齊國派周最出使韓國，任務就是要求韓國廢棄現任的相國韓公叔，而任命韓擾為相國。接受這項任務後，本是周國公子的周最很是憂慮，對同行使者史舍說：「韓公叔與周國的君主交情很好，現在讓我出使韓國，要求他們任命韓擾為相，而廢棄公叔，實在不是一個好差使。俗話說：『在室內發怒的人到了市場中，臉色上就要表現出來。』現在韓公叔怨恨齊國，又無可奈何，必定會和周君絕交而深怨我了。」因此，他很想推掉這趟差使。

史舍想了想，很有把握地說：「你還是去一趟爲好，到時我會讓公叔不僅不怨恨你，而且還敬重你！」於是，兩人起程了。

周最到了韓國。公叔知道後大怒，不理睬他們。史舍見狀，便單獨去拜見韓公叔，並對他說：「周最本來就不願意承擔這趟差使，是我私下勉強他來的。周最不想來，就是爲了您；我強勉他來，也是爲了您。」

公叔氣還未消，冷冷地說道：「那我倒要聽聽你的解釋。」

於是，史舍很平靜地回答說：「齊國的大夫庶子中有人養了一條狗，那狗兇猛，不可喝叱，喝叱它，牠就一定會咬人。有個客人請求喝叱那條狗，那條狗便怒視著他。客人開始慢慢地喝叱，那狗擺了擺尾，搖了搖頭，便不動了；再喝叱那條狗，那狗就沒有咬人的意思了。現在，周最本來能夠侍奉您，卻因爲不得已的緣故來出這趟差。他也將按照禮節陳述齊王的要求，但他會言辭緩慢地講話；那時，韓王必定認爲齊王的要求不急，既然不急，韓王就一定不會答應他。如果來的使者和您沒有什麼交情，而又想討好韓擾，他奉命出使來得一定很快，交談時，話也一定會說得很急，那韓王就肯定要答應他了。」

韓公叔聽了史舍的一番言語，連連點頭，臉上露出了笑容。他立即親赴使舍去拜望周最，待之如上賓，並且很敬重他的爲人。

幾天後，周最拜見韓王，他按史舍的叮囑說話，韓王果然不答應廢棄韓公叔而任命韓擾爲相的要求。

本來，周最一接受這趟差使就知道此次出使韓國是凶多吉少——儘管不會有生命危險，但將不受韓國的歡迎，處處會有人爲難，是讓人十分尷尬和難爲情的事情。如果不是史舍的勸說，他是會想方設法推辭掉這趟差使的。好在史舍聰明機警，巧言善辯，用客人喝叱兇猛的狗爲喻，巧妙地暗示周最是在爲韓公叔暗中出力，並不給他爲難，才使韓公叔打消了顧慮，轉怒爲喜，從而對周最一行也格外熱情，也使周最一行轉危爲安。倘若此行跟隨周最出使的是一個平庸之輩，那結果實在難以預料。

淳于髡受賄

歷史的經驗告訴人們：一個人爲人處事還是應該靈活一點好，或者說叫知權變，不能過於呆板，抱住老框框不變，這樣不僅對工作、對事業不利，而且還會無端地得罪人。當然也不能太「靈活」，沒有一個「度」，漫無邊際；否則，將會給集體帶來損失，也容易導致自己犯錯誤。

那麼，一個人的為人處事做到什麼程度才算「靈活」、知「權變」呢？我們認為，他應該是既有原則性，又有靈活性，並將這兩者有機地結合起來。對於原則性問題不能讓步——當然，有時也可採取緩和一點的步驟處理；對於非原則性問題，則可以靈活處理。正所謂該原則時就必須原則，該靈活時就必須靈活，原則中見靈活，靈活中亦有原則，這才比較和諧，這才對我們的事業、工作和自己前途的發展有好處；至少，不會有壞處。

其實，這個道理中包含著頗深的哲理和智慧，古人很早就認識到了，並付諸實踐。我們從《戰國策．魏策三》中記載的「齊欲伐魏」的故事中，就可以看出這一點。

當時，齊國想去進攻魏國。魏國得知消息後，便立即派人去對齊國的大臣淳于髡說：「齊國想攻打魏國，眼下能解除魏國禍患的，唯有先生而已，請先生無論如何要幫這個忙。敝邑有寶璧兩對，紋馬八匹，請讓我獻給先生，望笑納。」

在這種情況下，一般人肯定不敢接受魏國所贈送的禮品。而聰明機智、才華出眾的淳于髡卻毫不推辭，爽快地答應下來，並答應了魏國的請求。

一天，淳于髡去晉見齊王，對他說：「楚國是齊國的仇敵，魏國是齊國的盟國。攻打盟國，讓仇敵利用我們的疲勞制服我們，名聲不但不好，而且也實在危險，我認為大王不應該採取這種做法。」

「說得有道理！」齊王聽從淳于髡的建議，決定不去進攻魏國。

此時，有個說客對齊王說：「大王不知是否知道，淳于髡說不要去攻打魏國，是因爲他接受了魏國贈送的璧和馬啊！」

齊王便召見淳于髡，並問他：「我聽說先生接受了魏國贈送的璧和馬，有這回事嗎？」

「確實有這回事。」淳于髡一點也不隱瞞。

「既然這樣，先生又怎麼說是在替我著想呢？」齊王進一步問道。

淳于髡從容地回答道：「如果進攻魏國的事於國有利，魏國即使派人來刺殺我，那對大王又有什麼益處呢？假如眞的不利，魏國即使是封賞我，對大王又有什麼損害呢？再說，大王不受攻打盟國的非議，我淳于髡有了璧和馬這些珍寶，對大王又有什麼損害呢？」

齊王聽了淳于髡的一番解釋，覺得既有理又有趣，因此，就不再追問此事了。

如果是一般的人，要麼不敢接受魏國贈送的璧和馬；要麼偷偷接受了，以後被齊王知道了，便嚇得趕快賠禮認罪，請求「處分」。而淳于髡卻能既得到了璧和馬，又能在齊王知道此事後而平安無事。

從整個事件的發展可以看出，淳于髡在接受魏國贈送的璧和馬的時候，就已仔細分析、審視過當時諸侯之間的關係和形勢，已預見到齊國與魏國的戰爭打不起來，因此，事情兩便，灑脫不拘，他就毫無顧忌地收下了禮物。當魏王知道淳于髡接受了魏國贈送的禮品並爲他們講話後，他又憑著自己的聰明才智，作出了滑稽風趣、頗有道理的解釋，自然能得到齊王的諒解。由此可以看出他的靈活機智和能言善辯。

這裏還需要說明的是，淳于髡並未喪失原則而去接受魏國的禮品，何況在封建社會裏，受賄收禮是一種非常普遍的現象。

當然，古人也不是都懂得辦事要靈活一些的道理。如五代時後梁的龐師古就是一個辦事不靈活、不知權變的將軍。他因多年侍奉太祖朱溫，養成了一種謹小慎微、亦步亦趨、絕對服從的習慣。後來當了將軍，帶兵打仗也完全依靠君王或統帥給他安排好的「程式」進行，不敢有絲毫的偏差。他從不敢違抗君王的成命，甚至連挪動營寨這樣的小事，也不敢獨自作主，結果枉送了不少士兵的性命，連自己的性命也丟掉了，成爲天下人的笑柄。這確實值得人們引以爲戒。

諒毅巧拒秦王

西元前二五七年，秦國進攻魏國，奪取了寧邑，諸侯都前往祝賀。趙王也派使者前往祝賀，可是，使者往返了三次都未能通報接受。趙王爲此很憂慮，對左右大臣說：「憑藉秦國的強大，得到了寧邑，它很快就會來控制齊國、趙國了。諸侯都前往祝賀，我們也前往祝賀，為什麼偏偏不能通報？這說明秦國即將向我國用兵。我該怎麼辦呢？」

左右大臣回答說：「使者前往三次都不能通報的原因，一定是由於派去的使者不是合適的人選。有個叫諒毅的，是個能言善辯的人，大王不如派他去試試看。」

於是，諒毅入宮受命，前往秦國。到了秦國，他在給秦王的書信中說：「大王擴大土地到了寧邑，諸侯都來祝賀，敝國的君主也私下讚美這件事，不敢安居，使臣下捧著禮物三次來到王庭，而使者卻不能通報。如果使者無罪，就希望大王不要拒絕趙國的友好意願；如果使者有罪，我願意替他請罪。」

秦王看了諒毅的書信，派使者回報說：「凡是我指使趙國的，無論小事大事，都應該聽我的話，我就接受書信和禮物；如果不聽從我的話，那麼使者就可以回去了。」

諒毅為了見到秦王，便故意回答說：「臣下此次前來，本來就是為了奉承貴國的旨意，豈敢違逆？大王如果有什麼命令，就請讓我們奉行，沒有什麼敢懷疑的。」

於是，秦王便接見了諒毅，並對他說：「平陽君趙豹、平原君趙勝曾多次欺騙、戲弄過寡人。只要趙國能殺掉這兩個人，就可以了事。」

這實在是太專橫霸道了，諒毅聽後非常氣憤，便反唇相譏道：「平陽君和平原君是我們國君的同母弟，就像大王有葉陽君和涇陽君一樣。大王以孝治國，聞名於天下，衣服穿得合身的，飯食能滿足口味的，莫不分給葉陽君和涇陽君。葉陽君和涇陽君的車馬衣服，可以說沒有哪一樣不是大王用過或穿過的。我聽說：『翻轉鳥巢、毀壞鳥卵的地方，鳳凰就不在那裏飛翔；剖過獸胎、烤過獸嬰的地方，麒麟就不到那裏去。』現在，讓我接受大王的命令回去報告，敝國的君主由於害怕，就不敢不執行。而大王這樣做，難道就不怕傷了葉陽君和涇陽君的心嗎？」

「這……」秦王未想到諒毅會這麼反問一句，有點措手不及，沉思片刻，只好說：「既然這樣，那就不要讓他們從政了。」

諒毅見秦王已經讓步，便進一步搪塞他說：「敝國的君主，有了同母弟卻未能好好地教誨，以致引起貴國的厭惡，請讓敝國罷免他們，不再讓他們從政，以使貴國稱心。」

於是，秦王高興起來，接受了他的禮物，並且吩咐從人很熱情地接待他。

不用多說，我們已從諒毅出使秦國的整個過程可以看出，他確實是一個聰慧機警、能言善辯的人。面對驕橫跋扈的秦王，他不卑不亢，無所畏懼，從容而談；當秦王欲向趙王施加壓力、命令趙王殺掉平陽君和平原君時，他不正面、直接否定秦王的無理要求，而是透過委婉巧妙的方式，拒絕了秦王的無理要求，使秦王亦無可奈何，從而維護了趙國的利益和尊嚴，出色地完成了出使任務。

【品性篇】

處世之道
固寵之術
驕奢
品質與膽略

所謂品性，就是人的品質性格。品質指的是人的行爲、作風上所表現的思想、認識、品性等的本質；性格則指的是一個人對人、對事的態度和行爲方式上所表現出來的心理特點，如英勇、剛強、懦弱、粗暴等。

中國是一個古老而文明的國家，是一個禮儀之邦，自古具有重視人的品質、德行等方面的傳統。凡是在這方面做得好的，人們就稱頌他，尊重他；凡是在這方面做得不好的，人們就看不起他，鄙棄他。雖說戰國時期的縱橫家們不重視人的品行，而講求進取，但他們也不是完全不講品質、德行，仍然有其做人的原則。

一、處世之道

一個人生活在現實社會裏，避免不了要與世人打交道。一般說來，每一個人在與世人打交道的過程中，都會有自己爲人處世的原則，如自己如何做人，如何對待上級，怎樣對待朋友，怎樣對待下屬，如何對待別人的建議、意見，怎樣處理問題等等。

縱橫家作爲戰國時期的一個特殊的社會階層，自然也有他們的爲人處世之道。

用人重其實

用人要重其實，而不能圖其虛名，這似乎是人人都能在道理上弄得很明白的事情，但落實到實際，卻往往惑而不明。一般說來，一方面，那些心術不正想要整倒別人的人，會常常抓住別人的某一缺陷加以攻擊——這所謂的缺陷有時其實根本不能算是缺陷，比如一個人的出身的微賤；而另一方面，用人者對普通人也常常會因爲他的某個缺陷而忽略對方的可用之處，反過來，對那些已經有了某些名氣的人，則往往不問可否，也不問能力如何，常常很容易就委以重任。世界上的事，有許多其實就是這樣被弄糟了。

姚賈與秦王政就這個問題展開的一場辯駁，很有些意思。

姚賈是魏國人，遊於趙，曾在趙國爲臣，後來向西入秦。恰遇燕、趙、吳、楚四國聯合攻秦，姚賈自請出使四國，爲秦國平息這場危機。姚賈出使四國，不僅平息停止了四國對秦國的聯合進攻，而且還大大改善了秦與四國的關係。秦王政十分高興，姚賈亦就此被封一千戶，在秦國做了上卿。

姚賈的受封引起當時已在秦國的韓非極大的不滿，他認爲姚賈用王權及國家的財寶去結交諸侯，是使國力空虛且未必能讓秦國與那四國邦交融洽。特別是姚賈不過是魏國一個世代看門人的兒子，在魏國就犯過偷竊罪，在趙國為臣時又被驅逐，秦王任用這樣的人並讓他參與國事，這不是勉勵群臣的辦法。

秦王政聽了韓非的話，於是召來姚賈，對他提出指責。姚賈也不含糊，對於秦王政轉致的韓非所提的責難，一一加以辯駁，情急之下，秦王政也說出了：「你不過是一個守門人的後代，魏國的大盜，被趙國驅逐的臣子！」言下之義，不過是「你有什麼了不起，我居然讓你在秦國做了卿相！」秦王的這一句話，引出了姚賈的一大段陳詞。

姚賈說：「你說得不錯。可是姜太公也不過是齊國一個被老婦驅逐的丈夫，朝歌地方一個無用的屠夫，在棘津出賣體力都沒有人雇傭的人，但周文王用他而使自己擁有了天下。管仲是邊邑中的商人，南陽地方的隱士，魯國遣送的囚犯，齊桓公用他而使自己成為霸主。百里奚是虞國的叫花子，楚國用五張羊皮的價錢將他賣給秦國，秦穆公用他為相，使得西戎來朝。晉文公用中山國的盜賊，在城濮之戰中打敗了楚國。這四個人，都有恥辱，大受天下人的毀謗，英明的君主任用他們，是知道他們可以立功。假使是卞隨、務光、申屠狄那樣徒有虛名而無用的人，君主難道能用嗎！英明的君主對於臣子，不取他們的污點，不聽他們的過錯，而看他們能為自己所用的本事。因此，可以保存社稷的人，即使別人毀謗，君主也不聽。雖然世上有得了高名的人，卻沒有一點功勞，君主也不給予獎賞。這樣，群臣也就沒有誰會想用虛名來得到君主的獎賞了。」

姚賈這一套說辭，很有些強辯的味道，但他在這裏說的道理，卻也是實實在在的。比如姜太公，相傳他的確曾被老婦所逐，到朝歌去想以賣肉謀生，卻每天肉發臭了都賣不出去。到棘津釣魚，魚不上鉤，無奈去當傭工，也沒人雇傭。管仲出道之前，因不爲世所用，隱居南陽，經商謀生，在當時，商人的地位是很微賤的。出道之初，管仲侍奉齊公子糾。齊襄公無道，齊公子糾與他逃亡到魯國。後來公子糾與弟弟小白，也就是齊桓公爭奪齊國王位失敗，魯國殺了公子糾，且囚禁了管仲，將他送到齊國，齊桓公不僅沒有殺他，還讓他主持國政。這些人若論起出身，似乎都不怎麼說得過去，但卻都以他們的才能成就了一番功業。反過來，空有一個好名聲而沒有任何才能，最終於事功無補，無論周文王還是齊桓公，大約都是不會如此加以重用的。

古語有「聰明得福人間少，僥倖成名史上多」。當國爲政者的確不可不察。

能自知人，故人非之不為沮

「能自知人，故人非之不爲沮」，是說自己能夠識人，那麼，無論別人說什麼，也改變不了自己對於人的看法。這裏說的「能自知人」的人，指的是靖郭君，也就是田嬰。

靖郭君很喜歡士人齊貌辯，但這個人很不拘小節，有很多小毛病，因而靖郭君左右的人很不喜歡他。於是有靖郭君手下的士尉向靖郭君進諫，希望他疏遠齊貌辯。靖郭君很生氣，沒有聽從。他兒子孟嘗君也私下進諫，同樣希望他疏遠齊貌辯，這一下甚至激怒了他，他大怒道：「如果能使齊貌辯滿意，即使將你們這些手下的人都殺掉了，把我這個家毀了，我也在所不惜！」他不僅沒有絲毫疏遠齊貌辯，反而安排他住進上等的房子裏，每天讓自己的大兒子爲他駕車、送飯。

就這樣過了幾年，齊威王死，宣王繼位。靖郭君與宣王關係很不好，便辭去相職，回到自己的封地薛，且將齊貌辯也帶到薛地，留在自己的身邊。回到薛地不久，齊貌辯便向靖郭君請求，讓他去見齊宣王。靖郭君對齊貌辯說：「齊宣王很不喜歡我，你去見他，必定會死在那裏的。」齊貌辯回答說：「我本來就沒有想著要活著回來，請你一定讓我去。」

在齊貌辯的堅決要求下，靖郭君只好同意讓他成行。齊貌辯還沒到齊國國都，齊宣王就知道他要來見自己的消息，憋著一肚子火在那裏等著他，一見到他就質問：「你就是那個靖郭君既言聽計從又很是喜歡的人吧？」齊貌辯從容不迫地回答道：「靖郭君喜歡我是實，但對我言聽計從卻未必。當年大王做太子時，我就曾對靖郭君說：『太子的相貌不仁慈，耳後見腮，像豬一樣往下偷看。這樣的人一定不講道理且胡作非爲，不如將他廢掉，改立郊師做太子。』靖郭君哭泣著說：『不行，我不忍心這樣做。』假若他當初聽我的話，就沒有今天的禍患了。回到薛地之後，楚國派人要求用幾倍於薛的地方交換薛地，我勸他一定答應，他卻說：『我從先王那裏接受了薛地，雖然新王憎恨我，但失去先王交給我的地方，我獨自怎向先王交代？』大王怎麼認爲他對我言聽計從呢？」

一番話說得齊宣王歎息不已，激動之情，形於顏色。他感動地說：「靖郭君對我竟然到了這種地步！我太年輕，這些事竟然一點都不知道，太對不起他了。」他馬上請齊貌辯將靖郭君請了回來。

士爲知己者死！這話的確不錯。細細推想，齊貌辯之爲靖郭君說宣王，的確冒了被殺頭的危險。不說齊宣王本來就憎惡靖郭君，對於這樣一個被靖郭君信任的心腹，可能一見面什麼不問就推出去殺頭，就是他爲了爲靖郭君開脫而當面告訴宣王，自己曾那樣評價他且讓靖郭君利用自己的權力將他廢掉，就可以說是將生死置之度外了。齊宣王很有可能一怒之下即使留下靖郭君，也要將這個痛罵自己的人殺掉。眞是如《戰國策》作者議論的那樣：當是時，靖郭君可謂能自知人矣！能自知人，故人非之不爲沮。——這就是爲什麼齊貌辯能置生死於度外、甘冒災禍、奔赴患難的原因啊！

《戰國策》的作者在議論中，特別強調了靖郭君的能知人和知之而「人非之不爲沮」，這是很有見地也很能給人啓發的。士之所以能爲知己者死，一個先決條件即要眞正被知且一旦被知便信之不移。假若三心二意搖擺不定，甚至幾句小話就疑神疑鬼，那其實不是知人，更談不上有士能爲自己的被引爲知己而死了。所以，正如人不能借別人的視線去觀物一樣，看人知人必須有自己的判斷，而且一旦認准，則絕不輕易動搖對人的信任，這才是眞能得忠心賢人而用之的關鍵。

范睢入秦

當國爲政者要會用人，要能得天下英才而用之。道理很明白，但要實際做到，其實是很不容易的。這裏的不容易，是因爲要眞正做到這一點，除了當國爲政者必須有能容人的胸懷和敢用人的氣魄外，更要有能識人的眼光。不能識人，或蔽於讒言，即使再有容人的胸懷和敢於用人的氣魄，也不會有眞正的英才得而用之，甚至來到自己身邊的人才還有可能輕易失去。

秦昭王就差一點失去范睢。

范睢本是魏國的士人。范睢當初在魏國時，由於與魏相魏齊不和，其實也是由於魏齊的嫉賢妒能，兩人的衝突激烈到勢不兩立。一介士人自然難以與居於相位的人爭雄。憑藉自己在魏國的勢力，魏齊不僅肆意侮辱、迫害范雎，甚至必欲置他於死地而後快。范雎死裏逃生之後，改名換姓爲張祿，投奔了秦國人王稽。王稽當時爲秦謁者令，正出使魏國。王稽算是識人，他利用自己「外交官」的身分和便利，暗中將范雎帶到了秦國。

當時的秦國，是富可敵國的貴族魏冉專權。爲鞏固自己在秦國的地位，他排拒所有進入秦國的士人。受魏冉的蒙蔽，致使范雎到秦國之後，相當長的一段時間裏，並沒有得到秦昭王的信任和重用。秦昭王不僅沒有接見他，甚至讓他以草具進食，可謂蔑視之至。所幸秦昭王還不是一個糊塗人，在讀過范雎自我剖白的上書之後，終於還是接見了范雎。剛見秦昭王，范雎實際上心裏還拿不定把握，不知道該不該將自己心中已經大體形成的關於如何治理秦國的主張全數端出來，直到秦昭王兩次下拜懇求，的確顯出了不同一般的誠意，他才對秦昭王談出了自己認爲秦國當務之急是要「強公室，杜私門」的意見。秦昭王最後正是採用了范雎的主張，在范雎的全力幫助下，使秦國得以富強。

人才難識，原因自然是多方面的。就對象而言，有一個其才華是否得以顯示而讓人見識的問題。我們所說的人才，其實常常並不是所謂通才，而是在某一方面具有卓越才幹的人。通才畢竟很少，而且客觀地說，即使所謂通才，也不可能全通，只要是人，他就必然有他的局限性。因此，任何人才，也只能是在他合適的位置上，才有可能展示他的全部才華。人才在沒有條件充分展示自己的才華之前，甚至連他自己都不一定能夠清楚地評估自己的才能，別人自然也難以確切地給予評估了。春秋戰國時期，周有砥厄，宋有結綠，梁有懸黎，楚有和璞，砥厄、結綠、懸黎、和璞都是名貴的寶玉，但這些美玉包蘊於璞中之時，即使高明的工匠也不能發現，如楚國卞和的遭遇，便是如此。卞和得和璞，先是獻給厲王，厲王使玉工辨識，玉工以為陋石，以致卞和以欺君之罪砍斷左足；後獻於武王，又被以欺君罪被斷右足。想來被厲王、武王徵召而辨識和璞的玉工絕非等閒之輩，但玉蘊璞中，他們也都看走了眼。物尚如此，而況人乎！

不過，也正因為如此，用人者識人的眼光也就更加重要了。這裏的關鍵，恐怕還是在用人者不能以自己的一己私愛為識人取捨的準的，而能夠給被用者以展示自己才華的機會，然後得以見微知著，見事功而知能者，做到所謂「勞大者其祿厚，功多者其爵尊，能治重者其官大」，以致「不能者不敢當其職，能者亦不得蔽隱」。

古語有「人主賞所愛，而罰所惡。明主則不然，賞必加於有功，罰必斷於有罪。」用我們今天的話說，也就是一般的君主獎賞他所喜歡的人，而懲罰他所憎惡的人；賢明的君主卻不是這樣，獎賞必定給予那些功臣，刑罰則判給罪人。的確，正是從這裏劃出了智明愚暗的區別。

削株掘根，無與禍鄰，禍乃不存

儒家講究恕道。儒家的講恕道，是建立在他們仁愛的倫理觀之上的，這樣一種恕道，用於人與人之間的交往自然是很必要的。

不過，戰國時期的縱橫家們卻不管什麼恕道，他們要的是「削株掘根，無與禍鄰」。用我們今天的話說，也就是「砍倒樹幹，掘掉樹根，不要與禍患相連」，也就是成語所謂「斬草除根」。

縱橫家們強調「削株掘根」，自然是建立在他們面對戰國時期諸侯爭霸的混亂局面，對於那些諸侯們嚴峻的生存狀態的了解、明察的基礎之上的。自春秋之後至楚、漢興起這二百餘年間，實在是中國歷史上的一個急劇動蕩的時期，那些諸侯國的國君，沒有一個不是圖謀稱雄，以致「逐相吞滅，併大兼小，暴師經歲，流血滿野」。一個簡單的事實就是，國力貧弱，必受欺侮，稍一不慎，便有被吃掉的危險，如此生存條件之下，哪裏還容你講什麼恕道？

有史爲證。據《史記．六國年表》記載，齊宣王時，曾向北攻破燕國，使燕國臣服，又藉韓、魏之爭得漁翁之利，在中部收服了韓、魏，到齊湣王時期，已經很興盛了。西元前三

○一年，也就是齊湣王二十三年，齊國聯合秦、韓、魏三國，在南部重丘打敗楚將唐眛，攻破荊楚。西元前二九八年，又聯合韓、魏，西向攻秦，直逼函谷關下。十二年後，齊國又發動一場與宋國的戰爭，一舉滅宋。實在是地廣兵強，戰之即勝，加之有濟水、黃河作爲險阻，有長城、鉅坊足爲要塞，大有號令天下之勢。然而齊湣王滿足所得之勢，不作乘勝追擊，使臣服諸國得以有喘息修養、恢復元氣的機會，終而留下後患，以致兩年之後的西元前二八四年，燕國以樂毅爲將，聯合秦、楚、韓、趙、魏伐齊，燕國軍隊攻入齊國國都臨淄，「盡取其寶，燒其宮室宗廟」，而齊湣王出逃至莒，爲其相淖齒所殺。

「削株掘根，無與禍鄰」，見《戰國策（卷三）・張儀說秦王》。在這篇張儀對秦昭王陳述的有關秦統一天下的說辭中，用到這句話，意在說服秦王抓住有利時機，乘勝追擊，各個擊破，不能輕易議和。其實，當時的秦國也正在犯齊國當初所犯的錯誤，已經失去了幾次可以成霸王之業的時機了。典型的一次是秦昭王三十四年（西元前二七三年），山東六國以魏國爲首聯合攻秦，駐軍華山之下。秦王命白起領兵反攻魏國，以解秦國之危。白起善於用兵，沒費多少周折，就打敗了魏將芒卯，攻破華陽，斬魏軍十三萬，直逼魏國國都大梁。當時只要有數十天時間，便可攻下大梁，一舉滅魏。而魏國被滅，趙國與楚國的往來便被斷絕，趙國必在秦的威脅之下，楚國也將孤立。這樣，東邊可以削弱齊國、燕國，中間又同時控制了韓國，秦國稱霸，自然也就是談笑之間的事了。但是在這一關鍵時刻，秦國卻接受了魏國割地議和的請求，使魏國得以收拾殘局，聚集民衆，數年間，便又與秦國成鼎立之勢了。

史可鑑今，讀史可以明智。的確，在日常生活中，我們應該講點恕道，待人接物當有一點寬容之心，但在涉及生死存亡的「最危險的時刻」，實在是還得「剷株掘根，無與禍鄰」。從道理上講，也只有「無與禍鄰」，才有可能不得禍。史載張儀死於魏哀王十年，也就是西元前三〇九年，而《戰國策．張儀說秦王》中說到的樂毅破齊，魏敗華下，分別發生在張儀死後的西元前二八四年和西元前二七四年，由此可以推斷，這篇勸說秦王的說辭絕不是張儀說的。不過，不管是誰說的，道理終歸是明白的。

去邪無疑，任賢無二

「去邪無疑，任賢無二」兩句話，出自《僞古文尚書．大禹謨》，意思是說：除去邪惡，不要有懷疑；任用賢能，不要有二心。它表明了一個人（當政者或縱橫家）用人處事的原則。戰國時趙國的君主趙武靈王可說是遵行這一原則的典型。

趙武靈王決定任命周紹做王子傅（傅是輔導、教育貴族子弟的一種官），並對他說：「我當初巡視縣城，經過番吾，你還是一個小孩，可男女老幼都說你孝順，所以我贈給你璧玉，送給你酒食，要求會見你。你告訴我說你病了，因而辭謝了我的請求。有人說你是：『父親的孝子，君主的忠臣。』所以我依據你的智慧，認爲你的明辨能夠引導他人，你的正直能夠維持艱難局面，你的忠誠可以宣傳主上的意旨，你的守信可以保持長久不變。逸詩說：『憑勇氣去征服困難，憑智慧去治理動亂，這是辦事的關鍵；憑品行去任命師傅，憑學問去教育少年，這是道義的規範。把握辦事的關鍵去辦事，雖然有失誤也不會有拖累；經過商議去行動，即使陷入困境也不至於發愁。』所以我想要你穿上胡服去做王子傅。」

周紹聽了趙王的話，回答說：「大王的選擇錯了，這不是微臣敢承擔的呀。」

趙王說：「挑選兒子，沒有人比得上父親；挑選臣子，沒有人比得上君主。君主，那就是我啊！」

周紹又說：「設置傅官的條件有六點。」

趙王故意問道：「有哪六點呢？」

周紹回答說：「智慮深遠，不急不躁，懂得機變；身體力行，寬厚仁惠，懂得禮節；威嚴不能改變他的職位；重利不能變更他的心志；謙恭施教而不放縱安逸；對下屬和氣而不峻厲。這六點是一個傅官應具備的才能，而我一樣也沒有。有所隱藏，而不能竭盡忠心，是我的罪過呀。命令我做傅官，麻煩了主管官吏，這乃是爲人官吏的恥辱。還是請大王改任別人吧！」

趙王說：「正是因爲你懂得這六條，我才讓你去做傅官。」周紹這才穿上趙王賜給他的胡服，接受了傅官的職位。

於是，趙武靈王對周紹提出了希望，對他說道：「我將王子交付給你，希望你要愛他，不要讓他看見醜惡的事；引導他去行義，不要讓他只知埋頭苦讀。侍奉君主，就要順從君主的意旨，不要違背他的意願；侍奉先君，就要顯示先君的高尚，不要背叛他的遺孤。所以，有臣子可以任命，那是國家的幸福。你能做到這些，用以侍奉我，就算是周全了。我和你之間，用不著有其他的人了。」隨後又賜給周紹胡服衣帽和有裝飾的革帶以及用黃金製成的帶鉤，以輔導、教育王子。

從趙武靈王任命周紹做王子傅的這個故事中，我們不難看出趙王的聰慧機智。他透過與周紹的一番對話，巧妙地闡述了道理，使原本反對胡服騎射和不願接受王子傅職務的周紹，自願接受穿戴胡服並接受王子傅的任命。同時，也表現出了趙王的賢明。他決定任用周紹，就堅決不二；並與周紹坦誠相見，用他的誠意去感動周紹，使周紹心甘情願地爲自己效力。

周紹本來反對胡服騎射，也不願接受王子傅的任職，但後來又爲什麼贊成胡服騎射並且接受任職呢？關鍵在於他感到趙武靈王以誠待人，委之以重任，且「用人不疑人」。作爲一名士人，不就是希望能遇到一位賢明的君主，使自己的才學有地方施展，轟轟烈烈地幹一番事業嗎？既然現在已經遇到這樣的賢明君主，並且不計前嫌，委之以重任，自己還有什麼不滿足，還有什麼不順意，還有什麼理由推辭呢？趙王極力推行胡服騎射，他必然是已經認識到其中的好處；既然有好處，對國家有利，又有什麼不好呢！周紹的這種通情達理的處世原則，也是值得稱道的。

千金市馬

自古以來，凡是歷史上的賢明君主或有作為的君主，沒有不禮賢下士、屈尊四處尋求有才幹的人以為己用的，如漢高祖劉邦、漢武帝劉徹、蜀帝劉備是這樣，唐太宗李世民、宋太祖趙匡胤、明太祖朱元璋也是這樣。歷史也作出了最好的證明，凡是尊重人才的君主，他的國家就強盛，他的事業就興旺發達；凡是不尊重人才的君主，他的國家就衰敗，他的事業就江河日下。因此，那些縱橫家們便極力勸說君主們尊重人才、愛惜人才。《戰國策．燕策一》中就記載有這樣的故事。

齊宣王用計搞亂了燕國，並乘燕國內亂之機，派章子率軍進攻燕國，攻破燕國都城，燕王噲也在混亂中死去。燕太子平在率軍收復殘破的國土後即位，稱為「燕昭王」。

昭王即位後，勤勉於政，謙卑待人，用豐厚的財物去招納賢者，一心要富國強兵，報仇雪恥。一天，燕昭王前去拜見郭隗先生說：「齊國乘我燕國內亂，偷襲打敗了燕國。我很了解，燕國是個小國，力量小，想報仇不是那麼容易。可是，我希望能得到賢士，並和他們共同處理國事，以洗雪先王的恥辱，這是我的意願！請問先生，怎樣做才能爲國報仇？」

郭隗回答燕王說：「稱帝的人和老師處在一起，稱王的人和朋友處在一起，稱霸的人和臣子處在一起，亡國的人和僕人處在一起。屈尊侍奉賢士，恭謹地接受教益，那麼，比自己強百倍的人就會來到；先奔走效勞，然後休息，先發問而後默記在心，那麼，比自己強十倍的人就會來到；別人趨走行禮，自己也趨走行禮，那麼，像自己一樣的人就會來到；靠著案几，拄著拐杖，斜著眼看人，頤指氣使，那麼，幹雜活一類的人就會來到；如果兇暴發怒，起來打人，頓腳踏地，大聲喝叱，那麼，做奴隸的人就會來到。這就是古代侍奉有道之士，使士人到來的辦法。大王如果眞的想廣泛選擇國中的賢者，就應該到他們的門下去朝拜。天下的人聽說大王去朝拜他的賢能的臣子，那麼，天下有才幹的士人必然會奔赴燕國而來。」

「那麼我應該先去朝拜誰呢？」燕昭王有些爲難地說。

郭隗想了想，對昭王說：「我聽說古代有位君主，用千金去買千里馬，買了三年也未買到。有一個清潔工對那個君主說：『請大王讓我去爲您買千里馬吧！』國君便派他去了。那位清潔工花了三個月時間才找到一匹千里馬，可那馬已經死了。他就用五百金將那匹馬的頭買了回來，向國君回話交差。國君見了大怒道：『我要買的是活馬，死馬有什麼用？還花了我五百金！』只聽那清潔工回答說：『死馬尚且用五百金買它，何況是活馬呢？天下的人必定認爲大王能夠買好馬，那麼好馬就會湧到大王這兒來。』果然，不到一年的時間，千里馬就曾三次來到他的門下。如果大王現在眞的希望有才華的人能來到您的身邊，不如就先從我郭隗開始；我郭隗尚且被任用，何況比我強的人呢？難道還會因爲遠在千里而不來嗎？」

於是，燕昭王爲郭隗修築了宮室，而且以侍奉老師的禮節侍奉他。不久，樂毅便從魏國前來，鄒衍便從齊國前往，劇辛便從趙國前來，一時間各地有才幹的士人爭相奔赴燕國。

燕昭王弔唁死者，慰問生者，和老百姓同甘共苦。這樣，至燕昭王二十八年（即西元前二八四年），燕國便國富民殷，士卒生活快活，樂於爲國家打仗。於是，燕王便用樂毅爲上將軍，同秦國、楚國、韓國、趙國、魏國聯合，一起去進攻齊國。

齊國的軍隊打了敗仗，齊湣王出逃在外。燕國軍隊獨自追趕敗軍，攻下了七十餘座城，進入齊國都城臨淄（今山東淄博東北），奪取了齊國的全部寶器，燒毀了它的宮殿、宗廟。齊國的城邑只剩下莒和即墨還沒有被攻打下來。

這個故事確實讓人很受啓發。燕國爲什麼能夠迅速由弱變強，轉敗爲勝，將齊國打敗，爲先王報了仇，爲國家洗了恥呢？就因爲燕昭王聽取了郭隗的意見，用「重金」去購買「千里馬」，使天下的「千里馬」聞風都奔赴到他的跟前，供他驅使。而且，君主與百姓一樣，同甘共苦，上下一心。這樣，他的國民怎麼能不拚命勞作，他的臣子怎麼能不日夜操勞，他的國家怎麼會不日益強盛！

由此看來，用「千金」去購買「千里馬」，的確是一件很划算的買賣，值得當政者借鑑！

士為知己者死

「士爲知己者死」是人們、尤其是有才華的人常掛在嘴邊上的一句話。人們之所以常說這句話，是因爲它裏面包含了多方面的人生哲理和智慧。

首先，它說明了「知己者」難遇。有的人空有一身本領，滿腹經綸，超群才智，卻沒有人賞識，不見用於人，故世有「懷才不遇」之歎。如屈原、李白、龔自珍、魏源等人，都是腹有雄才而不見用於明君的最好例子。也難怪管仲要大發感慨了。

春秋初年，齊國的管仲有經天緯地之才，但在助公子糾與公子小白（齊桓公）爭奪王位失敗後，被逮捕囚禁，準備處死。鮑叔牙力勸桓公放出管仲，委以重任；並極力推薦管仲代替己位爲上卿，自己甘願居其下。管仲執政四十餘年，大膽改革，任用賢良，使齊國不斷發展壯大，國強兵壯，輔助齊桓公成爲春秋時期的第一個霸主。如果沒有鮑叔牙的推薦，就沒有管仲的成就。所以，當鮑叔牙去世時，管仲前往悼念，且痛哭流涕。隨從人員不解，問道：「大人與他既非君臣、又非父子關係，爲何如此悲傷？」管仲深有感觸地說：「生我者父母，知我者鮑子也。士爲知己者死，何況是爲其致悼舉哀呢！」管仲之所以如此敬重鮑叔牙，是因爲「知己者」太難遇到了；如果不是遇到鮑叔牙，自己早已死在獄中，哪能還有後來的成就呢?!

其次，「知己者」要獨具慧眼，善識英才。有些人常常叫喚：怎麼見不到有眞才實學的人呀？他們都到哪裏去了？殊不知，有眞才實學的人就在他的身邊，就在他的眼皮底下，只是他沒有識別眞才的慧眼罷了。但也有人獨具慧眼，善識英才。

如唐朝初年，秦王李世民率軍在柏壁征討劉武周時，武周部將尉遲恭（字敬德）和尋相獻城投降了唐軍。但時隔不久，尋相等降將又反叛了。秦王的部將懷疑尉遲恭也會反叛，便將他囚禁在行營中，並說：「尉遲敬德剛剛投唐，並未眞心歸附，而且他勇猛異常，囚禁的時間一長，受到猜疑，肯定會產生怨恨，留著他是一個後患，不如將他殺掉。」秦王知道此事後，力排衆議說：「如果敬德有反叛之心，難道會落到尋相的後面嗎？」立即下令將他釋放了。並將尉遲恭領進自己的臥室，贈給他許多金銀首飾說：「大丈夫憑意氣相交，我是不會聽信讒言而傷害忠良的，請你也不要把這種小小的猜疑放在心上。你若願意，便留下來；若不願意，可以立即就走，這些財物就送給你作盤纏，聊表一時共事之情吧。」李世民的眞誠使尉遲恭深受感動，便留了下來，並隨李世民擊敗了王世充、竇建德、劉黑闥、徐國朗等，建立了卓著戰功。這說明李世民的確沒有看錯人，且知人善任。如果不是李世民慧眼識英雄，恐怕慰遲恭早就死在獄中了，又哪裏能為唐朝立下許多大功呢?!

再次，「士」為人所賞識，為人所用，就會感恩圖報，甚至以死相報。當然，也不排除有些「士」不僅不報恩，還忘恩負義，甚至幫助別人來加害恩人。不過，在中國古代，眞正意義上的「士」則都是一些「義士」，是一些賢能之人。這些人一旦為「知己者」所賞識、所任用，他們必然會感恩圖報，甚至以死相報。

如戰國時的豫讓就是這樣。

豫讓是晉國士卿畢陽的孫子，起初侍奉范氏和中行氏，因一直不順心，不得志，便離開他們而去侍奉智伯。智伯對他則非常相信和寵愛。後來趙、韓、魏三家瓜分智氏，趙襄子最恨智伯，便將他的腦袋殼用來做酒器。時豫讓已逃到山裏，發誓說：「士為賞識自己的人去死，女子為喜歡自己的人去梳妝打扮。我一定要替智氏報仇！」於是，他改姓換名，裝成一個受過刑的人，進入宮裏粉飾廁所，想乘機刺殺趙襄子。不料被趙襄子發現逮捕。審問時，豫讓供認不諱。趙襄子敬佩他是一個義士，是一個賢人，就將他釋放了。豫讓又用漆塗在身上，使自己長滿惡瘡，去掉眉毛和鬍鬚，並吞下木炭使聲音變得沙啞，完全變成了另外一個人，再去埋伏在趙襄子將要經過的橋下。豈料又被趙襄子識破捉住。這一次趙襄子便不饒他了，豫讓只得拔劍自殺而死。

從以上的事例可以看出，凡是眞正的有才幹的人，都希望能爲「知己者」所用；而一旦爲「知己者」所賞識、所任用，就會竭盡全力，爲「知己者」效力，感恩圖報，甚至以死相報，它幾乎成爲「士人」的生存準則。也正因如此，那些具有識人之明的「知己者」，樂於推薦有眞才實學的「士人」，從「士人」的知恩圖報、拚死效力中，「知己者」也感到了極大的安慰。

各為其主

可以這麼說，在中國古代，「各爲其主」既是一種普遍的社會歷史現象，又是人們的一種處世之道和立世之本。一個人勤勤懇懇、竭心盡智地爲某位君主或某位權臣效勞，且忠心不二，這是一個人處世最起碼的道德品質和生活原則，値得提倡。倘若一個人朝三暮四，這山望著那山高，想方設法吃裏扒外，就會被君主或權臣遺棄，也會被世人所不齒，這是不値得提倡的。在「各爲其主」的活動中，亦可見出一個人的聰明才智。例如，戰國時，圍繞著韓國立太子的事件，縱橫家們便東奔西走，四處游說，展開了一場錯綜複雜、爭奪激烈的智力競賽。

西元前三〇〇年，韓國太子嬰去世，韓國權臣韓公叔幫助公子咎和公子幾瑟爭奪國家權力。楚國的中庶子（官名）鄭強爲楚王出使韓國，並假借王命將新城（在今河南伊川西南）、陽人（在今河南葉縣西）給了世子幾瑟，以使他和公叔爭奪國家權力。楚王知道此事後很惱火，準備處分鄭強。鄭強解釋說：「我假借王命給幾瑟土地，是爲了國家啊！我認爲，世子得到新城、陽人後，去和公叔爭奪國家權力；如果得到了全部權力，魏國必定加緊進攻韓國。韓國危急，必定將國家的命運交給楚國，又哪裏敢要求得到新城、陽人呢？如果戰爭不能打贏，逃出來了而不死掉，便會來投靠楚國，又怎麼敢說要地的事呢？」楚王聽了這一番解釋，覺得確實於國有利，便沒有處分鄭強。

鄭強這實際上是拿一句空話去作感情投資，想爲楚國獲得豐厚的回報。

在這場爭奪國家權力的鬥爭中，公叔和公子咎得到了齊、魏兩國的支援。鄭強擔心自己的計畫落空，便去對公子幾瑟說：「您不如乘齊國的軍隊還沒有進入韓國，馬上去攻擊公叔。」公子幾瑟想了想說：「不行。在國中作戰必定造成分裂。」鄭強進一步勸說道：「如果事情不能成功，自身都有危險，哪裏還能談什麼國家的完整呢！」幾瑟仍然不聽他的話，齊國的軍隊果然進入韓國，公子幾瑟只好逃亡到楚國去了。

鄭強爲了楚國的利益，向公子幾瑟獻計，勸他先下手爲強，未被採納；結果齊國軍隊開到，公子幾瑟只好出逃國外。

韓公叔準備藉助齊、魏兩國的力量，迫使楚國殺死公子幾瑟。謀士宋赫去拜見公叔說：「幾瑟之所以能作亂，是因為他在內得到了父兄的鼓勵，在外得到了秦、楚兩國的支援。現在您要殺掉他，公子咎就沒有後患，也必定會輕視您。韓國的大夫們知道國王年老而且太子已經確定，必定暗中侍奉太子。假如殺了幾瑟，就使秦、楚兩國失去了韓國，他們必定會在暗中幫助公子伯嬰，伯嬰也就成為第二個幾瑟了。您不如不要殺掉幾瑟，伯嬰害怕幾瑟，必定會投靠您以求保全自己。韓國的大夫們不能肯定幾瑟不能回來，就一定不敢輔助伯嬰作亂。秦國、楚國扶持幾瑟以阻擋伯嬰，伯嬰在國外沒有秦、楚的權勢，在國內沒有眾多的父兄，必定不能作亂了。這樣做，對您很有利啊！」

從表面上看，宋赫是在為公叔講話，為他打算；實際上，宋赫是在為幾瑟講話，是在暗中阻止公叔殺害幾瑟。

此時，蘇代來到新城，拜見新城君說：「公叔、伯嬰擔心秦國、楚國將幾瑟送回韓國來做太子，您為什麼不為韓國要求楚國將做人質的公子幾瑟送回去呢？如果楚國聽從您的話將幾瑟送回韓國，那麼公叔、伯嬰必定知道秦國、楚國不把幾瑟當成一回事，就一定會讓韓國與秦國聯合了。秦國、楚國脅持韓國去逼迫魏國，魏國就不敢向東與齊國聯合，這樣齊國就孤立了。您又可以讓秦國要求楚國將作人質的公子幾瑟送來，如果楚國不聽從，就會和韓國結下怨仇。韓國倚仗齊國、魏國以覬覦楚國，楚王就必定重視您了。您倚仗楚國、秦國的威望，在韓國積下恩德，那麼，韓公叔、伯嬰就會用整個韓國來侍奉您了。」

蘇代游說新城君芈戎，勸他利用韓國內部諸公子爭權的時機，以求人質幾瑟爲名，促成韓國與秦國和楚國的聯合，使他能夠得到韓國的重視。

韓臣胡衍前往拜見韓相公仲朋說：「大人爲什麼不派人去告訴魏王：『公子幾瑟在楚國，所以韓國不敢背離楚國。』然後佯裝支援公子咎，請求韓王立他做太子。同時，您又派人去對楚王說：『韓王立公子咎做太子而拋棄了幾瑟，這樣大王就是抱著一個沒有用的人質了。大王不如趕快送幾瑟回韓國。幾瑟回到韓國後，必定要用韓國的權力向魏國報仇，而且感激大王您了。』」

胡衍知道相國公仲朋是支援公子幾瑟的，因此向他獻策，使幾瑟能儘早從楚國回到韓國，有些事情就好辦了。

秦國的使臣冷向則去拜見大臣韓咎說：「現在，公子幾瑟逃亡在楚國，楚王很想送他回來做太子，派出楚軍十多萬駐紮在方城（楚國北邊的長城，在今河南方城縣北）外面。請您允許我去讓楚王在雍氏城（韓地，在今河南禹縣東北）旁建築一處萬戶的都邑，韓國必定會起兵去阻止；而要派人帶兵就一定是派大人去了。那時，您憑著楚、韓兩國的兵力侍奉公子幾瑟，並將他迎接回韓國，幾瑟得以回到韓國就會感激您，必定用韓國、楚國來侍奉您了。」

冷向游說大臣韓咎，並爲設謀，希望他迎接幾瑟回國，以加強自己在韓國的地位。

從以上的幾則小故事中可以看出，圍繞著韓太子嬰死後立誰做太子一事，縱橫家們「各為其主」，往來於各國之間，奔走於韓國各權臣之門，替他們分析形勢，為他們出謀獻策，勸他們如何行動，比較充分地體現了他們為人處世的態度和立場；並透過他們的態度和立場，展示了他們的聰明才智，不能不令人感歎！

景陽救燕

在縱橫家們看來，一個人無論在朝為官，為君主出謀劃策，還是在外為將，為國家帶兵打仗，都應當具有預見性、靈活性，智勇兼備，才能無往而不勝。楚國的景陽可稱得上是這樣的一個人。

據《戰國策．燕策三》中記載，齊國、韓國、魏國聯合起來進攻燕國，情況危急；燕國派太子去楚國求救。楚王便派景陽率領部隊去援救燕國。

晚上宿營，景陽派左、右司馬（楚國的中級武官名）各自去建造營壘。營壘建造完畢，樹立好標誌，請景陽去檢查。景陽一看就發火道：「你們這是建的什麼營壘！天若下雨，標誌就會被淹沒。這怎麼能夠供人宿營呢！」於是，下令轉移營地。將士們雖然有些不樂意，但軍令難違。

第二天，天下大雨，山洪暴發，沖向原來的營地，洪水很快就將標誌淹沒了。將士們直到此時才佩服景將軍的遠見。

天晴後，景陽未率軍去救援被圍困的燕軍，而是率軍去進攻魏國的雍丘（在今河南杞縣），奪取了雍丘就將它給了宋國。齊、韓、魏三國都很害怕，就停止了對燕國的進攻。

當時，魏軍駐守在楚軍的西邊，齊軍駐守在楚軍的東邊，韓軍駐守在楚軍的南邊，楚軍想往回撤已經不可能了。景陽經過仔細分析，認眞考慮，便命令將士將西邊的軍門打開，白天用車馬往來，晚上用燭火照明，顯示出與魏國通使的樣子。齊軍感到很奇怪，認為燕國、楚國和魏國在謀算齊國，就先退兵走了。齊軍撤走後，魏軍便失去了它的同盟軍，也於當天晚上撤退了。韓國見齊、魏兩國的軍隊都撤退了，沒有人和自己去攻擊楚國，也趕快撤軍回國。於是，楚軍這才安全撤回去。

從以上的幾則小故事中，可以看出景陽的卓越才華。他很善於帶兵，熟悉軍隊安營紮寨的知識，什麼地方紮營安全，什麼地方紮營危險，一看便清清楚楚；如果發現地形選得不好，便立即下令轉移，因此能做到「防患於未然」。

他又深明援救之道：當齊、魏、韓圍攻燕國正急的時候，他不率軍去救燕，而是率軍去魏國的後方捅一刀子——攻下雍丘並將它送給宋國。這就不僅使魏軍產生了後顧之憂，也使齊、韓軍產生了後顧之憂。於是，三國馬上停止了對燕國的進攻。自然，這種間接的援救方法，比直接去救援燕國，投入三國的圍擊之中要好得多，效果也要顯著得多。這實際上使用的是「圍雍救燕」之計。

景陽還是一個十分機警聰明的人。當齊、魏、韓三國的軍隊駐紮成鼎足之勢，楚軍已無法往回撤的時候，他沒有驚慌失措，而是鎮定自若，巧使計謀，離間齊、魏的關係，使他們相互猜疑，不戰而自退，從而使楚軍化險爲夷，得以安全回撤。

在諸侯爭霸的戰國時期，像景陽這樣精明強幹、智勇兼備的人物，自然很符合縱橫家們的處世之道，而受到他們的讚揚。

二、固寵之術

一般說來，每一個人都是有上進心的。在封建社會裏，臣子總希望能得到君主的寵信；在今天，人們總希望能得到上級主管或單位主管的信任。在得到信任之後，又希望能長久地將這種信任保持下去。

誠實、正直的人，靠自己的出色工作、超群才幹和突出貢獻去獲得君主、權臣的信任；心術不正或不學無術之人，則靠歪門邪道，陰謀詭計去獲得君主、權臣的信任。戰國時期的縱橫家們，爲了達到他們個人的目的，自有他們各自獲得君主、權臣寵信並保持這種寵信的辦法。

大魚與小魚

在《戰國策・魏策四》中，記載了一則龍陽君與魏王同船釣魚的小故事，讀來頗有趣味，並給人以啓發。

一天，魏王和寵臣龍陽君同在一條船上釣魚。這龍陽君是一個極有心計的人，他一直在考慮如何才能得到魏王的長久信任和重用的問題，今天正好有機會利用。似乎老天爺也在為著他，今天釣魚很順手。當他釣到十幾條魚時，竟滴滴答答地流下了幾行眼淚來。魏王見狀，有些不理解，忙問道：「愛卿有哪兒不舒服嗎？如果是這樣的話，為什麼不告訴我呢？」

龍陽君假惺惺地說：「我怎麼敢感到不安呢？」

「那你怎麼突然流起眼淚來了呢？」魏王還是不理解地問。

龍陽君這才回答說：「我這是為了我剛才釣到的魚啊。」

「這是怎麼說呢？」魏王更不理解了。

龍陽君見時機已經成熟，就裝作憂心忡忡的樣子說：「我開始釣到了魚，很高興；後來又釣到了更大的魚，就想將前面釣到的較小的魚拋棄掉。現在，憑著我這麼醜惡的面孔，而能夠替大王拂拭枕席，是我的榮幸。如今我的官爵已到了人君，在庭中能讓人為我奔走效勞，在路上能使行人迴避。四海之內，『美人』是很多的，當他們聽說連我都得到大王的寵愛，一定會紛紛投奔到大王的身邊來。到那時，我也會像我前面所釣到的小魚一樣，也是會被拋棄掉的。一想到這裏，心裏就害怕，叫我怎麼能不流出眼淚來呢?!」

魏王聽了龍陽君的話，感到很奇怪，對他說：「咦！你怎麼會有這樣的想法呢？為什麼不早告訴我呢？」

於是，魏王立即發布命令說：「有敢議論『美人』的滅族。」從此，魏王更加寵信龍陽君了。

龍陽君本來就很受魏王的寵信，而他爲了鞏固自己的地位，使自己在魏王的心目中長盛不衰，遂以釣到了大魚就想丟掉小魚的事情爲喻，委婉地表達了自己擔心遭到魏王的拋棄的恐懼心理，即事寓理，非常自然。我們仔細琢磨龍陽君的話，不能不佩服他的別具心機和固寵手段。

得到了大魚就拋棄小魚，這正是歷代統治者的慣常做法，不足爲奇。龍陽君長期侍奉在君主的身旁，這種喜新厭舊的事情也見得太多了。他本身沒有文韜武略，安邦之策，難保不被拋棄，每思至此，怎麼能不擔心呢？

說到魏王，則讓人有點不可理解。作爲一國之主，當他聽了龍陽君關於自己擔心像釣到的小魚那樣被拋棄時，竟然發布命令說：「有敢議論『美人』的滅族。」實在太荒唐了！如果國家不任用那些「美人」，大臣們不推薦那些「美人」，專門任用那些「醜惡」的佞臣，那麼國家怎麼能夠富強呢？既然連「議論美人」都要被「滅族」，今後還有誰願意爲國家著想呢?!

爲了一個寵臣，竟不准人們「議論美人」，更談不上推薦「美人」了，這樣的君主來主持國政，那國家不滅亡才是怪事！

安陵纏固寵

古往今來，人與人之間的交往是一種極其普遍、極其正常的交際活動。但如何在這種交際活動中讓對方了解自己，信任自己，卻不是一件容易的事情，其中大有學問；尤其是在封建專制社會裏，如何讓君主對臣子，上司對部下了解、信任，並委以重任，就更難了。儘管如此，中國古代臣子得到君主、下級得到上司寵信，且這種寵信長期不衰的例子也是很多的，安陵纏的固寵就是其中的一例。

安陵纏是楚國的權臣，楚宣王特別寵信他。一天，大臣江乙問安陵纏道：「你沒有尺寸之地，骨肉之親，卻能處在尊貴的位子上，享受優厚的俸祿；全國的民衆，沒有誰見到你不提起衣襟下拜，摸著帽子伏在地上的。你是怎樣達到如此顯貴的地位的呢？」

安陵纏回答說：「這不過是楚王錯愛我罷了。如果不是這樣，便無法達到這個地位。」

江乙想了想，又對他說：「我聽說以金錢事人者，一旦金錢用盡，交情也就斷絕了；以姿色事人者，一旦榮華消逝，人老色衰，愛情就要發生變化。因此，受寵的女子等不到睡席破爛就會受冷落，受寵的臣子等不到軒車破爛就會遭棄逐。現在，你獨占楚國的權勢，卻沒有辦法與楚王結下深交，我在私下替大人感到危險。」

安陵纏聽到這裏，立即起座施禮說：「那該怎麼辦呢？望先生爲我出個主意。」

江乙想了想說：「這也不難，只要你請求跟楚王一道去死，以自己的身體爲楚王殉葬，這樣就必定能在楚國長久地得到重用了。」

安陵纏聽後連連點頭說：「我一定遵從先生的吩咐。」

過了三年，安陵纏卻沒有對楚王說自己願意殉葬的事。江乙便再次拜見安陵纏說：「我爲你所說的事，你到現在都沒有向楚王表達。你不採用我的計謀，請恕我無禮，我再也不管你的事了。」

安陵纏趕緊解釋說：「我怎麼敢忘記先生的話呢！只是還沒有找到適當的機會表達。」

不久，楚王赴雲夢遊獵。此次圍獵，有上千輛四匹馬駕的車子集結在一起，旌旗遮天蔽日；燃起的野火，像彩雲霓虹一樣；犀牛老虎嚎叫的聲音，好似雷霆一般，好不壯觀！突然，一頭發了狂的犀牛朝著楚王的車子這邊猛衝過來。只見楚王不慌不忙，親自拉弓搭箭，一箭就將那頭犀牛射死了。楚王異常興奮，抽出用旄牛尾做裝飾的曲柄旗，按著犀牛的頭，臉朝著天空，大笑著說：「今天的遊獵多麼快樂啊！」隨後又歎息道：「唉！等我死後，又有誰會跟著一起享受這種快樂呢?!」

一直跟隨在楚王身旁的安陵纏，聽楚王如此大發感慨，隨即流下幾行眼淚，哭泣著上前對楚王說：「我在宮內便和大王挨著席子坐，出去便和大王同車。大王萬歲千秋以後，微臣願意以身體試黃泉，做大王的草墊子，以防螻蟻，又有什麼歡樂比得上這種歡樂呢？」

楚宣王聽了安陵纏的這番話，既感動，又高興。於是，當場封他做安陵君。楚王不僅將這塊具有三百戶的領地封賜給了安陵纏，而且對他更加寵信了。

從這則故事中，我們不難獲得這樣一個啓示：與人相交，不僅貴在「眞誠」，以情感人；而且貴在善於恰當地選擇時機向對方表達自己的「眞誠」。只有這樣，才容易被對方或君主、上級所理解、接受和信任；本來就受到信任和重用的，就會使這種信任得到進一步的鞏固。

難怪當時的有識之士聽說這件事情後，感慨地說：「江乙可以說得上是善謀，而安陵君則可以說是知道如何選擇說話的時機了！」

建信君固寵

有些人爲能取得君主或上級的重用和寵信，鞏固自己的地位，常常採用陷害、中傷等手段，排擠同僚或同事中有才幹的人；有才幹的人都被排擠走了，便無人與他競爭，他自然就會得到重用和寵信。這幾乎成了得志小人固寵的一種普遍的策略和手段。不信？我們來看一看戰國時趙國建信君的所作所爲就知道了。

當時，建信君在趙國處於顯貴的地位。一天，建信君的一位門客對他說：「據我看，大人您所用來侍奉趙王的是美色，葺所用來侍奉趙王的是智識。美色年老了就會消失，智識年老了反而會增多。用日益增多的智識，去和日益衰老醜惡的顏色較量，您必定要處於困境了。」

「那我該怎麼辦呢？」建信君吃不好，睡不安，擔心的就是這一點。

門客想了想，便替建信君出主意說：「同千里馬賽跑，跑五里路就疲倦了；但騎著千里馬而駕馭牠，不但不會疲勞，而且可以跑很遠的路。如果您讓葺處在邯鄲，乘上那專斷的車子，駕馭那專斷的權勢；讓他對內治理國事，對外刺探諸侯的情報，時間稍微一長，那麼，葺所辦的事情就會有不必說下去的情況出現了。那時，您再去稟告趙王，重重的責備他，葺的車軸就要折斷了。」

建信君聽了門客的一番話，別提心裏有多麼高興了，再一次下拜：「多謝先生的指教！」

隨後，建信君便進宮去稟告趙王，請他委任葺負責很多的事情；並且稍有不如意便重重地責備他。葺一天到晚勤勤懇懇，忙忙碌碌，不僅得不到肯定，反而招來很多責備。因此，不到一年時間，葺便逃離趙國走了。

葺本來是趙國的一個很有才幹的大臣，如果是遇到一個賢明的君主，得到重用，發揮其才幹，那將是國家之福。但他卻不知道自己的才幹妨礙了別人，也不知道別人時時刻刻在暗地裏算計他。他每天對內、對外忙得不可開交，卻得不到安慰和關懷，得到的只是責備，實在讓人不可理解！他總算還聰明，此處不留人，自有留人處——既然君主不能重用自己，那只好另擇明君了。當然，這樣的結果，還是趙國吃虧！

建信君本來是以美色侍奉趙王，很快地顯貴起來的。爲了鞏固自己已得到的地位，繼續得到趙王的寵信，他像那些得志的小人一樣，接受門客的建議，採用卑劣的手段，躲在陰暗的角落裏，對比自己有能力、有才幹的大臣進行陷害、排擠，直到將他們排擠掉——此所謂「山中無老虎，猴子稱大王」，有才幹的人都被排擠走了，他自然就能繼續得到寵信，獨攬大權，爲所欲爲。

建信君所採用的這種固寵之術，實在讓人可恨、可鄙！

「君子」與「小人」

只要提起「君子」和「小人」，人們肯定會說：受人尊敬的「君子」絕不會成爲「小人」，受人鄙視的「小人」絕不會成爲「君子」；「君子」絕不會與「小人」爲伍，「小人」

則拚命巴結「君子」。這可說是傳統的、普遍的看法。

果眞君子就是「君子」，小人就是「小人」；「君子」就一定比「小人」高尙，「小人」就一定比「君子」卑鄙嗎？這可不一定。其實，古人很早就持有不同的看法。《戰國策．燕策一》中就記載有這樣的故事。

蘇秦爲燕國立了大功，使被齊國奪去的十座城池又失而復得，從而得到燕王的信任，準備重用他。於是，有人便在燕王面前詆毀蘇秦說：「武安君是天下不守信義的人，大王卻以萬乘之主的地位謙卑地對待他，在朝廷上尊敬他，是向天下顯示您在和小人爲伍啊！」

燕昭王聽了此話，對蘇秦也改變了態度。當蘇秦從齊國出使回來後，燕王便沒有再任命他擔任什麼官職。過了幾天，蘇秦去謁見燕王說：「我本來是東周國的一個普通百姓，當初拜見您的時候，雖然沒有尺寸之功，但您卻到郊外來迎接我，使我顯名於朝廷。現在，我爲您出使，得到齊國將十座城池歸還燕國的好處，建立了功勞，使危險的燕國得以保存，而您卻不相信我，這必定是有人在大王面前中傷我，說我不守信義。我不守信義，這正是您的福氣啊！假如我像尾生（傳說中的守信之士）那樣守信義，像伯夷（商朝末孤竹君之子）那樣廉潔，像曾參（孔子的弟子）那樣孝順，用這三個被天下稱讚爲品行高尙的人來侍奉您，您覺得怎麼樣呢？」

燕王肯定地回答：「那我將感到很滿足。」

蘇秦緊接著說道：「有這樣高尚的品行，我也就不能來侍奉您了。如果像曾參那樣孝順，就應當沒有一個晚上離開親人而住在外面，您又怎麼能讓我出使到齊國去呢？像伯夷那樣廉潔，無功不受祿，污辱周武王的正義行爲而不願做他的臣子，辭掉孤竹國的君位，餓死在首陽山上；如此廉潔的人，怎麼肯步行幾千里，而去侍奉弱小且瀕臨危亡的燕國的君主呢？如果像尾生那樣守信義，在橋樑下等著與女子約會，女子沒有來，漲了大水，他就抱著橋樑的柱子淹死在那裏；守信義到了這種地步，怎麼肯在齊國宣揚燕國、秦國的聲威而取得大功呢？

「再說，那些守信義、講品行的人，都是爲了自己，不是爲了別人；都是自我掩飾、自我保護的啊！您認爲自我掩飾、自我保護行嗎？如果行的話，那麼齊國的疆土就不會超出營丘，您也就不能超越國境，不能窺伺邊境以外的地方了。而我的老母遠在周國，我離開老母來侍奉您，拋棄自我掩飾、自我保護的方法，謀求進取的途徑，我的志趣本來就不和你的相合。您是自我掩飾、自我保護的君主，我是求進取的臣子，正是因爲我忠誠才得罪了君主您啊！」

燕王有些不解地問：「忠誠又怎麼會有罪，怎麼會得罪人呢？」

蘇秦回答說：「您不知道啊！我的鄰居有個人到離家很遠的地方去做官，他的妻子在家和別人私通。她的丈夫將要回來了，她的情人很擔憂。那官員的妻子卻說：『你不要著急，我已經準備好藥酒等待他了。』過了兩天，她的丈夫果然回家來了。妻子讓婢妾準備了豐盛的飯菜，並要婢妾將藥酒端來給丈夫喝。婢妾知道酒裏有毒藥，送上去喝了就要毒死男主人；說出來了就會驅逐女主人。於是，她假裝昏倒，將毒酒潑掉了。男主人大爲惱火，而且用鞭子抽打她。婢妾假裝昏倒，將毒酒潑掉，既救活了男主人，又保全了女主人。忠心到了這個地步，可是卻免不了要挨鞭打，這就是因爲忠誠而有罪啊！我的事，不幸恰好和這個婢妾潑掉毒酒的事相似。

「再說，我侍奉您，義氣高尙，有益於國，現在竟而獲罪，我擔心以後侍奉您的人，就都不敢堅持自己的主張了。我爲大王去游說齊王，怎麼能不欺哄他呢？假如游說的人，不像我的話那樣有必要的欺哄，即使有堯、舜一樣的智慧，也不敢採用，當然就達不到目的了！」

蘇秦的這番話，論點明確，論據充分有力，而且運用了大量的事例作比喻，既具體而又形象，很有說服力，易於爲人所接受。燕王聽完蘇秦的話，仔細想一想，覺得很有道理，又改變了態度，對蘇秦說：「那好吧，你還是繼續擔任官職吧！」而且，自此以後，燕王對他更加相信和優待了。

有些人妒忌、中傷蘇秦，說他是一個不守信義的小人，鼓動燕王不要信任他。蘇秦則辯解說：那些所謂守信義的「正人君子」，大都是只爲自己考慮而不爲別人考慮的人，是一些自我掩飾、自我保護、不思進取的人。如果人人像尾生那樣「守信義」，像伯夷那樣「廉潔」，像曾參那樣「孝順」，那就什麼事情也辦不成了。尤其可貴的是，蘇秦將矛頭直接指向了「正人君子」的代表——君主，撕開了「正人君子」的假面具，實在是「膽大包天」！

蘇秦的這一番辯解的話，儘管有點近乎詭辯，但細細琢磨，也不是完全沒有一些道理，比如他所說的「君子」不一定是眞君子，「小人」不一定是眞小人，就頗富哲理。從這則故事中，我們不僅可以看出蘇秦的聰慧機靈和超群的口才，更可以看到以他爲代表的縱橫家們反傳統的進取精神。

芒卯內外受尊

現在社會上有一種人，可謂八面玲瓏，見什麼人，說什麼話，周圍的關係都搞得很好，得到各方的好感，也得到主管的信任，而他自己也從中獲得了不少的好處。其實，不光是現在有這樣的人，古代也有這樣的人。戰國時魏國的芒卯就是這樣的一個人。

西元前二九〇年，魏國的將領芒卯很想得到司徒（主管土地和百姓的官）的職位，便去晉見秦昭王，想借助秦王的力量脅迫魏王，讓他擔任司徒的職務。他對秦王說：「大王的謀士中，好像沒有做內應的人。我聽說賢明的君主必然會備有做內應的人去替他辦事。我看大王是很想得到魏國的長羊、王屋、洛林的土地的。只要大王能讓我當上魏國的司徒，那麼，我就能讓魏國將這些王地獻給您。」

「行！」秦昭王見有利可圖，很爽快地答應了芒卯的請求。由於秦國不斷向魏國施加壓力，因此，魏王便任命芒卯做了司徒。

芒卯得到司徒的職位後，便對魏王說：「我知道，大王的憂慮是上游的土地，而秦國想從魏國得到的則是長羊、王屋、洛林的土地。如果大王將這些土地獻給秦國，那麼上游的土地就沒有憂慮了。然後再請求秦國出兵東下一起去攻打齊國。到那時，從齊國得到的土地將會比給秦國的土地多得多。」

「說得有道理，就照你說的去辦吧。」魏王聽芒卯說得很誘人，滿口答應。很快便將長羊、王屋、洛林的土地獻給了秦國。

可是，魏國的土地歸入秦國的版圖已經幾個月了，而秦國卻仍未出兵東下。魏王怕受秦國的騙，有些著急，就召見芒卯問道：「我們的土地已經歸入秦國幾個月了，可秦兵卻仍未東下，是什麼原因呢？」

芒卯不慌不忙地回答說：「這件事沒有替大王辦好，我有死罪。不過，如果我現在就死了，就等於爲秦國毀掉了一個憑證，大王也就沒有辦法去責備秦國了。請大王不要著急，讓我再去秦國一趟。」

於是，芒卯前往秦國，對秦王說道：「魏國之所以進獻長羊、王屋、洛林的土地，是有意想讓大王出兵東下去進攻齊國啊！現在魏國的土地已經歸入了秦國的版圖，而秦國卻不出兵東下，使我成了魏國的罪人。大王這樣做，難道不怕殽山以東的士人將來都不用好處來侍奉大王嗎？」

秦王故意裝出很抱歉的樣子解釋說：「近來國家有事，來不及出兵，請您原諒。這樣吧，現在我就將軍隊交給你帶去進攻齊國吧！」

過了十天，秦國果然派兵東下。於是，芒卯同時率領著秦、魏兩國的軍隊，向東去攻打齊國，並擴大了二十二個縣的領土。從此，芒卯不僅得到秦國的好感和信任，而且得到魏王的寵信，職位更加牢固了。

芒卯的確是一個聰明機靈、頗有政治手腕的人，他利用秦王和魏王都想進攻別的國家，從別的國家獲取土地，以擴大自己疆域的心理，兩邊游說，兩面討好，結果是左右逢源，得心應手，立於不敗之地，不僅使自己的目的達到了，而且使秦國和魏國都獲得了實際利益。如果我們將他比作是一個「不倒翁」，也是很恰當的。

當然，應該說明的是，歷史上的不倒翁有幾種類型：一種是忠心耿耿爲國家，剛正不阿，從而獲得官兵的擁戴，獲得君主的信任，如漢代的霍光就是如此。他歷任四朝，輔政三帝，前後執掌朝政二十餘年，是歷史上著名的賢良之臣。

一種是既爲國家，也爲自己的人，如前面所述的芒卯就是如此。

還有一種是靠投機鑽營起家，拉幫結派，結黨營私，排除異己，誣陷忠良，不擇手段地往上爬，完全不顧國家、民族利益，只顧個人升官發財的人。如明代中後期的大奸臣魏忠賢就是這種人。

第一種類型的不倒翁，人人稱頌，名垂青史；第二種類型的不倒翁，人們對他並沒有惡感；第三種類型的不倒翁，遭歷史的譴責，受世代唾罵。

不過，無論是哪一種類型的「不倒翁」，都不是那麼容易當的。

君子不掩人之美

也許，這已成爲社會生活中的一條規律：凡是「小人」，無論做什麼事情，都會極力地抬高自己，貶低別人；如果是壞事，就推得一乾二淨；如果是好事，就想方設法沾上邊。凡是「君子」，無論做什麼事情，首先想到的是國家、集體，是別人，最後才是自己；有什麼問題，不躲不藏，敢於承擔責任；有什麼好處，則不忘別人之功，不掩他人之美。戰國時魏國的公叔座就是這樣一位爲人稱讚的「君子」。

西元前三六二年，魏國的公叔座擔任將軍，率軍與韓國、趙國在澮水的北邊作戰，取得了勝利，俘虜了趙國的將軍樂祚。魏惠王非常高興，親自率領滿朝文武到郊外迎接公叔座，準備用賞田一百萬畝作爲公叔座的俸祿。

公叔座聽說這件事後，連連搖頭，再次下拜辭謝說：「使士卒不潰退，勇往直前而不向兩邊逃散，敵人壓過來而不躲避，這是將軍吳起遺留下來的教導在起作用，我是辦不到的。在前面視察地形的險阻，決定在險要的地方作好防備，使三軍的戰士不迷惑，這是巴寧、爨襄的功勞。在戰鬥前將賞罰的條件公布出來，使百姓在戰鬥時明白遵守而不疑惑，這是大王嚴明的法令。看見敵人的情況，就斷定可以發動進攻，就下令擊鼓進軍，而不敢怠慢、疲倦的才是我。大王只是因爲我的右手不疲倦地指揮進攻，就獎賞我，那是爲什麼呢？假如認爲我有功，我又有什麼功呢？」

「說得太好了！」魏王聽了公叔座的話，深受感動。於是，他找到吳起的後代，賜給他們田二十萬畝，又賜給巴寧、爨襄田各十萬畝。並對群臣說：「公叔座眞是一位仁厚的長者！他既替寡人戰勝了敵人，又不忘記賢者的後代，也不掩蓋有才能的將士的功績，怎麼可以不給公叔座這樣的人嘉獎呢？」因此，又給田四十萬畝，加上原來的一百萬畝，共封賞公叔座田一百四十萬畝。

所以，老子在《道德經》中就說：「聖人無私無欲，不事私存，全部用來幫助別人，自己反而更加富有：全部用來送給別人，自己反而更加增多。」公叔座可稱得上是這樣的聖明的人了。

公叔座的做法不能不讓人由衷地感歎——尤其是在封建社會裏：打敗了敵人，取得了勝利，卻不貪功，不搶功，更不占功，而是將它歸功於君主法令的嚴明，讓君主滿意；歸功於已逝賢者的遺教，讓逝者在九泉安心；又歸功於有才能、勇敢的將士，使他們知恩圖報，樂於效命。至於他自己，不是沒有功勞，也有功勞，那只是指揮之功。這種「釘是釘，鉚是鉚」，實事求是的態度，確實讓人欽佩，難怪魏王要重重地獎賞他！

有這樣美好品質的「君子」在朝，哪個君主不願意委之以重任（公叔座後擔任魏相，一直到他病逝），哪個正直的臣子不願與之同朝，哪個賢者的後代不感恩戴德，哪個將士不願俯首聽令，供他驅使呢？

倘若公叔座貪功，將所有功勞都歸於自己，不僅得到的封賞沒有現在的多，而且還會招來各方的攻擊和怨氣，那他還在魏國待得下去嗎？他暫時得到的封賞還保得住嗎？

也許，在那些唯利是圖的「小人」看來，公叔座的舉動是太傻了。但這正是他「大智若愚」的體現，這正是一個眞正「君子」的所爲！也正是公叔座能夠名垂青史的原因！

如果我們將公叔座因自己的美德而得到的君主長久的信任也當作一種固寵的方法來看的話，那他與那些奸佞小人、不學無術之徒相比，無疑是天壤之別！

三、驕奢

翻開中國的歷史，從古至今，凡是那些政治上狂妄自大、目中無人、驕傲自滿或生活上放縱奢侈、荒淫無度的人，都是沒有好下場的：不是丟了國家，成了亡國奴；就是丟了腦袋，成爲刀下鬼；再或者就是丟了飯碗，成了別人的階下囚或流浪漢——

戰國時期的縱橫家們是社會的一份子，自然也不可避免地要面對這個問題。他們當中有的人很好地克服了這個問題，有的人卻因此而遭禍。我們從中既可獲得借鑑的東西，又可獲得引以爲戒的教訓。

自大者必亡

秦昭王得范睢之助，廢穰侯，逐華陽，杜私門，強公室，使國力日盛，成就了一番事業，他自己也因此生出一種傲視天下的自大與滿足。

有一次秦昭王與群臣閒聊，這樣問他的臣子：「今天的韓國、魏國與當初的韓國、魏國比，哪一個更強大？」群臣回答：「當然是現在不如過去。」秦昭王又問：「現在韓國的如耳、魏國的魏齊，與當年的魏相田文、魏將芒卯比，哪一個更強？」群臣回答：「如耳、魏齊比不上田文、芒卯。」得到群臣這樣的回答之後，秦昭王說道：「憑藉田文、芒卯的賢能，率領強大的韓國、魏國的軍隊來攻打我們秦國，對寡人我都無可奈何，現在如果任用無能的如耳、魏齊率領弱小的韓國、魏國的軍隊來攻打我秦國，他們之不能損傷我一絲一毫，也就很明顯了啊！」言談之中，那一份得意與滿足的流露，實在有些情不自禁的味道。

在秦昭王左右一片「很對，很對」的恭維聲中，在秦國為臣的中期出來說話了。中期對秦昭王說：「大王對天下大勢的估量錯了。當年晉國有六卿，其中智伯最強。智伯消滅了范獻子、中行文子，又率領韓康子、魏桓子到晉陽去圍攻趙襄子。智伯採取水攻之法，放晉水淹晉陽城。晉陽城牆沒有被水淹到的地方只有三板高的時候，智伯出去查看水情。當時韓康子給他駕車，魏桓子做車右保衛他。智伯看了水情，很是得意，居然說：『當初我還不知道水也可以用來讓別人滅亡，現在我知道了，汾水可以用來淹掉安邑，絳水也可以用來淹掉平陽啊。』聽了智伯的話，魏桓子用肘碰了一下韓康子，韓康子又用腳去踩魏桓子，踩在了魏桓子的腳跟上。這肘和腳在車上一接觸，智伯的土地就被瓜分了。智伯被殺，國家敗亡，被天下人譏笑。現在秦國的強大實際上還超不過智伯，韓國、魏國雖然弱小，也還是比韓康子、魏桓子當年在晉陽城下強。現在正是他們用肘和腳相碰的時候，大王也不該輕視他們啊。」

中期話中所說智伯的事，也就是歷史上著名的三國分晉的故事。當初晉國六卿把持朝政，以智伯勢力最大。智伯採取逐一攻破的方法，先後滅掉范獻子、中行文子之後，已經成爲實際上的晉國當政者。但他自大跋扈，疏放不謹，最終被韓康子、魏桓子聯合趙襄子將他除掉，晉國亦就此一分爲三，成了後來的韓、趙、魏三國。韓康子、魏桓子決定聯合除掉智伯，一個重要的觸發契機，就是智伯在得意之中說出的話。智伯話中所說的要淹掉的安邑、平陽，正是魏桓子、韓康子的封邑。誰會愚蠢到在自己的性命都受到威脅的時候還不奮起出手呢？智伯的話，等於是在得意之中將自己除掉趙襄子之後馬上就要對韓、魏二人下手的心機都暴露出來了——得意自大之中，他實際上忘記了他要除掉的兩個人就在他的身邊。這實在是典型的得意忘形。

智伯的故事和中期的話都發人深省。

自大者必亡，這是古今不易的一條規律。人們在認識這一規律時，常常很自然地注意到自大者滿足於自己的成就，因而不思進取的一面。這當然是對的。自大必不思進取，不思進取便會被常在怵惕警醒之中的別人甩掉，不亡也等於是亡。但這只是一個方面。其實自大者之亡，還不僅僅亡在他們滿足已有的成就，在自大之中不思進取而落於人後不能自知，更重要的是自大之中，必然生出爲自己已有強盛和輝煌的滿足感、快慰感，而看不到這表面的強盛和輝煌背後可能潛藏的危機。想當年智伯謀劃以汾水淹安邑、用絳水淹平陽的時候，是何等威風又何等得意，但恰好是這威風得意，使他看不見他身邊的韓康子、魏桓子動手腳，甚至連本該是藏之於心絕不示人的天機，也忘形地告訴了別人，威風得意過後，等著他的當然必定是身死國亡了。而他當年的威風得意，也只能徒增天下人的哂笑而已。

一發不中，前功盡矣

人會有失意受挫的時候，也會有得意順遂的時候。人在失意受挫的時候，常常知怵惕警醒，三思慎行；而在得意順遂的時候，卻往往容易得意忘形，進不知止。勢旺時不知止，不思退，亦不願退，以至於進失其度，終至前功盡棄時追悔莫及，這實在是人的一個很大的弱點。

「一發不中，前功盡矣」的故事，應該是可以給人啓發的。

楚國人養由基射箭的技藝十分高超，有百步穿楊之功。一次他於射箭場上練射獻藝，射百步之外隨風飄拂的柳葉，居然也是百發百中，引來周圍觀看的人的一片喝采。不料在一片喝采聲中，有一個過路人卻說了一句「煞風景」的話：「養由基射箭的技藝確實不錯，有這樣的功底，現在可以教他射箭了。」

養由基聽到這話，自然心中不服，於是拉住過路人說：「在此看我射箭的人都說我射得好，你卻說可以教我射箭了。既然這樣，你何不代我射來看看呢？」

過路人回答說：「我確實不能教你如何抬起左手持弓、曲起右手持箭這些射箭的動作、技藝，這些技藝你其實已經很高超了。不過，你能百步之外射柳葉而百發百中，卻不知道在射得好的時候停下來。你可想到，過一會兒你氣力衰竭，目力疲倦，弓既不正，箭亦難直，一次射不中，你也就前功盡棄了啊！」

「一發不中，前功盡矣」的故事見《戰國策．西周策》。《西周策》記蘇厲為周國國君獻計勸止秦將白起帶兵攻梁時，用了這個故事。蘇厲是戰國時期那位以合縱之策而佩六國相印的著名的縱橫家蘇秦的弟弟，其時他正效力於周。當時的情勢是秦昭王令白起帶兵東出，向南擊敗韓國，中部攻破魏國，而向北已奪取了趙國的藺、祈（今山西境內）、離石（今山西離石縣）等地。如今又將率兵出伊闕經東、西周，跨越韓境，進攻魏國國都大梁（今河南開封市）。一旦大梁被攻下，周也就危險了。蘇厲讓周國國君用「一發不中，前功盡矣」勸止白起，也就是希望讓白起明白，到目前為止，他的功勞已經很多了，如果這一次帶兵攻梁不成，他已經建立的功名必將毀於一役。

故事中養由基對過路人說的話，很有些像魯迅曾經講過的一個故事中那個反擊食客的廚師說的話。食客到飯館吃飯，對廚師做的菜的味道提意見，那廚師卻對食客說：「你說我做的菜不好，你做一個給我嚐嚐怎麼樣？」自恃技藝而至要挾，實在有點跡近耍賴。不過，這個故事讓我們注意的倒不是養由基的說法，而是過路人「教導」養由基的話中包含的道理。過路人的話，用一個我們熟悉的成語來概括，也就是提醒養由基要懂得「急流勇退」，用時下的話說，即所謂要知道「見好就收」。這「急流勇退」或「見好就收」的說法，表面看來，似乎很有些機謀巧智、犬儒自保的味道；其實，從另一個角度看，這說法恰好針對著人對於功名利祿的欲無饜足，且常常自我感覺太好的毛病。對於功名利祿的無以饜足，會使我們總不滿足自己已有的所得，以至於會生出包天的野心，所謂「人心不足蛇吞象」。而自我感覺太好，又常常會使我們在順境之中忘記可能存在的潛在的危機，特別是會忽視了我們自己的能力極限，以至於忘記了自己還有氣衰力倦的時候，甚至將自己生於欲望的野心錯看成了自己實際具有的能力或者條件。

王稽之死

秦昭王派河東守王稽帶兵進攻邯鄲，歷十七個月也沒有攻下來。

王稽帶兵打邯鄲，之所以久攻不下，一個很重要的原因，是王稽自恃得秦王信任而輕視下級，以致下級兵將都不願意拚死而戰。

而且王稽也聽不進別人的勸告。

他手下一個叫莊的人也曾勸他說：「你何不賞賜你的下級軍官呢？」他卻對莊說：「我一切都是聽從秦王的，用不著別人多嘴。」莊也算是一個能直言勸諫的人，在這種情況下，仍然對王稽作了一番剖析。他對王稽說：「你認爲你一切都是聽從秦王的旨意，用不著別人插嘴，這是不對的。兒子侍奉父親，也是有些指示能夠執行，有些則必定不能執行。比如父親說叫兒子將他的妻子休棄，將他的愛妾賣掉，兒子可能照辦；但假如父親讓兒子不去想念他的妻妾，這就必定不能實行。妻子已經休棄，愛妾已經賣掉，但心裏卻不能不想她們，這是人之常情。你和秦王的關係一定不可能超過父子之間的親情吧？何況你很久以來都是專靠秦王而輕視下級，一旦這些下級軍官聯合起來詆毀你，你必然會失去秦王的信任。所謂『三人成虎，十夫楺椎，衆口所移，勿翼而飛』。所以，你最好還是賞賜你的下級軍官，並且禮遇他們爲是。」

如此剖白，仍被王稽置諸腦後。最後那些下級軍官果然因貧窘而成衆怒，聯合起來控告王稽與山東六國私通謀反，王稽因此而在秦昭王五十一年（西元前二五四年）被誅殺。

王稽其實是死於他自己的不智。

自恃有秦王信任而輕視下屬，此爲一不智。帶兵在外的將帥，其攻城掠地而成就的赫赫戰功，必是依靠下屬將士的拚力死戰，不能禮遇下屬而使他們樂爲效力，在這種情況下，僅有君王的信任，其實沒用。

以爲只要一切都聽君王的，就能得到君王的長久寵信，此爲二不智。高高在上的君王自然大多喜歡那些甘受驅馳的臣下，但君王驅馳臣下求的仍然是他要成就的事功，成則可用，不成他也許可以棄你如敝屣。歷史上企圖以君王專寵而得善終者，幾乎沒有，道理就在這裏。

王稽的三不智，也是他最大的不智，還在於他忘記了莊謙勸他的話中所說的「三人成虎，十夫楺椎，衆口所移，勿翼而飛」的道理，而這其實是一個十分簡單的道理。

「三人成虎」的典故見《魏策二．龐蔥與太子質於邯鄲》。魏臣龐蔥與太子將要到邯鄲去做人質，臨行前，龐蔥問魏王：「如果現在有一個人對你說市場上有老虎，你會相信嗎？」

魏王回答說：「我當然不會相信。」龐蔥又問：「那麼如果有兩個人都對你說市場上有老虎呢？」魏王回答：「那我就會懷疑是不是眞有了。」龐蔥又問：「如果第三個人又來對你說市場上有老虎呢？」魏王這時回答說：「那我就會相信了。」龐蔥說：「市場上沒有老虎，這是明白無誤的事情，但如果有三個人都說市場上有虎，也就眞成市場上有老虎了。現在大梁（魏國國都）離邯鄲比市場遠多了，你身邊的謀士也遠遠超過三個人，希望大王明察啊。」龐蔥的話，意在提醒魏王，自己走後一定會有讒言毀謗隨之而來，所謂人言可畏，希望魏王不要相信。

莊勸諫王稽的話中引述的「三人成虎」等語，也是意在提醒王稽，十個漢子可以將椎木彎曲，衆口也可以鑠金，所謂「衆口所移，勿翼而飛」，流言可以殺人，而且滿天飛起來的時候再去應付，什麼事情都要晚了。這的確不能不察，也不能不防。相對於王稽此時的處境而言，邯鄲久攻未下，秦王必是已經心有芥蒂，一旦衆口詆毀，他一定是「吃不了，兜著走」的。

道理如此明白，王稽仍然一意孤行，實在是自尋死路了。

當然，王稽還有四不智，就是他的不聽莊的諫勸。聽不進別人意見的人，一般來說都難有善終的。莊的姓氏及事跡都不詳，不知是否如張儀、蘇秦等人一樣也是一個策士。但他在勸諫王稽時說出的這一番道理，倒是透著不一般的對於世事人心的明察和處事避禍的智慧。

不因小失大

孟嘗君爲齊相，爲鞏固齊國與周邊國家的關係，出遊列國。到楚國時，楚國爲表示友好，決定送給孟嘗君一張象牙床。

這天正好是那位宋玉在《登徒子好色賦》中說到的那位「好色」的登徒子值班，該他來完成這樁送象牙床的任務。這登徒子不僅「好色」，而且還「懶」，他不願意承擔這樁差事，於是找到跟隨孟嘗君出遊的公孫戍。他告訴公孫戍，那張要送給孟嘗君的象牙床價值千金，假如損傷一絲一毫，自己即便賣了老婆也賠不起。他以自己祖上留下的一柄寶劍賄賂公孫戍，說是如果公孫戍能夠爲他想辦法免去這個差事，他可以將這柄寶劍送給他。公孫戍答應了他的請求。

要免去登徒子的差事，最好的辦法當然是讓孟嘗君不接受這張象牙床。於是公孫戍去見孟嘗君。見到孟嘗君，公孫戍問：「楚國要送給君一張象牙床，您是不是要接受下來呢？」孟嘗君回答：「是的。」公孫戍說：「我倒希望您不要接受它。」孟嘗君不解，問道：「那又是爲什麼呢？」公孫戍說：「您到過的那些小國，都將相印交給您，這是爲什麼呢？就是因爲聽說您在齊國能夠使貧窮的人振奮通達，有著讓將亡者得以保存，讓已絕者有所承繼的義名。那些小國的英傑也願意將國家大事託付給您，的確是因爲欽敬您的正義行爲，羨慕您的廉潔啊！現在您在楚國接受了他們送您的象牙床，那些小國將怎樣看您呢？那些您還沒有去的國家又會怎樣對待您呢？所以我希望您不要接受楚國的這樁饋贈。」

公孫戌是否因爲想要得到登徒子答應他的那把祖傳寶劍，而想出這一套說辭勸說孟嘗君不得而知，且事實上也不必去猜測，無論如何，他這裏說的道理應該是有相當深度的。人在生活中常常會面臨許多需要作出選擇的時刻，其實人生本來就是由一個又一個選擇組合而成的。只是人必須作出選擇的時候，常常也很容易犯迷糊，特別是魚與熊掌都擺到了面前的時候，總是不大能夠分得清孰輕孰重，孰小孰大。比如孟嘗君，就差一點因爲一張對於他來說算不得多麼珍貴的象牙床，而壞了對他來說極其重要的義名。而且這義名一失，也許就永遠不能再得。這也就是人常說的因小失大，或者說得更白話一點，也就是得了芝麻而丟掉了西瓜。

人在面臨選擇的時候容易犯迷糊，一個根本的原因，是由於爲利欲所惑，爲眼前的所得所惑而分不清本末、見不出輕重。爲利欲所惑，爲眼前所得所惑，自然就會短視，就會失去人應該守住的根本，以致見利忘害，趨利忘義，等到遭到報應明白過來，已經悔之晚矣。

生活中這樣的悲劇，我們已經見得很多了，不說也罷。上面的故事後面還有一部分，很有趣，不如將它講完——

公孫戌在自己的勸諫被孟嘗君接受之後，便疾步離開。大約他離開時很有些意氣飛揚，因而剛走到門口，又給孟嘗君叫了回來。孟嘗君問他：「你勸我不接受象牙床，這很好。可是你自己爲什麼趾高氣揚呢？」公孫戌說：「因爲我有三大喜，還加上一柄寶劍。」孟嘗君問他：「這怎麼說呢？」公孫戌說：「您門下食客數百，沒有一個人敢來進諫，我卻單獨進諫，這是一喜；進諫而被採納，這是二喜；進諫而制止了你的過錯，這是三喜。楚王本來派登徒子來送象牙床，他不想來，答應只要我可以免去他的這趟差事，他就將他家祖傳的一把寶劍送給我。」孟嘗君說：「講得好。你接受了他的寶劍嗎？」公孫戌說：「不敢。」孟嘗君說：「趕快接受它。」並在自己的官邸門上掛出一塊牌子，上面大書：「有能揚文（孟嘗君名文）之名止文之過，私得寶於外者，疾入諫。」

驕奢致禍

戰國時，趙國的宗室大臣平原君趙勝是一個賢能而有作爲的人，在趙國擔任相國職務已經多年。他見平陽君趙豹（宗室大臣，趙武靈王時曾爲相國）自以爲有功於趙國，便驕奢淫逸，揮霍浪費，便巧妙地藉別人的話來諷喻他，希望他能明白其中的道理，改正自己的不足。

一天，平原君對平陽君說：「魏國的公子牟曾出遊到秦國，將要東歸時，去向應侯范睢告辭。應侯問公子牟說：『公子就要走了，難道就沒有什麼指教嗎？』公子牟回答說：『您沒有下令讓我這麼做啊！我本來就是準備奉獻幾句話給您的。那就是：貴不和富相約，而富卻來到；富不和粱肉相約，而粱肉卻來到；粱肉不和驕奢相約，而驕奢卻來到；驕奢不和死亡相約，而死亡卻來到。歷代以來，由此獲罪的人太多了！』應侯聽後非常感激地說：『公子的指教眞是金玉良言、語重心長啊！』我聽到這些話，心裏一直不敢忘記。希望您也不要忘記啊！」平陽君聽完，若有所思，答道：「好，我一定不忘記！」

平原君的這段話眞可謂金玉良言，它道出了歷史上許多人君、功臣的通病，總結了歷史上許多人君、功臣所以致禍的一條重要原因。證之以史，確實如此。

秦朝末年的農民起義領袖陳勝，在稱王後，住進了華麗的宮殿，深入簡出，驕奢腐化，又濫殺無辜，親近佞臣，遠離親朋。因此，稱王僅六個月便落得一個爲車夫所殺的可悲下場。

西晉大臣石崇，官至太僕、征虜將軍、都督。在他任荊州刺史期間，曾攔劫遠方貢使、商客，遂成巨富。他住的房屋宏大華麗，姬妾數以百計，都穿金戴銀。他的生活極其奢侈，吃的是水下陸上的珍饈，家裏常用飴糖洗鍋，用蠟燭當柴燒；並常與貴戚王愷、羊琇鬥富，以奢靡相誇耀，連晉武帝幫助王愷與他鬥富，都不能取勝。後在「八王之亂」中，爲趙王司馬倫的部將孫秀所殺。

西晉的王濟，是武帝司馬炎的女婿。他出身名門，生性豪奢，吃的是山珍海味，穿的是綾羅綢緞，生活極盡奢侈豪華。一次，武帝駕幸他家，王濟進獻的食物非常豐盛，且全部是裝在玻璃器皿之中。武帝見蒸熟的小豬味道異常鮮美，就問是怎麼做的。王濟回答說：「這是用人奶拌著蒸熟的。」武帝聽後，心裏感到很不自在，飯還未吃到一半，便中途退席了。王濟因生活奢華，淫逸過度，活到四十六歲就一命嗚呼了！

北宋皇帝徽宗趙佶，繼位後斥離賢臣，重用奸佞，戲遊玩樂，荒淫腐化，不理朝政，用蔡京、童貫等「六賊」執掌大權，橫行朝野，搜刮民財，濫增捐稅，致使朝政每下愈況，北宋的大好河山也斷送在他的手中。

元朝的大臣太不花，官拜湖廣行省左丞相，節制湖廣、荊襄諸軍。因手中重兵在握，所以飛揚跋扈，目中無人，妄自尊大。他不僅欺壓同僚，陷害朝官，而且公開藐視朝廷，遭到許多朝中大臣的不滿。後被元順帝下令奪職，並爲部將所殺。

僅舉以上數例，已足證明。難怪古人說：「知足不辱，知止不殆，可以長久」。其意思是說，知道滿足就不會受到羞辱，懂得適而可止就不會遇到危險，做到了這些就可以長久平安。如果不明白這個道理，作過分的要求，或貪得無厭，自然就會自取其辱了！

看來，平原君趙勝是深明其理的，我們是否也從中受到一些啓示呢？

不聽良言，必取禍患

生活中經常會碰到這樣一種人：本人學問不多，卻不僅不願意虛心向別人請教，而且對別人提出的正確意見也聽不進去，一味固執己見，認死理，九頭牛也拉不回頭。到頭來，還是自己吃虧。《戰國策．趙策一》中所記載的晉卿智伯，就是這樣一個人。

自春秋末年，晉昭公死後，晉國便逐漸衰落下來。國內的幾家大姓，如智氏、趙氏、韓氏、魏氏等，你征我討，連年戰爭，相互兼併，最後只剩下智、趙、韓、魏氏四家了。這一年，智伯迫使韓康子和魏宣子一起去進攻趙襄子，將晉陽團團圍住。趙襄子則率軍堅守晉陽。

韓、魏兩家本來就是受脅迫而來，見晉陽一時難以攻下，不僅鬥志有些鬆懈，而且打著各自的小算盤。謀士郤疵發現苗頭不對，立即找到智伯說：「韓康子、魏宣子將來必定要謀反，請大人早作防備。」

智伯根本不相信韓、魏兩家會謀反，反問郤疵道：「你怎麼知道他們要謀反？」郤疵對智伯說：「我從他們的言行觀察，知道他們要謀反。」並為智伯列舉了一些證據。

智伯聽了，直搖頭，說：「那怎麼可能呢！出戰前，我們曾訂有盟約，趙家滅亡後，我們三家就將它的土地平分了，他們怎麼會背叛我呢！」

郤疵又認真地為智伯分析了形勢和利害關係，反覆向智伯強調，要採取防範的措施，不然後果不堪設想。可智伯不僅不相信郤疵的話，而且將他的話告訴了韓康子和魏宣子。郤疵見智伯不聽取他的勸告，便請求出使齊國去了。

晉陽被圍困了三年，趙襄子見晉陽難以堅守下去，便派謀士張孟談出城去見韓康子和魏宣子，密謀共同反對智伯。謀士智過也發覺韓、魏兩家的行為有些異常，便找到智伯說：「韓康子、魏宣子兩人恐怕要變心，不如先下手為強，下令殺掉他們。」

智伯仍堅持認為戰前三家有盟約，韓、魏兩家不會背叛自己。

智過再三勸告智伯，並為他出主意說：「大人如果不願殺掉他們也行，但必須設法派人親近魏宣子的謀臣趙葭和韓康子的謀臣段規，並許以重利，答應打敗趙家以後封贈他們各人一萬戶的縣，這樣就可以使韓、魏兩家不會變心了。」

智伯一聽智過的話，老大不高興：「那怎麼行，原來說好打敗趙家後將他的土地一分為三，現在又想要我拿出兩個一萬戶的縣，那我得到的東西不是太少了嗎？這肯定不行！」

智過見智伯不肯用自己的計謀，固執己見，知道事不可為，禍將不遠，便離開智伯，改姓埋名，從此不見蹤跡。

果然，如郤疵和智過所料，不久，趙、韓、魏三家便聯合起來，乘夜晚向智伯發起突然襲擊，大敗智軍，智伯也做了俘虜。最後，智伯被殺，智氏也全部被消滅——只有智過保存下來，就連智氏的土地也被瓜分了。

智伯的悲劇怨不了別人，全怨他自己！倘若他不貪得無厭，倘若他不固執己見，能聽取謀士的計謀，何至於落得如此下場並禍及智氏?!他本想瓜分別人的土地，沒想到自己的土地卻被別人瓜分了！

或許，凡是不善於或不願意採納良言者，都會有同樣的下場。君不見楚漢相爭中，叱吒風雲、威震天下的項羽，因不聽范增之言，將有如「喪家之犬」的劉邦放回。哪曾想到，轉眼之間，項羽便眼睜睜地見劉邦從自己的手中將本該屬於自己的秦朝江山接收過去，自己只落得一個自刎烏江的下場。

相對而言，還是郤疵和智過比較明智。正所謂能為之則盡力為之，不能為之則避之，以保全其身。

合上歷史，仔細想一想，覺得古人說的一句話確實耐人尋味：良藥苦口利於病，忠言逆耳利於行！如果當政者都能理解其中的道理，那世界上該要避免多少悲劇啊！

防患於未然

「防患於未然」，又可說成「防患未然」，是一個成語，意思是指在事故或災害未發生之前就加以防備。這句話說起來很容易，但實際實行起來又是很難的：因為謀士們雖然想到並建議應該怎麼做或不應該怎麼做，而最高決策人卻不聽謀士的建議和勸告，禍患自然是不可避免的了。歷史上曾有過許多教訓。例如春秋時，楚國人伍子胥因父親伍奢直諫被殺害而投奔吳國，曾幫助吳王闔閭伐楚，滅楚都郢（在今湖北江陵北）。闔閭死後，吳王夫差大敗越王勾踐，伍子胥極力主張及時消滅越國，不要同勾踐講和，也不要去進攻齊國，否則，吳國將被越國所亡。夫差不但不聽伍子胥的忠諫，反而賜劍讓伍子胥自殺。結果，勾踐果然於西元前四七三年一舉滅吳。又如春秋時，晉獻公向虞國借路，去進攻虢國，虞國準備同意；大夫宮之奇聽說此事後，極力阻止，認為虞國和虢國唇齒相依，唇亡齒寒，晉國滅了虢國後必定會滅虞國；但虞國的君主不聽他的忠告，結果晉國在滅了虢國後果真又出兵滅了虞國。

前事不忘，後事之師。正因為如此，所以戰國時的縱橫家們就特別重視「防患未然」，並將它作爲自己的處世之道，常常用它來規勸君主或同僚。例如《戰國策．燕策二》中就記載有這方面的事情。

有一年燕國鬧饑荒，趙國便想乘機進攻燕國。楚國知道此事後，立即派遣一名將軍前往燕國協助防備、抵抗趙國。楚國將軍在經過魏國時，一位名叫趙恢的游說之士去拜見了他，並對他說：「使禍患不要到來，比起有了禍患以後再去救援要容易。可是伍子胥、宮之奇防患於未然的建議卻不被採用；而燭之武、張孟談清除了禍患故受大賞。因此，那些出謀劃策的人都想設法去消除禍患，卻沒有人設法去防患於未然。現在，與其用一百金送給你，不如用幾句話送你。你聽我的話去勸說趙王道：『過去吳王夫差進攻齊國，是因爲齊國鬧饑荒；但進攻齊國不一定能勝利，而弱小的越國卻乘強大的吳國疲憊不堪時稱了霸。現在，大王要去進攻燕國，也是看見燕國在鬧饑荒；自然，進攻燕國也不一定能勝利，因爲強大的秦國將會乘機用兵進攻大王的西部，這就使得您那個弱小的趙國處於強大的吳國的地位，而且使得強大的秦國處於弱小的越國的地位而成爲霸主啊！希望大王仔細考慮這件事情。』」

於是，楚國的使者（那位被派往燕國的將軍）就用趙恢的這些話去勸說趙惠文王。趙王聽後覺得很有道理，便下令停止了進攻燕國的行動。燕昭王知道這件事之後，就用土地去封賞趙恢。

可以說，這則故事是「防患於未然」的典型例子。趙恢所說「燭之武、張孟談清除了禍患而受大賞」的事情是這樣的：

春秋時，晉文公和秦穆公聯合起來圍攻鄭國，情況危急，鄭國大夫燭之武逃出城前去游說秦穆公，給他分析圍鄭的利害得失，離間秦、晉之間的關係，使得秦穆公改變主張而和鄭國結盟，給鄭國解了圍。

戰國初年，晉卿智伯脅迫韓康子、魏桓子去攻打趙襄子，圍困晉陽，形勢危急。趙襄子的謀臣張孟談設法從城中逃出，利用韓、魏與智伯的矛盾，秘密聯合韓、魏，內外夾攻，消滅了智伯，促使晉國解體，而一分為三。

以上兩則小故事是禍患已經發生了，謀士們想方設法去消除禍患的典型例子。

按照趙恢的觀點，禍患發生了而千方百計去消除禍患是必要的，必須的，但它比防患於未然的難度要大得多，所花費的人力、物力和財力要多得多。相反，如果能做到使禍患不要到來——在禍患未發生之前就作好防備，比禍患發生了再去救援要容易得多，這樣所花費的人力、物力和財力要少得多。可是，現實生活中的情況則是：那些出謀劃策的人都想設法去消除禍患，卻沒有人設法去防患於未然，也就是說，事半功倍的事竟沒人去做，事倍功半的事卻有人去做，這實在是一種極不正常的現象。那些當權者不是可以從這裏面受到一些有益的啓示嗎？

河山之險不足恃

作爲一名眞正的士人，他的爲人處世，應該做到眞誠和「知無不言，言無不盡」；侍奉君主也好，對待同僚、朋友也好，只要知道對方錯了，就應站出來予以指正——當然，方式可以是靈活多樣的；而不能像那些趨炎附勢的奸佞小人，明知道對方錯了，不僅不指出來，反而一個勁奉承、拍馬。戰國時魏國的西河郡守吳起就是一個眞正的「士人」。

一次，魏武侯同諸大臣浮游西河（陝西與山西交界處的那段黃河），看到那壯闊的景象，稱讚說：「河山的險阻，難道不是一樣可以使國家牢固嗎？」

陪著武侯坐在船頭的大臣王錯，見武侯興致勃勃，大發感慨，便立即附和說：「這就是晉國之所以強大的原因啊！如果能好好地利用它，那麼，霸主之業的條件就具備了。」

在一旁的吳起聽了這番話，非常氣憤，立即責備他說：「國君的話，會使我們的國家走上危險的道路；而你又附和他，是在進一步加重國家的危險啊！」

「你的話能有進一步的解釋嗎？」魏武侯見吳起不贊成自己的主張，很有些惱火。

吳起從容地回答：「河山的險阻，不能夠保住國家；霸王的功業，也不能從此建立。過去，三苗居住的地方，左邊有彭蠡湖的波濤，右邊有洞庭湖的大水，汶山在它的北面，衡山在它的南面。依靠這樣的險阻，國家的政事卻治理不好，夏禹便趕走了他們。夏桀的國家，左邊是在天門的北面，右邊是在天溪的南面，廬睪在它的北面，伊水、洛水在它的南面。有這樣的險阻，可是國家的政事治理不好，而商湯便攻打了它。商紂王的國家，左邊有孟門，右邊有漳水、淦水，前面有黃河作衣帶，後面有高山當被子。有這樣的險阻，可是國家的政事治理不好，而武王便討伐了它。

「再說，君王親近臣下，君臣團結，打了勝仗，使得一些城邑投降，他們的城牆並不是不高，人民也不是不多，然而我們卻能夠兼併他們，這是因爲他們的政事治理不好的緣故啊！由此看來，地形險阻，怎麼能夠成就霸業呢！」

魏武侯聽了吳起的一番話，覺得很有道理，便對他說：「你說得很對！我今天竟然聽到了聖人的話！西河的政事，寡人就全權委託給你了。」

在這則小故事裏，有兩點很值得我們重視：

其一，就是吳起談的觀點不同於一般人。他認爲，僅有河山之險，而爲政不善，也是不可能成就霸業的。證之以史，不光遠古是如此，就是古代、近世也是如此。例如：東晉自以爲有長江之險，可以偏安江南，不思進取，不料被南朝宋所滅；南宋王朝以爲有長江天險，可以保住半壁江山，不圖恢復，先是累遭金人踐踏、劫掠，後爲元朝所滅。歷史的經驗教訓，確實值得吸取。吳起的這種觀點與孟子「地利不如人和」的思想可說有著相同之處，從中自然表現出吳起過人的智慧。

其二，作為一名真正的「士人」，他對國家、對君主都盡了自己應盡的責任。他為人處世以真誠待人，凡對國家有利的事情，他便要維護；凡對國家不利的事情，他就堅決反對——哪怕錯在君王。也正因如此，吳起最終還是得到了君王的理解和重用，他自己也生活得問心無愧，心安理得。吳起的這種「士人」的品質和精神，就值得人們稱讚和學習。

四、品質與膽略

人們常說：從一片樹葉可知春天的降臨；從一滴水珠可知大海的深廣。同樣地，從一個人的行為、作風上，也可以探測到他的思想、認識和品性。

縱橫家們作為一個社會的人，他們的思想、認識和品性，同樣也會透過他們的行為、作風表現出來。他們這些顯露在讀者面前的思想、認識和品性，是好？是壞？讀者心中自然會有一桿秤，自然會作出各自的評價，也就用不著筆者多說了。

蘇秦刺股

在中國人的傳統觀念裏，縱橫家們大體是為人所不齒的。人們看不起縱橫家，一個很重要的原因，就是他們對於勢位富貴的追求，戰國時有名的策士蘇秦就明白地說過：「安有說人主者，不能出其金玉錦繡，取卿相之尊者乎？」為了得到自己想要得到的勢位富貴，這些縱橫家們周遊於列國之間，向各諸侯國的國君兜售自己的「貨色」以求得到重用，論辯滔滔之中自然免不了巧言令色。關鍵是以傳統士人的眼光看，他們太缺乏信仰，這些人大體上都是今天秦國用我，我就給你出力獻計去打擊齊、楚，明天秦國不用我了，我就到齊國或者楚國去，幫他們打你秦國，所謂「朝秦暮楚」，指的就是這些策士們的這種品性，用老百姓的話說，也就是「有奶便是娘」。

不過，話說回來，這些策士們也的確以他們的才智決定著一個時代的發展走向，也留下了一些佳話，比如蘇秦刺股就是。

蘇秦本來是東周洛陽一介居於窮鄉僻里的寒門之士，家裏窮到鑿牆爲門，桑條編窗。當初他本來西向入秦，希望以向秦國獻上連橫之計而得到重用。出門之時連盤資都沒有，還是在得到別人一件黑貂皮裘和百斤黃銅的饋贈之後，才得以成行。出乎蘇秦意料的是，他在秦國碰了一個大釘子。當時秦孝公剛死不久，也許是繼位的秦惠王羽翼未豐，還沒有太大的野心，蘇秦以連橫和武力兼併天下的游說，對他沒有起到一點作用，蘇秦的十數道上書也被他束之高閣。蘇秦盤桓於秦國，求用無門，最後帶去做盤纏的百斤黃銅也用完了，資用乏絕，無奈之中只好離秦而歸。

蘇秦從秦國回家時也的確有些狼狽不堪。《戰國策．秦策一》記他從秦國回家時，打著綁腿的腳上穿的是草鞋，背上背著書，肩上挑著裝雜物的布袋子，形容枯槁，面目黧黑，且是一臉愧色。最讓人受不了的，大概還應該算是他回到家時受到的冷遇——「妻不下紝，嫂不爲炊，父母不與言」——妻子不下織布機，嫂嫂不給做飯，父母連話都不和他說，好像沒有這個人遠道歸來似的。可是蘇秦卻並不沮喪，短暫歎息之後，當夜便擺開數十個書箱，翻找出姜太公兵符之謀伏案誦讀，並挑選那些精當之處悉心研磨。更深夜靜讀書犯睏，便拿起錐子刺自己的大腿驅趕瞌睡，有時刺出的血會一直流到腳跟。就這樣一直堅持了一年。

一年之後，當蘇秦再次「出山」，以合縱之策游說趙王時，也全不是在秦國時的遭遇了。他與趙王話頭投機，至於抵掌而談。趙王毫不猶豫就封他爲武安君，授相印，並付以兵車百輛、錦繡千疋、白璧百對、黃銅二十四萬兩，讓他周遊齊、楚、燕、韓、魏等其他五國，形成合縱之勢，以共同抵禦強大的秦國，使「秦兵不敢闖函谷關十五年」。此時的蘇秦不僅「出其金玉錦繡，取卿相之尊」，而且黃銅二十四萬兩任他使用，車轉騎連地炫耀於道路之上，「山東之國，從風而服」，的確很是輝煌了一陣。

用我們今天的眼光看，蘇秦刻苦夜讀以致以錐刺股的動力，也就是他那個要「出其金玉錦繡，取卿相之尊」的追求，實在算不得崇高。不過，要以當時的眼光看，實在也有他不得不爲的道理。蘇秦當年從秦國回到家裏時，受到的是「妻不下紝，嫂不爲炊，父母不與言」的冷遇，而到他佩六國相印再次回到家時，他的父母不僅清掃房屋道路，擺宴設樂，而且迎出三十里之遙，他的嫂嫂甚至「蛇行匍匐，四拜自跪」向他謝罪。「貧窮則父母不子，富貴則親戚畏懼」，世風如此，要遺世獨立，也是很難的事情。

重要的是，如果不拘泥於蘇秦追求的崇高與否，蘇秦刺股的故事實在也是很給人啓發的。沒有天上掉餡餅的好事，這其實是人們常說的一個很普通的道理。只是也許因爲道理太普通，也就越是容易被忘記。有些人不僅總希望不付出任何努力和代價就能得到金玉錦繡，更有甚者，還一門心思地想靠了鑽營取巧、邪門歪道來得到勢位富貴。從這裏看去，如蘇秦者，還當算是有那麼一點高尙了。

忍小忿而就大謀

燕昭王二十八年（西元前二八四年），燕國以樂毅爲上將軍，與秦、楚、韓、趙、魏一起，五國聯合攻齊，取七十餘城，唯有莒、即墨沒有攻下。齊將田單憑藉即墨大敗燕國，殺死燕將騎劫後乘勝追擊，但在聊城受挫。聊城本來是齊國屬地，當初燕國攻下聊城之後，有人在燕王面前說燕國攻城將軍的壞話，燕將害怕燕王殺他，便堅守聊城，不敢回國。田單爲收復聊城花了一年多時間，士卒多數戰死，也沒有攻下來。在這種情況下，魯仲連便寫了一封給守在聊城中的燕將的信。

這雖是一封勸燕將或放棄聊城回國，或投向齊國的勸諫信，但其中據以勸諫的立論，卻很能打動人。信中分析了天下大勢、利害得失，勸說困守聊城的燕將放棄守城，這樣無論是回到燕國，還是投降齊國，對他都有利。一個守城將領在堅守一座城池達一年多之久後放棄，等於以前的堅守都變得沒有了意義。這無論如何都是一種屈辱。因此，信中特別談到求於事功者不能意氣用事，以小不忍而亂大謀。所謂「效小節者不能行大威，惡小恥者不能立榮名」，一個胸懷大志的人，必須能夠拋棄怨恨之心，忘記一時的恥辱，然後才有可能成就一番功業，建立起自己的聲名。一句話，能忍小忿者，方能就大謀。

證於人事之道，魯仲連所謂「忍小忿而就大謀」，確實有些道理。

比如管仲。當初管仲在齊國侍奉齊公子糾，因齊襄公無道，和公子糾一起逃往魯國。後來公孫無知在齊國殺死齊襄公，做了齊國國君，雍林又殺掉了公孫無知。這時在魯國的公子糾和當初也逃離齊國投奔莒國的公子小白，即後來的齊桓公，都想回齊國繼位國君。在小白回國途中，管仲帶兵攔截，放箭射中小白衣帶鉤，小白裝死，才留了一條命。小白作了齊國國君之後，進攻魯國，逼迫魯國殺死公子糾，送回管仲。結果公子糾自殺，管仲卻請求以囚犯之身，桎梏枷鐐遣送齊國。從管仲自身來看，當初攔截箭射公子小白，是篡逆；公子糾自殺而不能以身殉，是膽怯；桎梏枷鐐自請以囚犯之身送回齊國，是自辱。這些行爲，在許多人看來，大約都是不能給予稱道的。但管仲忍辱振作，在齊爲相，輔佐齊桓公成爲五霸之首。假使管仲不能忍辱存身，那就不僅不能建立後來的功名，他的恥辱也會永無雪洗之日了。

再比如曹沫。曹沫是春秋時期的魯國人，以勇力事魯莊公，做了魯國的將領。但在齊、魯之爭中帶兵與齊國交戰，三戰三敗，丟失魯國土地上千里。在一般人看來，一個將軍，自然應該是置生死於度外，以死戰而成仁，何以戰敗即走，保命求活？其實，從另一面看，做戰敗被俘的將軍，或敗即求死，實際上都算不得勇敢，也算不得聰明，同時也於事無補。後來齊桓公爲天下霸主，受諸侯朝拜。諸侯會盟時，曹沫以一把匕首，在壇位上劫持齊桓公，臉色不變，語氣不亂，迫使齊國將當初三次攻魯所得千里之地全數歸還魯國，使得天下震動，爲之驚駭，聲名遠播天下。

成大事者須有大氣。一個人要能眞正有大氣，說到底，是要能弄清自己人生的大目標，要清楚自己是爲什麼活著的。這樣，你也就不會在乎一時一事的得失榮辱了。

重出「江湖」

在前面「功成身退」一節中，我們曾經講述過趙相國張孟談功高而不居，功成而身退，隱居山林，躬耕躲於肩山之上的事情。他的明智之舉，讓我們這些食人間煙火的人感歎不已。幾年之後，他的行動——重出「江湖」，又讓我們由衷地驚歎和讚賞。

據《戰國策．趙策一》中記載：張孟談在肩山上躬耕了三年，韓、魏、齊、楚四國便背棄了與趙國親善的盟約而圖謀進攻趙國。趙襄子無法應付這種危急險惡的形勢，在無路可走的情況，只得前往肩山去拜訪隱居的張孟談，告訴他說：「過去瓜分智伯的土地時，我們趙氏多分了十座城。而今諸侯們重新提起這件事，要我們拿出來分給大家，可沒有誰能為我出謀獻策。請問先生，我該怎麼對付這件事才好？」

張孟談沉思片刻，然後對趙王說：「既然這樣，那就請大王還是彎著腰、背著劍，替我駕車，接我回趙國去，將我安置在廟堂（古代王宮的前殿，是君王祭祀、議事的地方）上，授給我大夫的職務，我試著為您想想辦法。」

「那太好了！」趙襄子見張孟談答應出山，非常高興。

張孟談便立即行動起來：派他的妻子前往楚國，派他的長子前往韓國，派他的次子前往魏國，派他的小兒子前往齊國，並教他們如何去做。

於是，四國之間很快就相互猜疑起來，使得圖謀進攻趙國的事情終於失敗。

對於一個「士人」，對於一個功臣來說，如果在功成名就之時，毅然拋棄功名富貴、地位權勢而退隱山林是一種明智之舉，或者說得更具體是一種保全自身的策略的話；那麼，在強敵壓境，國家有難之時，又毅然重出「江湖」，擔當起出謀劃策、退敵保國的重任，則是一種責任，一種美德，也是一種優良的品質，一種可貴的精神！

幾千年來，「天下興亡，匹夫有責」的主張和觀點，已成為無數仁人志士的人生信條。可不是嗎？春秋時，當許穆夫人得知自己的祖國——衛國國破君亡的消息時，悲痛欲絕，並不顧許穆公的阻攔，毅然帶領當初隨嫁到許國的姬姓姐妹，不遠千里奔回衛國，共赴國難。春秋時，當鄭國的商人弦高在周朝的首都洛陽做生意時，得知秦軍即將偷襲鄭國的消息，又來不及趕回鄭國報告時，便當機立斷，一面派人回國去報信，一面假充鄭國的「使者」，捨財犒師，打亂了秦國的偷襲計畫。漢朝的蘇武，為了國家的利益，出使匈奴，被拘留十九年，威逼利誘，毫不動搖，一心向著漢朝，始忠不變。宋朝時，宗澤已年近七十歲了，看到祖國山河破碎，仍然率軍浴血奮戰在抗金第一線，就是在他臨斷氣時，口裏還在連聲呼喊「過河，過河」！清代的林則徐，當他因禁煙、抗英問題而被賣國的清政府撤職並充軍新疆伊犁時，他還在吟頌「苟利國家生死以，豈因禍福避趨之」（意思是：只要對國家有利，我可以不顧生死地去做；哪能因為個人的禍福就逃避或迎受它呢）的詩句——這樣的例子實在太多，舉不勝舉。

張孟談也是這樣一位以國家興亡為己任的士人。本來，他已退隱山林，完全可以不管世上的事情，過他自己逍遙自在的生活。但強烈的愛國思想和責任感，使他在強敵入侵、國家有難的情況下，毅然重出「江湖」，奔赴抗敵戰場。他不僅自己運籌帷幄，指揮抗敵保國的鬥爭，而且還將全家老幼、妻子兒女都動員起來，一一分派任務，共赴國難，爲國家的利益、前途而效力。這才是一個士人的可貴精神，這才是一個士人的可貴品質！

張孟談毅然重出「江湖」，奔赴抗敵保國前線的舉動，實際上也是他的聰明、智慧的表現——要是連國家都滅亡了，自己又到哪裏去存身，又怎麼「樂」得起來呢？只有國家太平，自己才有可能「自得其樂」！

城渾遊楚

凡是做生意、買賣的人——不管是做大生意的，還是小本買賣，其主要目的只有一個，那就是要盈利，古今中外，無一例外。他們一般都是憑著自己的勞動和經濟眼光，當看準某一行當或某一筆生意，甚至幾筆生意後，便果斷地投入一定的資本，然後獲取豐厚的利潤。這可說是正經的生意人。也有一些投機的生意人，他們往往採取一種不正當的手段或方式而獲得暴利。其實，一些政治上的投機「生意人」，又何嘗不是如此呢？

《戰國策．楚策一》中就記載有這樣一個故事。

城渾等三人從周國出來，結伴同行，前往南方的楚國去遊玩。他們進入楚境，首先到達邊城新城縣（在今河南伊川西南）。下面要走的路還遠，需要的路費還多，怎樣才能儘快地遊覽楚國南方各地並到達楚國京城郢都（在今湖北江陵郊區）呢？

城渾左思右想，忽然眉頭一皺，計上心來，前往游說新城縣令說：「鄭國和魏國對楚國來說是弱國，秦國才是楚國的強敵。鄭國、魏國弱小，楚國用上梁（即「南梁」，在今河南臨汝西南）就可以應付它們；秦國的宜陽（在今河南宜陽境內）強大，楚國卻用弱小的新城來抵禦它。蒲阪（魏邑，在今山西永濟）、平陽（魏邑，在今山西臨汾西南）相隔百里，秦國人乘一個夜晚偷襲他們，安邑（魏國都城，在今山西運城東）將不知道；新城、上梁相隔五百里，秦國人乘一個夜晚偷襲新城，上梁也會不知道。現在邊邑所依靠的，不是長江以南、泗水（在今山東西南及江蘇北部，靠近楚國東部）之濱，而是北邊的新城縣。既然新城縣的地理位置如此重要，爲什麼楚王不將它升爲主郡呢？我這次到了郢都，一定去拜見楚王，勸他這麼做。這對邊邑是極其有利的。」

新城縣令聽了城渾的一番話，細細一琢磨：如果城渾的話能夠實現，那時自己就將成爲手握大權的郡守，多麼威風，多麼榮耀！這可是一筆「大買賣」，不可錯過機會。於是，他不僅熱情地接待了城渾一行，而且派人爲城渾等人準備了一輛四匹馬拉的車和五百斤金作路費，恭送他們前往楚國南方各地遊玩。

城渾等人得到新城縣令的豐厚資助後，便心情舒暢地遊覽了楚國各地，並在郢都見到了楚王，為他分析了楚國邊境的防禦形勢，勸他將新城由縣升為主郡。楚王果然採納了城渾的建議。

城渾和新城縣令的這筆「買賣」都做得非常成功：城渾等人想遊楚國，卻無車而步行，且路費也不多，但城渾憑著他的三寸不爛之舌去遊說新城縣令——近乎行騙，居然打動了縣令，不僅為他們準備了快車，還贈送了五百斤金作路費，得以暢遊楚國，並使楚王接受了自己的建議，促成了新城縣的升格。

新城縣令聽了城渾關於楚國邊境的防禦形勢的分析後，覺得這是一筆很值得去投資的大「買賣」，遂作了並不太多的投資——比起他將要得到的回報，那真是太不值得一提了。果然，他的投資很快就收到了豐厚的回報——自己由一個小小的縣令升任為手握大權的郡守。

城渾之所以敢於去遊說（或者說去行騙）新城縣令，新城縣令之所以心動，敢於對這一筆「買賣」投資，就在於他們不僅看到了新城縣地理位置的重要性，而且預見到了將新城縣升格為主郡的可能性。後來的結果就有力地證明了這一點。這說明他們都是精明能幹的人，都具有較強的「經濟」眼光和預見能力，並採取果斷的行動，因此，他們得到的回報也是很豐厚的。

真誠感義士

在《戰國策．韓策二》中記載有這樣一個故事。

韓傀做了韓國的相國，嚴遂也受到韓王的重用。兩人的關係卻不好，經常相互攻擊。一天，嚴遂正面直接地指責韓傀的錯誤，韓傀則在朝堂之上叱責嚴遂。嚴遂非常氣憤，便拔出佩劍去追殺韓傀，幸虧當時在場的人多，才未釀成大禍。事後，嚴遂擔心韓傀報復，派人刺殺他，便逃離韓國，周遊於列國之間，尋找能爲他報仇的人。

到了齊國，嚴遂聽人說：「軹地深井裏的聶政，是個勇敢的人，爲了躲避仇人才隱藏在屠夫當中。」嚴遂便暗中與聶政交往，向他表示了厚意。聶政問嚴遂說：「您想用我做什麼呢？」嚴遂回答說：「我能夠爲您效勞的時間不長，而今侍奉您也還不深，怎麼敢請您做事呢？」於是，嚴遂備好酒，請聶政的母親喝。不久，嚴遂又奉上黃金二千四百兩，前來爲聶政的母親祝壽。聶政很驚異，對他的厚意更加感到奇怪，堅決向嚴遂表示謝絕。嚴遂則堅持要送給他，聶政辭謝說：「我有老母，客遊在外，做個宰狗的屠夫，雖然家裏貧寒，但早晚還可以得些味美鬆脆的食品奉養母親。供養母親的食品已具備了，理應不敢接受您的惠賜。」

嚴遂便避開他人，告訴聶政說：「我有仇要報，爲此，我已出遊多個諸侯國了。到了齊國，聽說足下有高尚的義氣，特意送上黃金百斤，只是作爲老夫人粗糙飲食的費用，以便好好地與足下交個朋友，哪裏敢有什麼過分的要求呢？」聶政說：「我之所以低三下四，自輕自賤，只是希望能奉養老母。只要老母在世，我聶政的身體就不敢隨便許人。」嚴遂誠心相贈，聶政則堅決不接受。嚴遂只得在盡完賓主之禮後而離去。

過了許久，聶政的母親死了，安葬已畢，服喪期滿，脫去了喪服。聶政心想：「我聶政不過是一個市井小民，動刀作屠夫，而嚴遂是諸侯的卿相，不以千里爲遠，駕車屈尊來結交我，而我用來回報他的東西卻非常少，沒有大功可以稱述，可是嚴遂卻拿出百斤黃金爲我的母親祝壽，我雖然沒有接受，但從這裏可以看出他是深知我聶政的啊！一個賢者因爲一時的怨忿，而親近信賴一個窮困僻居的人，而我聶政怎麼可以獨自默不作聲就算了呢？況且，從前他約我時，我是因爲老母的緣故而沒有答應他的要求。今天，老母已終天年，我將爲知己者所用！」

於是，聶政西行到濮陽，見到嚴遂說：「從前之所以沒有答應仲子，只是因爲母親還在。現在母親不幸去世，仲子所想報仇的對象是誰呢？」嚴遂便詳細地告訴他說：「我的仇人是韓相傀。傀又是韓國君主的叔父，宗族勢力很大，住所設兵防衛，我曾派人去刺殺過他，始終沒有成功。現在，幸蒙足下不棄，請讓我增派車騎壯士，以作幫手。」聶政連連搖頭說：「不用，不用。韓國和衛國，中間相隔不遠，現在要殺人家的相國，而這個相國又是國君的親人，這種形勢就不能多派人去了。人去多了不能不發生差錯，發生差錯就會洩露機密，洩露了機密，那麼韓國全國的人就要與仲子為仇了，豈不是危險嗎？」於是謝絕車騎、隨從人員，告別嚴遂，獨自一人持劍前往韓國。

韓國恰好舉行東孟大會，韓王和相國都在會上，他們周圍站滿了手拿兵器的保衛士兵。聶政直衝進去，走上台階，刺殺韓傀。韓傀驚恐萬分，跑過去抱住韓哀侯。聶政刺殺韓傀，同時刺中韓哀侯，頓時，身邊左右的人大亂。聶政大聲呼叫，被他殺死的人有幾十個。然後，他剝下自己的臉皮，挑出眼睛，剖腹出腸，氣絕而死。韓國將聶政的屍體放在街上，懸賞千金，購買能夠認出他的人。過了好久，都沒有人知道他是誰。

聶政的姊姊聽說這件事後說：「我的弟弟很賢能，我不可以愛惜自己的身軀，就埋沒我弟弟的名聲，這不是我弟弟的本意啊！」

於是，她前往韓國，注視著聶政的屍體說：「勇敢呀！他的氣勢是這樣的莊重隆盛，可以說已超過了孟賁、夏育，也高於成荊了。現在，他死了，沒有留下姓名，父母已經去世，也沒有兄弟，這是為了我的緣故啊。為了愛惜自己而不揚弟弟的名聲，我於心不忍啊！」說完，她抱著屍體大聲哭著說：「這是我的弟弟軹地深井裏的聶政啊！」隨後，就自殺在屍旁。

三晉（即趙、魏、韓三國）、楚國、齊國、衛國的人聽到這件事以後說：「不只是聶政是位勇士，就是他的姊姊也是一位烈女啊。」

這確實是一個感人的故事。

首先，讓人們佩服的是嚴遂。他爲了殺死自己的仇人、政敵，周遊列國，尋找能爲自己報仇的人。當他發現聶政是能使自己的願望實現的人，便恭敬而眞誠地去結交他，並用自己的慷慨大方去感化他，終於使聶政深受感動，並死心塌地地爲嚴遂效勞。從整個過程可以看出嚴遂不僅眼力好，看人看得很準，而且善於運用自己的財富和智慧去感動人，使自己的目的最終得以實現。眞所謂「君子報仇，十年不晚」。

其次，讓人們讚揚的是聶政。他本是一個俠義之士，只是爲躲避仇人，奉養老母，才隱藏在屠夫當中。爲了報答嚴遂的知己之恩，在老母死後，聶政慷慨請行，去韓國刺殺韓傀。在殺死韓傀之後，則自毀其面容，剖腹而死。從中不僅可見出聶政的信義、勇敢和知恩圖報——士爲知己者死，而且可見出他的機智聰明——爲了保守機密，他謝絕嚴遂派遣協助的人，單獨一人前往，爲了不連累他人，在事情完成後，便毀容自殺而亡，確實想得細緻而周到。

其三，讓人感歎的是聶政的姊姊。聶政自殺後，因面容已毀，好長時間了，人們竟不知道他是誰。爲了讓弟弟揚名於後世，他的姊姊甘冒被剁成肉醬的危險，前往認屍，亦可稱得上是一位有勇有謀的「烈女」。

這則故事還告訴人們，只有眞誠地待人，才能收到眞心的回報。

有功不受祿

俗話說：「無功不受祿。」意思是說，國家的官吏如果沒有功勞，就不應該享受優厚的待遇。實際上，在封建社會裏，「無功受祿」的現象是很普遍的。正因爲如此，戰國時齊國士人魯仲連的舉動就更顯得可貴，品格就更值得人們稱讚。

西元前二五七年，秦國圍攻趙國的邯鄲。魏國的安釐王派老將軍晉鄙率軍十萬去救援趙國。由於害怕秦軍，魏軍到了蕩陰（魏邑，在今河南北部湯陰縣）就停了下來，不再前進。魏王又派客將軍辛垣衍微行進入邯鄲城，透過平原君告訴趙王說：「秦國急於圍攻趙國，是因爲以前齊湣王爭強稱帝，不久又廢去帝號，恢復稱王，這是由於齊國的緣故。現在齊國已經日益衰弱，當今只有秦國稱雄天下。這一次攻趙，不一定是想貪圖邯鄲，它的用意是想謀求爲帝。趙國如果眞的派遣使者尊秦昭王爲帝，秦國必定高興，自然也會撤軍而去。」平原君聽後猶豫不決。

當時，齊國的士人魯仲連出遊來到趙國，恰巧碰上秦國圍攻趙國的事，並聽說魏國的將軍想讓趙國尊奉秦國爲帝，便去拜見平原君說：「事情到了這一步，您準備怎麼辦呢？」

平原君無可奈何地說：「我趙勝怎麼敢談論這件事呢？從前百萬之衆在外受到挫折，現在邯鄲又被圍困解不了圍。魏王派將軍辛垣衍讓趙國尊奉秦國爲帝，現在他的人就在這裏，我又有什麼辦法呢？」

魯仲連一聽這話，知道情況不妙，就激趙勝說：「當初我還以爲您是天下賢能的公子，我到現在才知道您不是天下賢能的公子！魏國的客將軍辛垣衍在哪裏？我請求替您去責備他，讓他回去。」

平原君見魯仲連願意出面，心就稍稍安定了一些，說：「那太好了，我去將他叫來同先生相見。」

於是，平原君去拜見辛垣衍說：「東邊的國家有位魯仲連先生，正好現在到趙國來了，請讓我趙勝介紹他和將軍相見。」

辛垣衍推辭說：「我聽說魯仲連先生是齊國的高士，我辛垣衍是別人的臣子，出使辦事，職務在身。因此，我沒有時間也不願意見魯仲連先生。」

平原君一聽有些急了：「那怎麼行！我趙勝已經告訴他了！」

辛垣衍見推辭不掉，終於答應與魯仲連相見。

魯仲連和辛垣衍見面後，兩人進行了長談。魯仲連為他仔細分析天下的形勢，並列舉了許多例子來說明如果秦國稱了帝，將會給天下帶來的災害。由於他曉之以大義，喻之以利害，終於說服了辛垣衍改變態度和觀點，不尊秦為帝。

辛垣衍聽完魯仲連的話，心悅誠服，站起身來，再次下拜，道歉說：「起初，我還以為先生是個平庸的人；現在，我才知道先生真是天下的賢士。既然如此，我請求離開這裏，不敢再說尊秦為帝的事了。」

秦國的將軍聽說此事後，便退軍五十里。正在此時，魏國的公子無忌已奪得晉鄙的軍隊馳援趙國來了。秦軍見魏國的救援大軍已到來，便撤圍退軍了。

邯鄲之圍解除後，平原君想封賞魯仲連。魯仲連再三辭讓，始終不肯接受。平原君便設置酒席，宴請魯仲連。當飲酒飲得正歡暢的時候，平原君站起來用一千金作為謝禮，向魯仲連敬酒。魯仲連笑著說：「義士之所以為天下人尊重，是由於他們能替人排除患難，解去紛亂而不索取什麼啊！假如有所索取，這便是商人之所為，我魯仲連不願做這樣的人。」

說完，魯仲連辭別平原君走了，一輩子不再見平原君。

作為一名義士，魯仲連的可貴之處就在於：當他看到趙國有災難時，就不顧個人安危，挺身而出，為之排憂解難；又憑著自己的聰明才智，說服了魏國的將軍不尊秦為帝。尤其是當秦軍撤離，邯鄲解圍後，平原君要封賞他，他卻堅辭不受；當平原君拿出一千金酬謝他時，他則責備平原君，認爲這是商人之所爲，遂立即告辭而去，再也不見平原君了。

從魯仲連的一系列言行中，不僅表現出了他急人之難、見義勇爲的精神和膽略，而且表現了他功成而不居，有功卻不受祿的可貴品質。

無妒而進賢

社會是一個大舞台，人們紛紛粉墨登場，在上面表演自己的人生，有的奇特，有的精彩，有的平庸，有的骯髒——對人們的表演，有人讚歎，有人肯定，有人嫉妒，有人鼻棄……但不管怎麼說，能對比自己強的人表示讚賞、肯定而無妒意，就屬很難得了；而那些能對比自己有才能，且曾對自己有意見的人進行讚賞、肯定，並積極向上舉薦的人，就更顯得難能可貴了。

「無妒而進賢」，語出《戰國策．楚策三》。它是蘇子（指蘇秦）在對楚王的一篇說辭中所提到的。蘇子對楚王說：「仁人對於民衆，是用心去愛他們，用好話去對待他們；孝子對於父母親，是用心去愛他們，用財物去侍奉他們；忠臣對於君主，必定是用舉薦賢能以輔助他們。現在，大王的大臣父兄，喜愛用傷害賢能作爲自己進身的憑藉，加重徵收一般臣子和百姓的賦稅，使得大王被民衆所痛恨，這不是忠臣啊！大臣向百姓散播大王的過錯，多用大王的土地賄賂諸侯，因此便黜退大王所需要和喜愛的賢臣，這也不是忠臣，所以國家就危險。

「我希望大王不要聽群臣相互詆毀的話，愼重地對待大臣和父兄的言論，任用民衆所認爲好的人，節制自己的嗜欲，以愛百姓。做人臣，沒有什麼比能做到不妒忌別人而進用賢能更困難的了。爲主上去死容易，例如垂沙之戰，死的人就上千；爲主上忍受恥辱也容易，例如自令尹以下的官員，侍奉大王的也有上千人。至於不妒忌別人而進用賢能，卻很少見到有人能做到。所以，英明的君主考察他的臣子，必定要知道他是否能不妒忌別人而進用賢能；賢臣侍奉他的君主，也必定要知道他是否眞的不妒忌別人而能進用賢能。

「進用賢能之所以困難，就是因爲賢者進用後就將使自己下台；賢者尊貴了，就將使自己卑賤，所以人們難以做到啊！」

在這篇說辭中，蘇子不僅提出了衡量忠臣的標準，而且還精闢地剖析了大臣們之所以不能做到「無妒而進賢」的原因，就是因爲「賢者進用後就將使自己下台，賢者尊貴了，就將使自己卑賤」，可說是一針見血，成爲總結這種社會現象的至理名言。

儘管做到「無妒而進賢」是很困難的，但歷史上能做到「無妒而進賢」的賢臣也是不乏其人的。

例如北宋時，寇準曾多次指責王旦的過失，而王旦卻一直很讚賞寇準。宋眞宗對王旦說：「你雖然稱讚寇準的美德，但他卻盡說你的壞話啊！」

王旦聽後不但不生氣，還說：「按理本來就應是這樣。我擔任宰相的時間較長，處理政事時的失誤必然很多。寇準對您無所隱瞞，這就更可看出他是忠心耿耿，正直無私的，這也就是我敬重並舉薦他的原因。」

宋眞宗聽後更加覺得王旦的品德高尚。雖然後來王旦與寇準之間發生過不少不愉快的事情，也鬧過不少矛盾，但最終王旦還是以國家利益爲重，不計前嫌，向眞宗推薦寇準擔任了武勝軍節度使、同中書門下平章事（即宰相）等要職。以後，寇準每當提起王旦來，便既慚愧，又感激，自認爲趕不上王旦。

能做到「無妒而進賢」的人，其胸懷是寬廣的，其品德是高尚的，其精神是可貴的，這事實上是一種大智的體現，數千年來一直爲有識者所學習和提倡。一個國家、一個單位，如果能多一些這樣的「賢者」，那麼這個國家、這個單位，就必然會人才輩出，事業也會蒸蒸而上！

在戰國時，那些有才能的游說之士，如蘇秦、張儀、蘇代、公孫衍、陳軫等等，誰不是出將入相！誰不是手握大權！蘇子在這裏提出「無妒而進賢」的問題，實際上也是對那些游說之士的共同要求——有抱負，想幹大事業的游說之士，理所當然地要具備這樣的素質和品質；只有具有了這樣的素質和品質，才能招賢納士，任賢去佞，輔助賢明的君主幹一番轟轟烈烈的大事業，自己也能功成名就，光宗耀祖，名垂史冊！

平民之怒

一個人有見識，能對某件事、某段歷史以及某個人談出一番獨到見解，可謂不容易，難能可貴。一個人有膽略，不管遇到什麼危急情況，都能泰然自若，不管受到什麼壓力，都毫不畏懼屈服，亦屬難得，精神可佳。一個人既有見識，又有膽識，遇事膽大心細，敢作敢爲，則更是難得而又可貴了。《戰國策．魏策四》中所記載的魏國老臣唐且，就是這樣一個有膽有識的人。

秦國在滅亡韓國、魏國之後，便派人來告訴安陵國（魏國的附屬小國，在今河南鄢陵西北）的君主說：「秦王想用五百里的土地來交換安陵，請安陵君答應秦王。」

安陵君回答說：「秦王給予我們恩惠，用大換小，雖然是件好事情，可是我從先王那裏接受過來的這些土地，願始終守住它，不敢與大王交換。」

秦王知道後很不高興。於是，安陵君便派老臣唐且出使秦國。秦王很生氣地對唐且說：「我用五百里的土地換取安陵，安陵君竟不聽我的話，是什麼原因呢？再說，秦國滅了韓國，亡了魏國，而安陵君憑著五十里的土地卻得以保存下來，是因爲我認爲安陵君是個長者，所以才沒有滅亡它啊。現在我用十倍的土地，請安陵君擴大領土，而安陵君竟違背我的意志，這不是公然看輕本王嗎？」

唐且立即回答說：「不，不是這樣的！安陵君從先王那裏接受土地而要守住它，即使是用一千里的土地來交換，他也不敢交換，何況只是五百里呢？大王應該理解他的心情。」

秦王一聽，火冒三丈，大聲對唐且說：「難道你就沒有聽說過天子發怒嗎？」

「我沒有聽說過啊！」唐且故意這麼說。

秦王生氣地說：「那好，讓我告訴你！天子發怒，倒在地上的死屍將有一百萬，流血將有一千里。」

唐且針鋒相對地說：「大王難道沒有聽說過平民的發怒嗎？」

「平民發怒，只不過脫掉帽子，光著腳，用頭撞地罷了。」秦王不以爲然地說。

唐且嚴肅認眞地對秦王說：「大王所說的只不過是庸夫的發怒，而不是士的發怒啊！專諸刺殺吳王僚時，掃帚星出現並襲擊月亮；聶政刺殺韓相國韓傀時，白色長虹穿過太陽；要離刺殺吳王僚的兒子慶忌時，青黑色的老鷹在殿上搏擊。這三個人都是平民中的士，懷著憤怒還沒有爆發出來，各種凶兆就從天而降，再加上我就將是第四個士了。假如您一定要讓士發怒，那麼倒在地上的死屍將只有兩具，流血也只在五步之內，但天下的人都會穿上白色的喪服，今天就是這樣啊！」唐且邊說邊舉劍站了起來。

一見這種架勢，秦王的臉色立即顯出沮喪屈服的樣子，並伸著腰跪下道歉說：「唐老先生快請坐下，何必弄到這種地步呢。我全明白了，韓國、魏國滅亡了，而安陵君憑著五十里的土地得以保存下來的原因，就是因爲有先生這樣的人啊！」於是，秦王不再提交換土地的問題了。

從這個故事中，確實可以看出唐且這個人既有見識又有膽識。面對發怒的秦王，他絲毫也不畏懼，慷慨陳辭，並作好了血濺王袍的準備，終於迫使秦王屈服，絕口不提交換土地的事情了。

唐且爲何敢於藐視秦王呢？就在於他心裏明白，如果自己退一寸，秦王就會進一尺；自己退一尺，秦王就會進一丈——這是所有貪婪之人的共同特點。只有你硬，對方才會軟；只有魔高一尺，道高一丈才能壓倒對方的氣勢。

當然，最關鍵的還在於唐且掌握了秦王怕死的心理弱點——就連吃了上頓愁下頓的普通百姓也顧惜自己的生命，更何況是那些食來張口、衣來伸手、整天吃喝玩樂、前呼後擁、享盡了人間榮華富貴的君王呢！

田光自刎

如果一個人的才幹能得到上司、領導的賞識，並受到重用，此人自然會產生知遇之感；而為了感激上司、領導的知遇之恩，此人就會竭盡全力將交給自己的事情辦好，包括必要時赴湯蹈火、犧牲性命也在所不惜。這叫做「士為知己者死」——也是歷史上士人最常見的一種報恩形式，它受到歷代人們的稱讚。其實，古代還有另外一種「士為知己者死」的形式，同樣值得人們讚揚。

據《戰國策．燕策三》中記載，西元前二三二年，燕太子丹在秦國做人質，因為秦王政對他不好，遂從秦國偷偷逃回燕國。太子丹見秦國就要滅亡六國，心急如焚，便找到太傅鞠武秘密商談，希望他能為自己謀劃一個抗秦保燕的良策。鞠武感到自己無能為力，便向太子丹推薦說：「燕國有位田光先生，他智謀深遠，勇敢沉著，您可以去和他商量。」

太子丹便說：「我想透過太傅同田光先生結交，行嗎？」

鞠武滿口答應：「好。」於是，鞠武去拜見田光說：「太子丹希望與先生商議國家的大事。」田光沉思片刻，便隨太傅去晉見太子丹。

太子丹跪著迎接，退步行走為田光引路，又跪下去替田光拂去座席上的灰塵。等田光坐定，左右侍從都退下去後，太子丹便離開座席站起來向田光請求說：「燕國和秦國勢不兩立，希望先生能教我良策。」

田光很受感動，說：「我聽說千里馬強壯的時候，一天可以奔馳千里；到了衰老的時候，劣馬也能跑在牠的前面。現在，太子聽說的是我田光強壯時的情況，不知道我現在的精力已經消亡了。即使這樣，我田光也不敢耽誤國家的大事，我的好朋友荊軻可以肩負這一使命。」

太子丹很高興，立即說：「那我希望能夠透過先生與荊軻結交，行嗎？」

「好。」田光滿口答應，並且立即站起來，快步出去拜見荊軻。太子丹恭敬地送田光到門口，想了想說：「我所告訴您的以及您所說的事，是國家的大事，希望先生不要洩露出去啊！」

田光聽太子丹如此說，便回過頭笑著說：「請太子放心！」隨後去拜見荊軻說：「我和你相好，燕國沒有誰不知道。現在，太子丹聽說了我強壯時的情況，不知道我的身體和精力已經趕不上以前了。但很榮幸，承蒙他告訴我說：『燕國和秦國勢不兩立，希望先生能教我良策。』我私下不把自己當成你的外人，便將你介紹給了太子，希望你能進宮去拜見太子，共商國家大事。」

荊軻聽田光說完，很乾脆地回答說：「行，願盡我的微薄之力！」

田光思索片刻，對荊軻說：「我聽說長者的行爲不能讓人家懷疑。現在太子要求我說：『我所說的是國家的大事，希望先生不要洩露出去啊！』這是太子懷疑我啊。行爲讓人家懷疑，就不是一個有節操的俠士啊。希望你馬上去拜見太子，就說我田光已經死了，表明他沒有洩密。」說完，便拔出佩劍割斷脖子自殺了。

田光的舉動的確讓人欽佩！

一方面，他感於太子丹的一片愛國熱忱和對自己的賞識。儘管他年紀大了，無力完成抗秦保燕的這一重大使命，但他並沒有退卻和逃避，仍以國事爲重，積極想辦法，並極力向太子丹推薦好友——年輕有爲的俠士荊軻，讓他來代替自己承擔起這一保國安民的重大使命——這並不表明他怕死，只是爲了使所要從事的事情更有把握，對國家更有利。

另一方面，他爲了讓太子丹放心，不擔心這關係國家前途命運的重大秘密被洩露出去，並報答他的知遇之恩；同時也爲了激勵荊軻勇敢地去承擔起這一重大的歷史使命，遂當著荊軻的面拔劍自刎——後來的事實證明，荊軻並沒有辜負田光的期望——儘管刺殺秦王的行動沒有獲得成功！

田光的死何其壯烈！這是「士爲知己者死」的又一種形式。從田光的壯烈行爲中，不但讓我們看到了一個眞正「士」人的品質和膽略，而且讓我們看到了他的聰明才智，考慮問題的周到細緻。

忘德與感德

有些人爲別人做了一點好事，就總是掛在嘴上，成天叨唸，以功臣自居；還經常以此爲藉口，向曾得到過自己好處與幫助的人索取回報，以致使人感到厭惡、卑視，再也不願意同他打交道了，以接受他的恩惠爲恥，要把它忘掉。

也有一種人，他爲別人做了好事，幫了忙，卻從來不放在心上，也不掛在嘴上，更不找別人索取回報。因此，這樣的人處處受人尊敬，使人永遠忘不了他的恩德。這樣的人，人人願意爲他奔走效勞，主動爲他做事，都願意同他交朋友，打交道。這實際上既是一個人爲人處世的一種方法，也是一個人應該具有的一種品質，其中蘊涵著豐富的哲理和智慧。《戰國策．魏策四》中所記載的唐且和信陵君就是深明其中道理的人。

西元前二五七年，秦國又出兵包圍了趙國的都城邯鄲。趙國便向魏國求救，魏將晉鄙率領十萬軍隊前往救趙。但由於害怕秦國報復，魏安釐王命令晉鄙率軍暫駐在邊境，以觀動靜，再作打算。趙國多次告急都不予理會。信陵君魏無忌便透過魏王身邊的寵姬如姬竊得兵符，殺死晉鄙，奪得軍權，立即率軍援救邯鄲，打敗了秦軍，保存了趙國。

信陵君為趙國立下了汗馬功勞，趙王親自到郊外迎接他。

唐且提醒信陵君說：「我聽說，世界上的事情有不可以知道的，有不可以不知道的；有不可以忘記的，有不可以不忘記的。」

「你說的是什麼意思呀？」信陵君一時尚未領會其意。

唐且便向他解釋說：「別人恨我，不可以不知道；我恨別人，不可以讓人知道。別人對我有恩德，我不可以忘記；我對別人有恩德，則不可以不忘記。現在，您殺死了晉鄙救援邯鄲，打敗了秦軍，保存了趙國，這是真正的大恩德啊！現在，趙王親自到郊外來迎接您，是您對他有大恩大德，我希望您能夠忘記對趙國的恩德，慎重行事，千萬不能有驕傲的表情顯露在臉上。」

經唐且這麼一說，信陵君深以為然地說：「我魏無忌恭敬地領受教益。」於是，在與趙王的接談中，他的言行舉止都非常謙虛謹慎，沒有半點居功自傲的樣子，趙王更加欽佩、感激他，平原君趙勝也自歎不如。

一個人在平時如果能做到：對別人多看優點，少看缺點；對自己則多看缺點，少看優點。別人對自己有恩，就要認真地記在心上；自己對別人有恩，則應將它拋到腦後。這樣，不僅自己會減少許多煩惱，頭腦清醒，不斷進步；而且別人就會更加崇敬你，自己的威信也會更高。如果只看到別人的缺點，不看別人的優點；對自己有恩的人就來往，就尊敬，而對自己無恩的人就不理睬，不聯繫，那樣就會使別人更加看不起你，使自己不斷失去朋友，變得越來越孤獨。

魏國的老臣唐且和信陵君魏無忌確實深明「忘德」與「感德」的關係。事實正是如此，總想著別人「感德」，最容易使人「忘德」；對人有德而「忘德」，別人卻時刻想著要「感德」！

◎結語

前面我們已對縱橫家的智謀作了一個非常簡略的勾勒。當我們面對縱橫家那豐富多彩而又富有傳奇意味的人生時，我們不能不對縱橫家刮目相看，不能不大發感歎！

《戰國策》確實是一部難得的好書，它是一座取之不盡、用之不竭的富礦！我們既可以將它當作史書來讀，又可以將它當作智慧書來讀，還可以將它當作文學書來談；而且不管我們將它當作什麼書來讀，不管從什麼角度去讀它，都會從中獲得許多許多的教益和啓迪。只是這本小書既限於篇幅，又限於體例，更限於宗旨，不可能、也沒有義務去介紹其他方面的情況和內容了。

不過，有一個問題必須在此向讀者作一個說明和交待。

我們曾在前面的「走近縱橫家」中介紹過，根據今天學者們研究獲得的成果，張儀的生平活動時間比蘇秦要早二、三十年，毫無疑問是蘇秦的前輩；蘇秦的生平活動時間比張儀要晚二、三十年，是名副其實的晚輩。而《戰國策》、《史記》等史書都將蘇秦和張儀說成是同時期的人，甚至說蘇秦的發達、富貴在先，張儀是經蘇秦的激勵、幫助才發達、富貴起來的，這就與今天學者們研究獲得的史實不相符了。

但是，我們編寫這本小書所依據的藍本又是《戰國策》，如果按照歷史的眞實情況來寫，《戰國策》中的許多材料都與史實有出入，不太相符，就不能採用。而一旦一些材料被捨棄，不能採用，那麼本書亦將大爲遜色。更何況這些材料、這些故事已廣爲流傳，爲人們所熟悉。鑑於這一具體情況，我們在撰寫本書時，所採用的材料仍然以《戰國策》爲準，只是在「走近縱橫家」中將書裏所寫事實與眞正的史實存在的矛盾和問題爲讀者指出來，讓讀者知道其中的原委。而眞正按照史實來撰寫的《張儀傳》、《蘇秦傳》和其他縱橫家傳以及新的《戰國史》，只好等待方家來完成了。

◎後記

編完最後一篇，我們吁了一口氣，有一種如釋重負之感——總算可以向出版社交差了。

本來，該書的撰寫任務開始是由王君耀輝獨立承擔的，但他這一年實在太忙，既要攻讀博士，又要給碩士生、本科生上課，還要完成其他的書稿、專案；眼看交稿時間越來越近，他怕不能按時自己完成任務，拖了後腿，影響整套叢書的出版，遂邀程君翔章合作。翔章君正好手頭的事情做完，自然樂意合作——這已是我們兩人的第二次愉快合作了。

全書除「走近縱橫家」（由程翔章執筆）外，正文共計一百二十二節，其中耀輝君撰寫四十六節，其餘皆爲翔章君所寫。全書最後由翔章君合攏。

正因爲本書是二人分頭撰寫、合作完成的，而各人有各人的用語習慣和行文方式，儘管兩人在撰稿中努力克服，但仍然存在著行文風格不一致的問題，我們也覺得有些遺憾，只好請讀者鑑諒了。由於時間倉促，缺點、甚至錯誤在所難免，敬請讀者批評指正。

阮忠

國家圖書館出版品預行編目資料

縱橫家智謀／程翔章, 王耀輝著. -- 初版. --
嘉義市：千聿企業, 2001[民 90]
面； 公分. --（中國智謀叢書；6）

ISBN 957-30294-5-6（精裝）

1. 縱橫家－通俗作品 2. 謀略學

121.7 90014917

縱橫家智謀 中國智謀叢書 6

作　　者／程翔章、王耀輝
出 版 者／千聿企業社出版部
地　　址／嘉義市自由路 328 號
電　　話／(05)2335081
傳　　真／(05)2311002
郵撥帳號／31460656
戶　　名／千聿企業社
印　　刷／鼎易印刷事業股份有限公司
ISBN／957-30294-5-6
初版一刷／2001 年 10 月
定　　價／300 元

總 經 銷／揚智文化事業股份有限公司
地　　址／台北市新生南路三段 88 號 5 樓之 6
電　　話／(02)2366-0309　2366-0313
傳　　真／(02)2366-0310